湖北民族大学博士启动基金项目资助（MD2020B031）
鄂西生态文化旅游研究中心资助（PT072016）
国家连片特困地区（武陵山片区）农村贫困问题重点研究基

经济管理学术文库·管理类

国有企业和谐财务及其评价指标体系研究

A Study on Harmonious Finance and Evaluation Index System of State-owned Enterprises

卢秋声／著

经济管理出版社
ECONOMY & MANAGEMENT PUBLISHING HOUSE

图书在版编目（CIP）数据

国有企业和谐财务及其评价指标体系研究 / 卢秋声著 . —北京：经济管理出版社，2020. 9
ISBN 978-7-5096-7333-1

Ⅰ. ①国… Ⅱ. ①卢… Ⅲ. ①国有企业—财务管理—研究—中国 Ⅳ. ① F279. 241

中国版本图书馆 CIP 数据核字（2020）第 146626 号

组稿编辑：杨国强
责任编辑：赵天宇
责任印制：黄章平
责任校对：王淑卿

出版发行：经济管理出版社
　　　　　（北京市海淀区北蜂窝 8 号中雅大厦 A 座 11 层　100038）
网　　址：www.E-mp.com.cn
电　　话：（010）51915602
印　　刷：北京玺诚印务有限公司
经　　销：新华书店
开　　本：720mm×1000mm/16
印　　张：15.25
字　　数：283 千字
版　　次：2020 年 9 月第 1 版　2020 年 9 月第 1 次印刷
书　　号：ISBN 978-7-5096-7333-1
定　　价：98.00 元

前　言

　　中华人民共和国是以生产资料社会主义公有制为基础的国家，国有企业是社会物质生产与服务的载体和微观基础，更是国民经济的支柱。国有企业的和谐发展关系着社会稳定、人民安居乐业和社会长治久安。社会主义和谐社会的构建离不开国有企业的积极参与。没有国有企业的和谐发展就没有市场经济的和谐发展与和谐社会的建设。经过几十年的改革开放，国有企业在公平竞争的市场经济环境下，求生存、求发展，在经济结构调整、创新驱动、环境保护、提供公共产品与服务、改善民生、实现社会公平正义等方面取得了长足进步。特别是国有企业经营机制转换取得了显著成效，企业经营机制正与市场经济体制逐步接轨，企业的竞争力得到了很大幅度的提高。与此同时，国有企业仍然存在一些亟待解决的突出矛盾和问题，例如，国际竞争力有待加强，委托代理矛盾突出，国有股东与非国有股东在利益上冲突显著，债权人与股东、股东与股东之间矛盾难免，企业责、权、利关系混乱，企业内部机制与市场经济体制还存在不适应等。这些不和谐的因素，体现在企业财务的筹资、投资与分配活动中，因此，严重地制约和影响着国有企业的持续健康发展。

　　企业和企业财务的关系，以及企业财务的综合性和价值性特征，决定了企业和谐与财务和谐的相互关系。一方面，国有企业的和谐发展，有利于提升企业财务绩效和价值创造能力，帮助国有企业更好地实现财务目标，为企业实现和谐财务创造环境条件和物质基础；另一方面，和谐的企业财务，便于企业有效地开展财务活动和协调处理企业内外部各种利益关系，缓解各种利益矛盾和利益关系冲突，推动国有企业持续和谐发展。财务和谐是国有企业和谐的核心与关键，只有实现财务的协调发展，才能实现国有企业和谐发展。

　　但是，现有的财务实践和财务理论研究比较关注企业财务活动，财务评价以定量评价为主，相对忽略了国有企业的财务关系评价内容和财务关系所体现的本质，到目前为止，还缺乏一种涵盖和谐目标的财务实践经验和财务体系的理论研究。

　　本书围绕国有企业和谐财务及其评价指标展开研究，将和谐发展嵌入到国有企业范畴是和谐财务研究的新视角。通过梳理国内外相关文献，吸收前人的研究成果，发掘研究的不足和突破口，迈出了和谐财务研究的重要一步。探索和谐财务的理论基础，诠释了企业和谐发展的终极追求。在理论指导的基础上，以历史发展为主线，分析了世界主要国家国有企业改革中的和谐财务问题，国有企业的改革过程本身就是一个利益协调的过程，针对具体问题相机抉择的改良行为，国有企业改革遵行了和谐发展观，论证了和谐财务研究遵循的现实问题导向。

借鉴广义财务理论，将和谐财务界定为：国有企业因不同主体多元化资本投入，而产生的各主体间以追求效率与公平协调发展为目标的财务。国有企业和谐财务遵循了系统思考逻辑、体现了和谐的竞争状态、拓展了财务分配对象、兼顾了财务效率与财务公平、能够被科学地度量。国有企业和谐财务框架由企业和谐财务资本、和谐财务价值观、和谐财务目标、和谐财务状态与和谐财务结果构成。进一步形成了国有企业和谐财务分析范式，由"财务资本—企业价值—企业目标—过程与状态和谐—结果和谐"的理论传导机制到"环境适应能力＋财务活动效率＋财务关系公平＝和谐财务"的实际形成机理，进而描述了国有企业和谐财务表达式，揭示和谐财务表达因子。

和谐财务评价是一个涵盖多维度、多系统的综合工作，设计和谐财务评价指标是前提条件。根据和谐财务的形成机理，把指标体系分为三个模块。遵循指标构建的相关原则，设计出了包含定性与定量指标、正指标与逆指标在内的3个一级指标、12个二级指标、32个明细指标的指标体系，为国有企业和谐财务实证研究提供技术参考。

科学分类是国有企业改革的重要议题，也是分类评价的必备条件。理论界针对国有企业分类改革及分类方法的成果颇丰，形成了两分法、三分法、四分法的分类方法，而实务界针对国有企业分类的做法则各有特色。借鉴国内外理论成果与实务经验，掌握国有企业的异质性，把握国有企业的属性、区别企业的主要功能、把握考评的差异性、兼顾国情，选择三分法，梳理样本公司的主营业务和行业分类，结合经营目标，将国有企业划分为商业竞争类、公益类和特定功能类，得出了A股国有上市公司的分类结果。

在"以评促建、以评促改"的原则下，立足突出国企的功能，分类评价国有企业之和谐。为客观真实地反映国企财务和谐度，本书选择了主成分分析法。通过统计软件，按照所设计的指标、模型和分析流程，分别确定了三类国有企业和谐财务影响因子，测度了593家商业竞争类国有企业、134家公益类国有企业、154家特定功能类国有企业的财务和谐度并排名，并对各类国有企业的财务和谐度进行了横向分析和纵向分析，得出相关结论。

本书在一定程度上体现了其研究价值及创新。构建了包含国有企业和谐财务资本、和谐财务价值观、和谐财务目标、和谐财务状态、和谐财务结果的国有企业和谐财务理论体系，提炼国有企业和谐财务的理论传导机制及实际形成机理，从而构建了和谐财务的表达模型。对实现企业的和谐财务管理、丰富财务基本理论具有一定的实践意义。围绕国有企业和谐财务实际形成机制和国有企业和谐财务评价，结合文献推导及调查研究，设计出了一套包含财务环境适应能力、和谐财务物质基础、财务关系公平的指标体系，突破了单纯的财务活动评价的视野，将企业的财务关系纳入评价范围，丰富了企业财务评价的内容和手段。在詹森（Jensen）和梅克林（Meckling）的委托代理的基础上，国有企业和谐财务深入分析了国有企业的各级委托代理关系中可能存在的诸如"合谋""道德风险"和"逆向选择"等非和谐财务行为，构建了大小股东关系评价指标、企业劳资关系评价指标，深化了委托代理理论的研究范畴。测度了三类国有企业财务和谐度，并对各类国有企业财务和谐度影响因素具体分析；结合企业的和谐财务结构分析，能够定位具体企业的财务非和谐因子，做到有针对性地把握与解决问题，对我国国有企业监管具有重要的指导意义和理论分析价值。

　　本书在写作过程中得到了湖北民族大学经济与管理学院、湖北民族大学科研处、国家连片特困地区（武陵山片区）农村贫困问题重点研究基地、鄂西生态文化旅游研究中心等单位的资助，在此深表感谢！

　　由于笔者水平有限，再加上编写时间仓促，书中错误和不足之处在所难免，恳请广大读者批评指正！

卢秋声

2020 年 5 月

目　录

第一章

导论

第一节　选题背景

一、构建和谐社会的要求

和谐发展，承载了中国历史发展的美好愿望。1956 年，毛泽东在《论十大关系》中集中讨论了经济发展和资源分配中兼顾各方、促进社会利益协调的关系。邓小平关于社会主义本质和实现途径的论述中体现了和谐协调机制的思想。党的十六大报告首次将"和谐发展"上升到政治高度，提出"社会更加和谐"的发展目标。报告还强调可持续发展的理念，主张人与自然的和谐，认为必须保持长期的和谐稳定的社会环境，顺应历史潮流，维护全人类的共同利益，推动多种力量和谐并存等。党的十六届四中全会进一步坚持全面、协调、可持续的科学发展观；突出和谐发展的指导思想；强调经济协调发展，要促进人与自然的和谐。党的十七大做出构建社会主义和谐社会的决定和部署，通过发展社会物质财富等，不断促进社会和谐，并把"和谐、富强、民主、文明"纳入党章。党的十八大强调坚持以人为本、全面协调可持续发展，提出构建社会主义和谐社会，把建设富强民主文明和谐的社会主义现代化国家作为新中国成立一百年的目标。党的十九大报告中明确提出维护社会和谐稳定，增进民生福祉是根本目的，到 21 世纪中叶，把我国建成富强民主文明和谐美丽的社会主义现代化强国。物质基础决定上层建筑，社会主义和谐社会的构建不是空中楼阁，需要建立在市场经济的发展基础上。国有企业在构建社会主义和谐社会的进程中应当发挥其重要作用，也是市场经济的物质生产载体和微观基础，承担重要的社会责任，其和谐发展关系着社会稳定、人民的安居乐业和社会文明建设等，社会主义和谐社会的构建离不开国有企业的积极参与。此外，财务体现的是利益主体之间的分配关系，财务和谐又是国有企业和谐发展的核心，只有实现了财务的和谐，才能实现国有企业的和谐，进而实现经济和谐以及社会和谐。在建设和谐社会的新形势下，树立和谐发展观，坚持和谐发展的企业财务管理模式，对企业的可持续发展及和谐社会构建具有深远的意义。

二、国有企业发展的需要

经过三十多年的改革和发展，我国国有企业在规模与实力方面都有长足的进步，在经济发展和产业结构调整、提供公共产品与服务、改善民生等方面发挥着不可替代的作用。中国经济已由高速增长阶段转向高质量发展阶段。国有企业作为国民经济的骨干和中坚力量，是中国特色社会主义经济的"顶梁柱"，迈向高质量发展既是遵循经济发展规律，也是不断提升市场竞争力和可持续发展能力的必然选择，还是肩负起建设社会主义现代化强国重任，引领带动我国经济转变发展方式、转换增长动力的必然要求。习近平总书记多次指出，国有企业改革的核心是增强活力、提高效益，要提高国有经济发展的质量效益。要让国有企业成为经营管理的佼佼者，集中表现为企业的公司治理优、内部控制优、品牌形象优、经营业绩优。要做大做强做优国有企业，必须将深化国有企业改革、建立现代企业制度、优化企业治理结构等有机结合，建立健全长效机制。通过强化考核、增强企业财务真实性和透明度，根据不同行业特征，分行业设置国有企业指标标准，在综合评价企业各类财务指标和业务发展前景的基础上，提高发展质量和以效益为中心，着力提升经营管理水平，进一步明确并聚焦主业瘦身健体，通过创新驱动提高生产率，增强企业盈利能力，提高企业资产和资本回报率，为企业发展提供持续的内源性资本。然而，在发展的同时，国有企业仍存在一些亟待解决的突出矛盾和问题。例如，国有企业多层委托代理矛盾突出、可持续发展能力与全球大型跨国公司相比存在一定的差距、利益主体诉求和冲突、各利益相关者财务利益分配不公，继而影响企业的和谐发展。国有企业的生产经营问题、企业外部环境状况、财务利益分配等问题内化为国有企业的运行体系构成要素，需要加以全面和深入的考察，从和谐财务的视角深入分析国有企业运行过程中的财务非和谐现象，剖析国有企业和谐财务运行机理，构建和谐财务评价指标体系，并进行综合评价，对推动国有企业持续稳定发展至关重要。

三、企业财务目标的再认识

在亚当·斯密之后，经济学家一致认同了企业是社会经济最微观的主体和细胞的观点。企业作为市场经济的微观主体和经济细胞，是经济社会发展的主力和竞争主体。在社会经济发展历程中，企业组织发挥了改进生产力和提高生产率的重要功能，企业系统具有自身运行的规律性，伴随着市场和社会环境的变化而不断调整，把握企业组织的这种规律性和发展趋势，有助于充分发挥企业组织的功能，服务于社会发展和人民生活。财务是企业的命脉，财务目标指引企业的行为导向，集中反映了企业组织发展趋势和规律。当前学术界存在多种财务目标观，如利润最大化、每股净利最大化、自由现金流量最大化、股东财富最大化等。以上财务目标观，倾向于追求企业的经济价值，忽略了基于人的利益关系的财务和谐，显然是一种不全面的财务观。企业财务管理的目标归属是效率与公平（任蔼堂和雷光勇，2000），财务管理目标的追求应该是宏观公平与微观效率（罗福凯等，2002），干胜道（2011）则进一步指出，财务目标包含财务活动与财务关系两个维度，前者追求效率，后者追求公平。而现有的财务目标论，明显一边倒向效率追求维度，忽略企业经济活动中财务关系维度，正如现有的三大财务报表，利润表和资产负债表是基于权责发生制主要企业的财务活动、现金流量表是基于收付实现制主要企业的财务活动（邓思捷和干胜道，2013）。企业财务关系不和谐、劳资关系紧张、代理矛盾突出等，企业效率就得不到任何保障。生产力决定生产关系，生产关系反过来又影响生产力。过于看重效率，漠视财务关系和谐，使得财务学越来越脱离现实。将财务活动效率与财务关系和谐完整融合在一起，符合财务之本质要求，也贴近现实中的企业财务。

四、企业财务关系评价的需要

财务理论研究是服务于财务学科发展和企业实际财务工作的。事实上，在财务研究领域，学者们从未放弃对相关问题的探索和研究。不难理解，财务目标的实现程度必须通过财务评价获知。现代管理学之父彼得·德鲁克（Peter F. Drucker）曾经说过："如果你不评价你就无法进行管理。"在企业财务评价领域，往往是根据评价者的目的去分析企业的各个侧面。要了解企业的财务风险，必须评价企业的资金风险、经营风险、市场风险、投资风险等因素；要掌握企业的偿债能力，必须评价企业的资本结构、资产水平和流动性；要了解企业的盈利能力，需要评价产品的销售情况、利润水平和利润质量等。可谓"想要什么，就评价什么"。企业的财务评价如同一根指挥棒，引导着企业的发展方向，起到资源配置和优化作用。科学合理的财务评价体系对于正确反映企业财务管理状况、规划企业的经营发展、确保资产保值增值具有重大意义。传统的国有企业财务评价关注于企业财务活动，以定量评价为主，忽略了国有企业的财务关系评价内容，国有企业各财务主体的利益协调程度极大地影响了员工及其他利益群体的切身利益，关系着国有企业的持续、协调发展，社会稳定及和谐社会的建设。因此，国有企业和谐财务评价指标是对传统基于财务活动的财务评价指标的拓展和延伸，丰富了企业财务关系评价的内容和手段。

第二节　研究目的与意义

一、研究目的

改革开放以来，中国不断调整国有企业改革的方向，国内外环境的变化，以摧古拉朽之势震撼着技术变迁，研究需求变化、竞争态势变化影响国有企业的生存环境。无论国有企业规模多大、实力多强，如果不在财务上协调发展，处理好财务主体的利益关系，也有可能一夜倒塌。本书深入分析国有企业和谐财务的理论基础，围绕国有企业发展中的现实问题，剖析国有企业和谐财务形成的三大要素，构建国有企业和谐财务的评价指标体系，并对国有企业进行综合分类，为下一步综合评价做好铺垫。

二、研究意义

国有企业财务非和谐源于各财务主体的利益诉求和冲突。例如，因公平感知差，导致人才大量流失，管理者不思进取等。本书分析国有企业财务的理论基础，梳理国有企业改革中的和谐财务问题，剖析国有企业和谐财务形成机理，并据此构建和谐财务评价指标体系框架，丰富了企业财务关系理论，拓展了国有企业财务评价的实践方法，对国有企业改革与国有企业分类评价和考核具有重要理论意义和现实意义。

1. 理论意义

（1）突破财务问题仅关注财务活动效率研究的局限性。

长期以来，财务的本质形成了我国财务理论研究的焦点。有学者认为财务是货币收支的活动，是企业收益分配的活动，或者是企业资金的运动，以上观点主要围绕价值运动，体现了理论界认可的价值数量的财务本质观。而停留在数据层面上的财务本质研究，忽略了企业的财务不仅仅是多与少的效率问题，还蕴含了数据背后的利益分配问题，如国有企业的多层委托代理问题，企业与各利益相关者之间的矛盾冲突问题，反过来都会损害企业的效益和价值，增加代理成本等。因此，如果仅关注企业量化的价值运动，忽略背后的分配问题，难以全面、综合地把握企业财务的本质。本书拟搭建一套和谐财务的形成机理，设计一套包含定量和定性指标的评价体系，尝试容纳财务活动效率与财务关系和谐的双维评价指标体系，以完善财务评价体系。

（2）和谐财务突出了财务关系研究。

受传统经济学研究影响，财务理论研究也一直重视财务活动研究而忽视财务关系研究。国有企业财务活动从表面上看是钱和物的增减变动，实质上背后反映的是人与人之间的利益关系。如果处理不好管理层与股东、企业与职工、企业与供应商、企业与消费者、企业与社区等的财务利益关系，财务利益冲突不断，可持续发展将难以为继。而现有的财务评价方法过分依赖三大财务报表，那么国有企业的财务关系如何评价？是在利润表、资产负债表和现金流量表基础上挖掘指标，还是另辟蹊径，值得深入研究。

（3）完善和深化了国有企业财务分析系统。

国有企业财务和谐评价隶属于国有经济运行分析，是国有企业和国民经济分析的重要内容之一，国有企业的和谐程度与宏观经济、社会稳定密切相关。对国有企业的财务和谐度分类排名，能够综合反映该类企业价值创造能力、公共服务效率与效果、履行社会责任的程度和企业成本费用的开支状况、国有资产保值增值能力等。运用财务和谐度对国有企业进行分析，能够较好地发掘这类企业的持续发展能力。对国有企业和谐财务进行分析，实质上是对国有企业的财务分析系统的完善和深化。分析国有企业和谐财务，对于进一步分析中国企业财务机制、剖析企业的财务行为、增强经济发展韧性、提高经济发展质量、研究中国特色的财务学理论提供新的思路。

2. **现实意义**

（1）有助于降低国有企业的代理成本。

国有企业的多层委托代理关系造成了企业较高的代理成本。根据信息传递原理，每一层级的信息传递都会产生不同程度的损耗，多层级的委托代理关系必然增加企业的代理成本。另外，国有企业每一层级的委托方又是上一层的代理方。在实际经营管理时，政府难以把握自身的权限边界，要么未能履行职责，要么过度干涉，政府官员委任公司董事长，容易产生代理人机会主义、短期化行为、滥用职权行为等。构建国有企业和谐财务体系有助于从体制层面加强约束或监督代理人、降低代理成本、防范管理层道德风险等。

（2）设计了一套可供参考的和谐财务评价指标体系。

学术界针对和谐财务的研究成果较为零散，鲜见国有企业和谐财务评价指标的设计。从和谐财务形成机理出发，根据和谐财务的表达式构建包含 3 个一级指标、12 个二级指标、32 个明细指标的评价体系，为我国企业和谐财务评价提供了一般性的实践参考。

（3）有助于推动我国国有企业财务和谐管理。

国有企业和谐财务是一个包含多方面、多维度的大系统，通过主成分分析法，对商业竞争类国有企业、公益类国有企业、特定功能类国有企业财务和谐度排名，能够准确定位到具体企业的财务整体和谐状况或财务非和谐因子，从而做到精准定位，准确把握。

（4）突出持续与长效发展机制、有利于提升企业价值。

国有企业和谐财务研究立足于广义的资本理论，坚持全面覆盖与分类管理相结合、坚持内部治理与外部约束相结合，突出持续而长效的发展机制。国有企业和谐财务研究有助于推动企业直接创造价值、支持价值创造和保持已有的价值、推动国有资本做强做优做大。

综上所述，国有企业和谐财务研究是以降低代理成本、促进国有企业价值创造，提升国有企业价值分配公平进而展开的边缘性研究。

第三节　国内外研究现状评述

一、国内外文献研读

1. 国外文献研读

（1）有关"和谐"主题的研究。

在西方，"和谐"的概念可追溯到数学家毕达哥拉斯（Pythagoras）在世时期，他不仅提出和践行"数的和谐"，而且提出了"天体的和谐"，且对后世学派观点产生深远影响。马克思（Karl Heinrich Marx）在《1844 年经济学哲学手稿》《德意志意识形态》等书中，一再提倡社会和谐，马克思指出："正像社会本身生产作为人的人一样，社会也是由人生产的。"他认为，人是社会的人，社会是人的社会。只有人与社会的相互融入，才能达到高度和谐。然而，经济和谐主义的思想来源，可追索到古典经济学家亚当·斯密（Adam Smith）和重农主义代表人物魁奈（Francois Quesnay，1758），他们认为从自由主义出发，通过市场"看不见的手"实现经济的和谐，以谋求社会中不同个体和群体利益的相容和协调（傅译风，2011；亚当·斯密，1972）。但是，杰里米·边沁（Jeremy Bentham，2016）则反对斯密的自然和谐主张，提出人为的利益和谐，并认为个人是利己的，不存在自然的和谐，必须通过法律关系构建人为和谐。

社会经济发展加剧了社会阶级利益冲突，构建各阶级间的和谐成为自然和谐论之后亟待解决的社会问题，由此掀起了群体和谐论思潮，代表人物有凯里

（Carriker La）、巴斯夏（Frédéric Bastiat）、萨伊（Say J. B.）等。美国经济学家凯里（Carriker La）提倡保护主义和经济利益的协调，在其著作《论工资率》中提出，要注重协调资本家和工人之间的关系，资本家从利润不断上升中得到好处，工人的工资也会随着资本积累的增大而上升，并呼吁保护关税和协作规律，要求多样化的和平（束克东等，2012）。此外，凯里还研究过土地所有者、人口增长的协调问题，把协调观点扩大到真理，认为宇宙规律和社会规律是一致的。巴斯夏（Frédéric Bastiat，2010）在《和谐经济论》中提到，和谐经济是以平等交换为基础的利益和谐。克拉克（Clark）用数理分析方法分析经济利益关系，从效率原则和贡献原则证明资本主义不同利益主体的利益是和谐的（刘相林，1994）。

马歇尔（Alfred Marshall，2012）认为，自然界没有飞跃、强调价格自由原则，从侧面概括了追求西方和谐经济观。庇古（Arthur Cecil Pigou,2007）强调个人追求自身利益的行为最终导致社会福利增加，原本天然实现的和谐会被事实的障碍打破，政府必须控制经济力量促进社会利益和谐。凯恩斯（John Maynard Keynes，2005）则否定私人利益与社会福利的一致性，追求个人利益最大化并不会必然导致社会福利增大，不能单纯依靠自发力量解决各种经济问题，承认政府在协调经济利益中的力量，实现经济关系的和谐。

此外，西方的政治学家从公平和正义的角度研究社会和谐，在总结卢梭、康德的契约论基础上，罗尔斯（1971）提出了"公平的正义"理论。孔德（1848）提出社会秩序是社会的最基本特征，要实现社会的和谐和稳定，必须加强道德建设。

（2）管理层与股东关系。

早在20世纪初，Berle和Means（1932）就关注于企业高层管理者的行为与公司股东利益的研究，并预测公司所有权将从公司控制中脱离出来。Oviatt（1988）从契约理论、资本市场理论、管理者报酬动机、代理成本、股票期权、接管动机等十个方面，论证企业高管与股东的关系，认为两者的利益本质上存在趋同性。Shleifer和Vishny（1997）、Admati等（2005）从理论上对机构投资者在上市公司的作用予以分析，他们认为，因为上市公司管理权和所有权分离，公司的管理者在缺乏股东监督时，有动机追求个人私利，对公司产生了负面影响。然而，监督管理层需要付出相应的监督成本，只有持股比例较高的股东才有可能从公司的监督中获益。因此，相对于小股东，持股比例更高的机构投资者更有动力去参与公司的治理。Shibata和Nishihara（2010）通过合并债务融资来扩展实物期权模型中研究的经理与股东冲突的影响，结果发现：两者在投资政策上的冲突不仅增加了债务融资成本和违约成本，还导致企业股权价值的下降，并降低了社会福利。Zhang 等（2014）通过研究中国上市公司的数据发现，控制权与现金流权的分离与管理层的薪酬绩效及绩效敏感性负相关。研究进一步表明拥有超额控股权的股东通过削弱绩效激励与管理者勾结，管理层与股东之间还存在寻租行为。Boatright（2018）认为，管理者与股东冲突的根源是现代公司常见的所有权与控制权分离，以及由此产生的委托代理问题。此外还发现，股东与管理层的冲突是由股东代理人和经理负责人共同造成的，且政府的制度设计也加剧了矛盾冲突。

（3）大小股东关系。

大小股东关系主要表现在大股东以各种方式侵害中小股东利益。Mcconnell和 Servaes（1990）研究了控股股东对公司价值的影响，关注到控股股东持股比例与性质对公司价值产生的不同影响。Charumiln 等（2006）关注到交织在关系网中的大股东依据不同程度的亲密关系形成相应强度的合作意愿，从而影响公司治理层面。Gao L. 和 Kling G.（2008）认为，在法律机制不健全以及公司治理结构不完善的环境下，一些大股东尤其是控股股东具有寻求隐形收益的强大动力，他们倾向于凭借其持股比例和"内部人"集团所带来的控制权优势，通过大规模的关联交易将公司财富转移至大股东自身。Standifird 和Marshall（2000）研究认为，关联大股东通过关系连带所形成的网络共享高质量的信息，如关键的内幕信息、公司自身及其关联方真实全面的资产信息和业务能力信息等，大幅降低信息的不对称风险。Dennis Diane 和 John Mcconnell（2003）通过研究股权性质发现，不同性质的股东在效率与代理问题的产生与解决方式以及所有权的行使方式上存在明显区别。La Porta 等（1999）认为，控股股东与中小股东之间的代理成本可以分为直接的剥夺和非效率投资。直接的剥夺主要体现在控股股东占用上市公司的资产、资金，也就是掏空行为。

（4）企业劳资关系。

Chris（1984）首先用员工关系来描述企业员工与管理层的关系、企业与负责雇佣关系管理的政府机构的关系。此概念包含了现代意义上的劳资关系，但更侧重于组织内部的人事关系。Farnham 和 Pimlott（1990）认为，劳资关系是企业员工与劳动报酬支付者之间的双向关系，在企业中表现为管理层与企业员工之间的关系，与此同时，政府在调节劳资关系中扮演着重要的第三方角色。Amoroso（1991）认为，劳资关系是单个企业与企业工会之间的关系。而Blyton 和 Turnbull（1998）指出了企业劳资关系的两个重要特征：一是劳资关系与企业工会、生产活动、集体谈判紧密关联；二是劳资关系是以从事全日制工作的工人为代表。他们还认为，劳资关系具有一定的内涵和外延，如劳资关系可以涵盖工会会员与非工会会员。Bacon 和 Storey（2000）又指出，随着产业关系的变化，企业劳资关系也在发生新的变化，员工不仅完全通过工会组织的谈判行为满足自己的利益要求，还存在广泛的个性化需求。

劳资关系在企业的价值创造中发挥着重要作用，Jensen 和 Murphy（1988）研究发现，大公司股东财富每变化 1000 美元，总经理财富会有 1.85 美元的变动；小公司股东财富每变化 1000 美元，总经理财富会有 8.05 美元的变动，因而他们认为小公司会具有较高的报酬——业绩敏感性。Porta 等（2000）研究发现，公司成长性与 CEO 报酬——业绩敏感性显著负相关。Zvika Afik 等（2018）研究发现，企业的劳资关系影响企业价值，在大型企业，股票价值受劳资冲突的负面影响较为明显。

（5）企业与债权人关系。

企业与债权人的关系，很大程度上体现为股东与债权人关系。Jensen 和 Meckling（1976）从利益冲突角度分析亏损企业存在着债权人与股东、管理层契约关系冲突问题。因为股东和管理层有牺牲债权人利益牟取私利的动机，特别是亏损企业股东分红约束制度背景，使得股东控制权和现金流权进一步分离。Shleifer 和 Vishny（1997）发现由于企业控制权与现金流权的差异化，股东可能产生掏空公司资源的动机而不利于债权人利益保护，并且在掏空过程中寻求与管理层合谋，实现侵占企业资源目标，结果终将损害债权人利益。

Keay（2010）通过研究发现历史亏损企业股权融资渠道受限，可能更多依赖负债融资，一旦发生偿债风险或者管理层不负责的过度冒险行为会损害债权人利益，债权人利益保护有赖于完善的制度建设以及合理的契约安排。Aghion 等（1992）从制度层面看，在顺应全球化竞争、信息时代的主基调下，意识到要从国家规制建设入手来探讨债权人利益保护问题，包括构建破产还债机制，完善债权人保护法律体系，实现债权人利益保护目标。Berry 等（1993）认为，在企业与债权人发生纠纷时，股本作为股东承担的有限责任可以保障债权人的基本权利，即使在授权资本制下，外部债权人在选择交易对象时也会对企业的资本缴付情况和资产状况有较高的关注。有学者还发现，在法律保护程度好的环境下，公司更容易获得证券融资，企业的研发投入程度也越高，发展前景越好。Djankov 等（2007）、Haselmann 和 Wachtel（2010）认为从资金供给者角度来看，对债权人的保护程度越高，债务融资就越普遍，而且债权人也愿意对外提供更多的贷款。

（6）企业与消费者关系。

消费者是企业实现价值创造的重要载体，消费者与企业的关系也体现了企业履行社会责任情况。例如，Brown 和 Dacin（1997）提出消费者对产品的良好评价和相关市场行为有助于企业提高业绩。Sen 和 Bhattacharya（2001）提出消费者对企业能力的信任以及消费者支持，在企业社会责任水平影响消费者企业评价的路径中起调节作用。Webb 和 Mohr（1998）通过实证研究得出如果企业赢得消费者的信任与支持，其在社会责任方面的努力对消费者购买意愿层面造成的影响将会更加积极。随着市场供给日益丰富，消费者的个性化需求成为企业新的竞争焦点，Cui 和 Wu（2016）认识到要全面了解消费者，让普通消费者参与到企业研发中从而形成精准式的研发创新。Wagner 等（2009）指出消费者对企业参与社会责任活动的总体评价形成了企业的声誉。Merrin 等（2013）还发现国内外企业产品危机事件影响了企业的社会责任声誉，应加以重视，帮助企业抵御风险。Korschun 等（2013）认为，企业社会责任声誉可以在消费者与企业之间建立牢固的心理纽带，从而在企业发生危机时为责任企业博得情感谅解与理智支持。Klein 和 Dawar（2004）认为构建良好的 CSR 声誉可以产生晕轮效应，减少消费者对危机事件的负面回应。Cui 等（2007）研究表明在供应链中所有成员的决策中，消费者公平关系都起着重要的作用。Yi 等（2018）发现当消费者公平关切程度较大，制造商倾向于让零售商代售其产品，因为消费者理解的较高的销售价格是由双重边际效应造成的，能接受较高的零售价格。

（7）企业与供应商关系。

供应商处于企业价值链上游，企业与供应商之间是一种合作关系。Kim 和 Henderson（2015）强调供应链上的供应商企业通过信任、信息共享和联合行动建立了密切的合作关系，有利于供应链整合，减少销售费用，提高营运资金的管理效率。然而企业与供应商还表现为一种风险关系，Dhaliwal 等（2016）认为丧失关键供应商会影响企业正常的生产运营，甚至可能导致生产停滞。另外，专用型投资一旦投入，就被锁定在特定的交易关系中，若再作他用，就不得不承受价值贬损。有时候，供应商—客户关系较为复杂，不是简单的一种类型，具有合作竞争的性质。供应商对企业在盈余管理、现金流量、商业信用、税务筹划、存货管理等方面都产生不同的影响。如 Cen 等（2017）通过对 Caterpillar 公司的案例分析以及实证研究发现拥有紧密合作关系的客户与供应商比其他企业的避税程度高，主要的避税方式是将利润转移到子公司。Campelloa 和 Gao（2017）认为，大客户给供应商的信贷带来负面作用，供应商对客户的专用型投资越多，债权人就承担越高的清算风险。Saboo 等（2017）研究表明，尽管供应商—客户关系的集中程度在供应商 IPO 时能够发挥优势，但集中的关系总体上还是不利于企业绩效。Patatoukas（2012）从资源基础理论研究发现集中的客户关系有助于提高公司资产的利用率，降低营运费用，从而提升公司的绩效。Yli-Renko 等（2002）指出供应商和客户作为影响企业发展的重要外部主体，可以作为企业创新资源的重要来源。知识和信息是企业创新的核心要素，Hobday 等（2000）认为，供应商（客户）集中度会影响供应链合作伙伴进行知识和信息共享的意愿，企业与供应链合作伙伴的知识和信息共享是企业创新成功的重要途径。

（8）企业与社区关系。

良好的社区关系对于企业的生存和发展有着重要的意义，企业与社区建立良好的关系，不仅可以保证企业的健康运营，同时对当地社区的发展也将起到积极作用。在全球范围内企业与当地社区的关系开始逐渐受到重视，越来越多的企业开始意识到其对当地社区与环境的可持续发展负有重要责任。国外学者们认为维护社区居民利益是企业社会责任的内容。如 Dodd（1932）、Carroll（1979）、Hopkins（1999）提出企业的利益主体主要有债权人、供应商、消费者、员工、居民和政府等。Zimmerman 和 Zeitz（2002）认为，企业参与社区治理"能够帮助组织获得其他资源的重要战略资源"，有助于增强企业竞争优势（员工承诺、顾客忠诚、投资者吸引力、公共关系等）。Sullivan（2001）借助企业公民理论，把企业比为公民，认为企业作为公民应该参与社会治理，政府可以将治理社会问题委托给政府之外的主体，企业可以像政府一样参与社会治理，其中包括社区治理等。

Dashwood（2007）指出全球化在为世界各个地区提供发展机会的同时，也使民众的社会和环境意识得以提高。随着公民社会的到来和人们生态意识的觉醒，社区作为企业运营过程中重要利益相关者的地位越来越得到认同。Abuya 和 Willice（2016）研究认为，社区关系是企业社会责任的一部分。对企业而言，企业社会责任的最重要内容之一便是与当地社区建立良好的企地关系。这要求企业在追求经济利益的同时，应高度重视开展改善当地社区生活的活动。Jenkins 和 Obara（2006）认为企业社会责任要求企业满足社区在经济、环境、文化、可持续发展等方面的利益诉求，这也是企业在开展企地关系建设中应当高度重视的内容。Idemudia（2009）指出企业与当地社区应在保持顺畅沟通的基础上，与社区协商制订企地共同发展计划，或邀请当地政府和非政府组织共同参与制订企地一体化发展战略等和谐社区长期建设规划。

（9）有关国有企业财务评价的研究。

在文献查阅时，发现国外针对国有企业财务评价的研究成果较少。涉及相关的成果如下：Merva M. James Laurenceson 等（2005）研究了 1980~1996 年中国国有企业的财务绩效，结果显示全要素生产率以平均每年 1.90% 的速度增长对应于 41% 的外贸出口率。国有企业财务绩效下降可以归因于竞争加剧和价格改革，贸易条件以年均 3.19% 的速度恶化。但国有企业的经济绩效明显好于一般情形，建议结合中国国情，直接评价国有企业的经济绩效。Chi-Wen Jevons Lee（2001）以上海三维制药公司为分析对象，研究了中国国有企业在经济改革中的财务状况，从会计记录中获取有用的财务信息，分析了企业的财务结构，测算了职工的隐性经济报酬，并以强制性社会服务的形式估算了隐性税收，分析揭示了与国有企业改革有关的各种问题，提出了国有企业财务重组的可能模式。Ferguson 和 Michael J.（2005）以香港证券交易所挂牌上市的国有独资企业为对象，分析了国际资本市场压力对三种自愿性披露的影响，结果显示，中国 H 股国有上市公司比其他股份公司披露更多的战略信息。Bozec 和 Richard（2003）重点研究了加拿大的国有企业公司化过程对财务绩效的影响，实证分析了加拿大国有企业公司化现象和结果并据以讨论。Holz 和 Carsten A.（2002）研究发现，中国的国有工业企业（国有企业）一般被认为业绩不佳，以至于外国学术界否定国企改革成效，并建议国有企业民营化。在改革时期，工业类国有企业的盈利能力确实大幅下降，工业类国有企业的利润总是低于工业类非国有企业。然而，其中的差距可以用两个因素来解释：其一，国有企业比非国有企业面临更高的流转税率，资本强度更高。其二，民营化并不是最好的出路，在特殊时期，非国有企业很难承受经济衰退等大环境的冲击。Qin 和 Charles（2009）结合《国有企业金融资产管理办法》出台背景，认为该规定旨在规范金融企业国有资产转让行为，我国财政部对金融企业国有资产发挥主体监督作用，监管范围包括上市国有金融企业与非上市国有金融企业。MacCarthaigh 和 Muiris（2011）针对全球金融危机时期的爱尔兰国有企业管理进行分析，认为金融危机影响国有企业的所有权结构、融资行为和企业角色，通过数据分析国有企业控制管理的模式和相应的自治。

Rutledge 和 Robert W.（2011）研究了中国国有企业的社会责任与企业绩效的关系，使用 66 家在上海和深圳证券交易所上市的中国国有企业数据，结果发现，企业社会责任绩效与财务绩效之间存在显著的负相关关系。根据中国国有企业优惠的政府待遇和对这些实体的社会福利要求，对结果做进一步讨论。Fei Du 等（2012）从中国国资委对国有企业的评价出发，分析了 63 家国有企业三年的评价结果，发现政府对国企的评价是自下而上的影响和偏袒。Khajar 和 Ibnu（2014）以印度尼西亚 2005~2012 年的民营化的国有企业为样本，结果发现民营化的基本模式影响了企业的财务绩效，印度尼西亚的国有企业都是通过发行新股私有化，其中四个民营化的国有企业价值不足，一个国有企业价值过高。Sanusi 和 Anwar（2016）认为，国有企业需要通过改善内部工作环境来提高绩效，国企经理必须衡量员工产出与工作性质、关键结果领域和关键绩效指标的关联，以便于确定组织绩效管理、制定绩效报酬标准。通过实证分析，进一步显示员工的沟通知觉、工作态度、职业道德、内部控制水平、风险管理行为、监控评价与员工工作效率有显著关系。Mirza 等（2016）研究了中国国有企业和非国有企业在资本结构方面的调整行为和调整速度，发现国有企业需要更长的时间调整政策杠杆。

2. 国内文献研读

国内对和谐财务相关研究的代表人物有张连起、席酉民、温素彬、王治、王棣华等。张连起（2005）主张建立和谐会计，他认为，和谐意为调和、协调，是物质的精神之道，是方法、目的和过程的统一。和谐会计的内涵是理想和多维的会计、合作与竞争的会计、秩序和法制的会计、公平和诚信的会计、可持续发展的会计。席酉民自 2003 年开始，关注于和谐管理理论的意义与价值、和谐管理理论与企业战略分析框架、和谐管理理论的起源与前景，为企业财务和谐打开了研究视域和方法论的大门。温素彬（2007）从多重价值和谐、多重资本和谐、多重目标和谐等出发，提出了和谐财务理念，同时构建了企业和谐财务评价体系。王棣华（2009）认为，财务管理是受环境影响的管理科学，基于我国特殊的社会环境，构建和谐财务管理的基本理论框架，包含和谐财务管理概念、研究意义、基本内容等。王治等（2010）指出主流财务学存在固有的缺陷，理性经济人缺乏系统的思考，和谐财务是财务学的出路，并从技术、行为和制度的视角，构建了和谐财务论。

（1）"和谐"的词义学诠释。

自古以来，中华民族一直主张和谐思想，和谐思想成为人类优秀文化的精髓，把追求和谐作为人类的目标和社会价值观。和谐的概念在汉语字典、词典都有解释。在《现代汉语词典》中，和谐被解释为"配合得当"。老子在《道德经》中多次言说"和"，"万物负阴而抱阳，冲气以为和"。孔子在《论语》中言道："和和而和，不以礼节之，亦不可行也。"《左传》中记载晏婴与齐景公对话，就和与同的关系进行辨析，公（齐景公）曰："和与同乎？"答曰："异，和如羹焉。"大意是，齐景公问晏子和与同是否有差别，晏子认为有差别，就像肉羹，用水、火、调料来烹鱼肉，用柴火烧煮，调配佐料，相互配合，恰到好处。针对历史人物对和与同的辨析，张立文（1996）做了如下界定：所谓和，一是诸多性质不同或对立的要素、事物所构成的统一体；二是相互差异、对立的东西互济互补，以达到平衡、均平、和谐；三是平衡，和谐为了形成新的和合体。袁吉富（2016）总结前人研究成果，提出了和谐的含义：事物诸因素之间或事物之间的相互依赖、相互补充、相互促进的一种状态以及事物之间或事物诸因素之间的相互作用形成的总体所达到的结构完善、功能健全、发展优良的状态。

（2）和谐财务管理。

黄国辉（2005）从和谐社会的特点入手，阐述企业财务管理的特征继而提出和谐财务管理体系。戚桂杰和顾飞（2012）采用规范分析的方法，借鉴和谐管理理论提供的企业复杂管理问题的解决之道，从制度、组织结构、流程和绩效考核的完善与优化切入建立谐则体系与和则体系，通过谐则与和则的互动耦合，给出了提升业务与 IT 融合的途径和措施。康艳（2012）立足实际财务问题，分析企业和谐财务关系的内涵是财务部门运行要素及组成部分的协调、企业财务治理主体关系及企业控制过程的协调，认为企业外部环境、治理模式和内部管理方式影响企业财务和谐。夏宁（2013）认为，和谐管理理论下的内部控制框架不仅包括内部控制的理论要素，还包括通过流程优化设计和协同牵制氛围的培育以及组织的互动耦合，以实现内部控制目标。培育协同牵制的组织氛围可以通过组织文化、激励员工来实现。蒋苏娅（2007）从和谐财务的前提、理论基础出发，提出了和谐财务的构建路径。王治等（2010）吸收相关学科的精华，说明和谐财务包含最终的目标和谐与企业整体状态的和谐，并厘清了和谐财务与相关学科的关系。王朋才（2012）认为，和谐财务与儒家思想一脉相承，是社会主义市场经济发展和企业发展的必然选择。吴君民等（2010）提出了和谐成本管理理论。高方露（2007）从和谐财务治理实现的角度，分析了和谐财务治理与财务标准化的关系，对和谐治理框架下的企业财务标准体系构建加以论述。

（3）和谐会计。

于玉林（2007）探索建立广义会计学，指出广义会计学是会计发展的和谐，分为计量会计学和非计量会计学，具有综合性、系统性、边缘性和发展性特征。冯素珍（2007）指出和谐会计是构建和谐社会的重要基础性工作和重要手段，和谐会计的本质是秩序和法制的会计、诚信和公平的会计、可持续发展的会计。马元驹（2007）探讨了和谐会计价值取向是会计工作公正，使会计信息产生的过程和结果公正，公正对待并惠及企业会计信息使用者。张以宽（2008）认为，现有的会计工作没有体现以人为本，过分注重利润、财务收支等数量指标，应为社会和谐、环境建设、教育公平、人民健康等做贡献。

（4）和谐劳资关系。

于桂兰等（2016）基于扎根理论，提出和谐财务关系概念，构建企业和谐劳资关系概念模型。辛本禄和高和荣（2013）调查发现当前研究主要关注企业生产经营效益等客观性指标，忽视了诸如员工对企业认同感等主观指标，将企业置身于特定社会结构中，构建两方面相统一的劳资关系指标体系。刘涛（2017）回顾新中国成立初期的劳资两利思想，包括保障工人的合法权益、保障资本家的经营权和用人权、完善劳资纠纷解决途径。受该思想影响，得出通过建立外部约束框架、建立多重沟通协商谈判机制和仲裁机制、通过共同治理，建立利益分享机制的启示。杨清涛（2017）剖析了私营企业与国有企业不同的劳资关系矛盾，进一步分析出劳资矛盾的核心是物质利益博弈而非政治权力斗争，劳资矛盾中包含权利争议和利益争议，其利益争议的重点正在从个别争议转向集体争议，其对抗性、暴力化倾向有增强的趋势。必须加大劳动法律、法规的实施力度，建立健全集体谈判制度和"三方"协商机制，建立健全全民基本社会保障体系才能实现构建和谐劳资关系的目标。王海霞（2018）分析和谐劳资关系对引导企业健康发展的重要性，从当前企业劳资关系问题出发，提出积极营造和谐的企业劳资关系氛围、加强企业工会组织建设、建立劳资双方利益共享机制等措施以构建和谐的企业劳资关系、维护员工合法权益，理顺企业内部关系、提升企业核心竞争力，推动企业不断向前发展。

（5）和谐财务实证研究。

卢秋声和干胜道（2015）把和谐财务关系看作利益相关者的系统和谐，关注于企业和谐财务关系评价指标体系构建，旨在客观评价企业财务和谐状态和程度。禹波（2013）初步构建了囊括财务活动和谐度、财务关系和谐度、社会责任履行度、生态责任履行度在内的和谐财务评价指标体系。赵喜仓等（2008）突破以往的企业财务评价模式，提出和谐绩效概念，运用定性和定量方法，对企业的经济绩效、社会绩效和生态绩效等进行综合评价。温素彬（2005）立足科学发展观，从经济绩效、生态绩效、社会绩效三个方面构建企业绩效评价指标体系和评价模型。魏建中和段兴民（2005）认为，和谐管理是一种由思想到操作的管理方法，通过改进多元统计聚类分析方法，设计了企业和谐态的数理测度方法。黄容等（2010）侧重于设计反映企业人力资本财务和谐度的评价体系研究。彭秋莲和尹北晖（2010）认为，交易成本为零是和谐财务的经济学本质，财务和谐度取决于交易成本的高低，构建和谐财务需要树立和谐财务观、构建科学合理的绩效评价指标体系等。

（6）企业整体和谐管理。

顾飞（2012）以和谐管理理论为基础，提出和谐信息化，搭建了和谐信息化的实证分析框架。程民选和罗后清（2010）深入剖析企业和谐的实质，即在承认利益冲突的前提下，合理兼顾利益相关者的利益诉求。汪洁（2007）认为，和谐管理在企业管理中发挥着特殊功能，通过各种伦理因素来激发职工的潜能，以其把握人性的独特视角，同技术管理一起，共同制约着企业活力的消长和经济效益的增减，并使之与管理科学有机融为一体，已成为现代企业管理的一个发展趋向。郭扬等（2008）分析信息技术发展对企业管理模式的影响，认为企业和谐管理，就是企业按照"和谐"理念，对企业所拥有的资源进行计划、组织、领导和控制等一系列管理，以有效实现既定组织目标的过程。刘旺生（2005）指出企业和谐管理制度是维系、促进企业生产经营活动的基本要素，是确保企业经营活动有序进行、实现经营目标的重要力量，也是企业面临的重要研究课题。阎照志（2010）围绕企业和谐发展构建和谐价值链，不仅能降低成本，重构利益相关者关系，形成协调共赢的战略关系，也是企业的一种新的经营模式。高学栋等（2006）指出公平协调、充满活力、安全稳定等是和谐企业的特征，建设和谐企业要处理好人与人的和谐、人与制度的和谐、人与环境的和谐等。姚宏彦和惠宁（2009）探讨资源型企业的和谐创新发展路径，资源型企业对环境和政府强依赖性，应该处理好企业与各方利益主体的关系，从人才培养、研发机制和资金投入方面加强创新。王锋（2007）指出当前企业内部存在诸多非和谐因素，建设和谐企业能努力减少各种不和谐因素，主要从和谐管理关系、和谐人才管理和分配管理三方面着手。汪宗田和王元璋（2007）基于效率和公平维度，提出创建和谐分配制度。李桂华（2007）厘清了和谐管理的内涵，认为和谐管理是企业以提升价值为目标、以和谐理念为主导、以关系管理为对象的一种管理科学系统。单锋（2015）剖析了传统文化和谐思想下的企业和谐管理理论机制，提出了和谐理论在企业管理实践中的运用。

（7）国有企业财务研究。

刘婷（2010）认为，财务治理是国有企业发展的核心，国有企业财务治理模式经历了复杂的演进历程，制约了国有企业的发展，需要建立一套有效的制度安排，发挥股东、投资者、董事会等共同控制权，发挥利益相关者价值最大化和国有资产保值增值的目标。吕婧（2010）认为，研究国有企业绩效评价，对构建和谐社会、和谐企业具有重要的意义。和谐社会下国有企业绩效评价的内容不仅包括经济绩效，同时还包括生态绩效和社会绩效。在重视企业各方面增长的同时，更应强调企业在经济、生态、社会三方面的和谐、同步发展。

于长春和伍中信（2000）研究国有企业出资人财务监督缺位问题，比较分析会计人员委派制、财务总监制、稽查特派员制三种财务监督方式，提出建立健全的国有出资人财务监督机制是当务之急。罗飞和王竹泉（2001）认为，国有企业财务决策机制具有特殊性，细分为国有资本管理机制、国有控股公司和国有企业三个层面建立国有企业财务决策机制，而国有控股公司的财务决策机制构建最为重要。罗飞等（2002）认为，财务管理环境和财务关系是财务管理的重要内容，将企业财务管理环境分为一般环境和具体环境，国有企业改革使国有企业财务管理环境发生了重大转变。马志彤（2007）辩证地分析了国有企业成本控制与财务管理的关系，国有企业成本管理存在认识不足、高素质的财务管理人员缺乏、会计核算与财务管理工作关系处理不正确等问题，加强成本管理工作具有战略意义。邓振平（2011）认为，国有企业对构建和谐社会发挥着基础性作用，和谐劳资关系是国有企业构建和谐社会的具体表现。王洋帅等（2017）通过样本分析发现，由于存在预防性动机和承诺性动机，国有企业的客户集中度与企业现金流正相关。

3. 文献评述与展望

"和谐"的英文翻译为"harmonious"，"和谐财务"翻译为"harmonious finance"，通过检索现有的外文数据库（ACS，EI，EBOSCO，SCI，SCIENCEDIRECT），有少量的文献涉及"harmonious finance"，但实际意义则为"和谐金融""和谐财政""和谐理财"，尚未发现有关"和谐财务"关键词的外文文献，亦未发现有关企业和谐财务管理问题的直接性英文研究文献。然而，尽管鲜见国有企业和谐财务整体评价的资料，但西方国家的和谐理念却源远流长。进一步整理企业和谐财务各个维度的资料可知：股东与管理层的委托代理矛盾显著，根源深厚；大股东以各种方式侵害中小股东利益，从而增加了企业的委托代理成本；劳资关系在企业的价值创造中发挥重要作用；企业与债权人的关系会影响到融资成本和融资能力；企业与消费者关系对企业构建社会责任声誉产生重要的晕轮效应；供应商对企业在经营管理和税务筹划等方面都产生不同的影响，并在某种程度上构成了企业的创新资源；构建和谐的社区关系是企业的社会责任，能够为企业提供战略性资源，并有利于获得竞争优势。可见，理解和分析和谐财务，很难做到以一概全，必须在着眼整体的基础上把握局部联系，从而科学、全面、深入地研究相关问题。

与此同时，尽管在过去，和谐财务研究取得了一定的成果，但是仍存在以下五点不足：①很多研究比较零散且不成熟，而现有文献对国有企业和谐财务的研究尚未涉猎，从而影响了和谐财务作为一种重要理论的发展。②学者们主要从某个或某几个维度来研究和谐主题，针对国有企业，学术界侧重于对绩效影响因素的分析，个别学者关注企业劳资关系和谐、树立和谐管理目标等。③限于"定义困惑"，对和谐财务的界定不清、内容不明和理论研究不系统，没有形成较为系统的理论体系。④重视规范研究，实证研究明显不足，研究极少涉及和谐财务的量化问题。⑤尚未找到有关国有企业和谐财务评价指标体系，事实上，财务的和谐不仅包含良好的业绩，还涉及企业内部的组织稳态、企业的社会形象、客户关系等，故国有企业和谐财务评价是一个系统性评价。本书剖析国有企业存在的问题，以及这些问题对企业价值的作用力，搭建国有企业和谐财务形成机理并推导和谐财务表达模型，构建企业和谐财务评价指标，运用实证分析方法测度三类国有企业财务和谐度，剖析各类国有企业和谐财务特征，试图为国有企业分类改革、分类考核提供理论依据，促进企业和谐财务评价的实务发展。

二、关键概念界定、研究方法、研究内容与框架

1. 关键概念界定

为明确本书研究对象和研究内容的边界，有必要对相关概念范畴进行界定。

（1）国有企业。

广义的国有企业是指注入国家资本金的企业，一般包括纯国有企业、国有控股企业、国有参股企业。狭义的国有企业仅指纯国有企业。在资本市场上，特别是国有企业分置改革之后，纯国有企业数量逐渐减少，且作为研究对象，势必会因为样本不足陷入研究困境。同时，考虑到研究的可操作性、样本数据的可获取性及上市公司的信息完备性，故本研究选取国有控股上市公司（包括纯国有企业和国有绝对控股企业）为研究对象（以下简称国有企业）。

（2）和谐财务。

"和谐财务"的概念是通过分析和谐的内涵、结合和谐财务特征、剖析财务活动与财务关系本质后提炼出来的。将国有企业和谐财务界定为：国有企业因不同主体多元化资本投入，而产生的各主体间以追求效率与公平协调发展为目标的财务。

就和谐财务研究内容而言，和谐财务最主要探讨企业各财务主体之间的财务利益冲突与和谐，属于人与人财务利益关系的范畴，不讨论人与自然的和谐问题。

2. 主要研究方法

在国有企业和谐财务写作中，借助如下主要研究方法，保证了研究的顺利进行。

（1）文献研究方法。

通过查阅和参考国内外相关研究文献，对和谐财务研究、国有企业和谐财务等相关理论进行了全面梳理和描述，了解和谐财务研究的历史和现状，进行了理论综述，并在前人基础上进行更深入的研究和改进。

（2）规范分析方法。

规范研究强调"应该是什么"，以及在研究过程中包含的主观判断。本书的规范研究主要体现在对国有企业改革中的和谐问题，国有企业和谐财务形成机理等方面。

（3）调查研究方法。

在初步构建和谐财务评价指标体系之后，为保证指标的完整性、科学性和准确性，邀请实务界与理论界专家进行座谈，并发放问卷以征集意见，进行国

有企业和谐财务评价指标的修订。

（4）实证分析方法。

采用数学模型和逻辑模型相结合的方式，研究国有企业和谐财务实际形成机理的构建，采用数学模型进行实证研究，研究结论更具说服力和科学性。将定性研究与定量研究相结合，通过设计国有企业和谐财务评价指标体系，收集数据资料，利用统计分析软件，采用主成分分析法，分类评价国有企业财务和谐度。

3. 研究内容与框架

本书的主要研究内容如下：

第一章为导论。论述了选题背景、研究目的与意义，梳理了国内外研究文献，陈述了本书的研究内容与方法以及主要创新点。

第二章为相关理论基础。梳理了国有企业和谐财务的相关理论基础，将相关理论分为基础理论与拓展理论两部分，基础理论主要包括利益相关者理论、企业价值最大化理论、企业社会责任理论、企业公民身份理论、和谐管理理论，拓展理论主要有广义财务管理理论、企业共生理论、企业自组织理论、财务公平理论、异质性理论，以上理论都在一定程度上阐明了和谐财务的存在性和必要性，为本书研究奠定了坚实的理论基础。

第三章为国有企业改革中的和谐财务问题。梳理各主要国家对国有企业的概念界定，以各国国有企业改革历程为主线，分析各个阶段存在的和谐财务问题，进一步论证了本书遵循的问题导向。

第四章为国有企业和谐财务形成机理及模型表达。主要论证了国有企业和谐财务形成机理，首先，阐明了和谐财务定义与特征；其次，初步构建了国有企业和谐财务理论框架体系，主要包括国有企业和谐财务资本、国有企业和谐财务价值观、国有企业和谐财务目标、国有企业和谐财务状态、国有企业和谐财务结果；最后，落脚到国有企业和谐财务分析范式，侧重论证国有企业和谐财务理论逻辑传导机制、实际形成机理、国有企业和谐财务三维度内在关系，以及模型表达和决定因素，旨在为和谐财务指标构建与实证分析做好前期基础性工作。相关内容有：①界定了和谐财务的定义，分析了和谐财务的显著特征。②根据广义资本理论，推导出国有企业财务资本的多重性，由物质资本、人力资本、社会资本等构成。③国有企业的和谐价值观是以承担经济责任、社会责任和道德责任为基础，追求企业经济价值、社会价值、生态价值的和谐。④和谐财务的目标是在企业经营过程中兼顾各利益相关者的利益与诉求，让企业获得各方的支持与依赖，能激发各相关主体的参与性与支持配合度，始终保持企业综合收益最大化，使企业在稳中求进。状态和谐是解决效率与公平的关系，也就是企业需要"做大蛋糕"与"分好蛋糕"，结果和谐则是指各财务主体的基本利益诉求得到满足。⑤国有企业的资本构成、企业价值决定了经营目标，而内外部环境、资源配置与利益协调形成了财务结果，目标与结果的吻合描述了国有企业和谐财务传导理论逻辑，再转换成"环境适应能力＋财务活动效率＋财务关系公平"的实际传导机制。因而，财务环境适应能力表达因子、财务活动效率表达因子、财务关系公平表达因子是国有企业和谐的三大决定因素。

第五章为国有企业和谐财务评价指标体系构建。构建国有企业和谐财务评价通用性评价框架，为后续国有企业分类评价做好基础性工作。在坚持六大指标构建的原则前提下，构建了包含财务环境适应能力、财务活动效率、财务关系公平的 3 个一级指标、12 个二级指标、32 个明细指标的评价体系，并对指标内涵及获取方法进行说明。

第六章为基于异质性的国有企业分类框架搭建。国有企业的科学分类已成为如何评价和深化改革的重要议题，也是进一步推进国企改革和完善国有资本监管的焦点问题。科学分类有利于国有企业改革顶层设计，也是加强国有资本监管的有效措施，有利于形成国有企业优化结构和分类改革的基础。本章主要研究国有企业分类改革，分析国有企业的异质性，再结合国内外理论研究和实践操作，认为国有企业分类是分类监管的前提，是深入国有企业改革的必然。在西方国家，国有企业的分类参考标准主要有：国有企业的性质和功能、依据法律形式、根据政府所扮演的角色划分、按照行业分布划分等。在我国，国有企业的分类方法主要有二分法、三分法和四分法，同时，本书梳理了全国各省份国有企业分类情况。最后，根据国有企业异质性，在总结国内外理论与实务现状的基础上，结合 2013 年国资委"国有企业分类研究"课题小组的研究成果、《关于国有企业功能界定与分类的指导意见》，以及现阶段各地国有企业分类的整体情况，梳理我国国有企业的主营业务和行业分类，采用三分法，将我国国有企业划分为商业竞争类国有企业、特定功能类国有企业及公益类国有企业，并形成我国国有控股上市公司的分类结果。

第七章为国有企业和谐财务实证分析。阐释了国有企业财务和谐度的测度过程，分析各类国有企业和谐财务整体情况等。选定主成分分析方法测度国有企业财务和谐度，分类确定了商业竞争类国有企业、公益类国有企业、特定功能类国有企业的财务和谐度影响因子，对相关因子进行分析发现，各类企业财务和谐度的影响因素既有联系，又各有侧重。商业竞争类国有企业财务和谐度水平偏低，尤其是临界值以上企业占比不到半数，但从发展趋势来看，商业竞争类国有企业的财务和谐度呈现不断向好的局势，特别是 2016 年缩小了差距，年度均值由临界值以下转向临界值以上，说明我国商业竞争类国有企业在市场适应能力、价值创造能力、企业财务关系等方面不断改良。公益类国有企业财务和谐度较好，且公益类国有企业在关系国计民生的基础性行业中贡献显著，在提供公共产品和服务，保障民生等方面做出了突出的贡献。2014~2016年，特定功能类国有企业的财务和谐整体情况尚不如人意，但从发展趋势来看，特定功能类国有企业的财务和谐度不断提高，说明企业的财务和谐度进一步改良，并且特定功能类国有企业在涉及国家战略、重要支柱性产业和专营业务上的综合实力较为突出。特定功能类国有企业行业财务和谐度介于商业竞争类国有企业与公益类国有企业之间，仍需要在市场环境适应能力、价值创造能力和财务关系处理方面加大投入，提高企业的综合发展能力。

第八章为研究结论与政策建议。本章在前文的文献回顾、逻辑分析和实证研究的基础上，总结归纳了全书的主要研究结论；同时根据研究结论提出相应的政策建议，并指出本书在研究中存在的不足和局限性，后续将从相关方面展开深入研究。

本书的研究框架如图1-1所示。

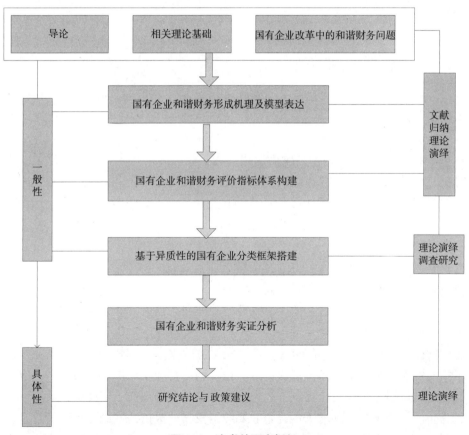

图 1-1　本书的研究框架

第二章

相关理论基础

国有企业和谐财务研究是建立在一定的理论基础之上的，以下相关理论与国有企业和谐财务形成一定的内在关系，并直接或间接地服务于国有企业和谐财务问题研究。其中，相关基础理论，在现有的文献研究中很直接地诠释了和谐财务，而拓展理论则较为隐性或深层次地加以诠释。

第一节　基础理论

一、利益相关者理论

"利益相关者"一词起源于国外学者伊戈尔·安索夫，他在《公司战略》中阐述，企业在发展中要考虑管理层、股东、供应商等在内的各方利益相关者的诉求。其实，企业的生存与发展也主要依靠各相关主体的资源投入与行为参与。20世纪60年代，西方学者给出了利益相关者的概念，主要形成了以弗里曼、卡罗尔、克拉克森为代表的三种观点。凡是在企业组织生产经营管理过程中受到或被受到影响的，都是企业的利益相关者（弗里曼，2006）；凡是在某种程度上与企业形成依存关系的都是企业的利益相关者（卡罗尔、布克霍尔茨，2004）；凡是向企业投入了资本或承担了风险的都是企业的利益相关者（Clark M. E.，1995）。后来的研究视域更加多元化，有学者认为，子孙后代、环境等也是企业利益相关者的构成。

张晨和梁宏莉（2011）把上市银行的关键利益相关者分为三类，分别研究了三类利益相关者履行社会责任情况。利益相关者理论承认了企业是一个多元主体的缔约，投入了对应的资本，应享受对应的权益。例如，股东为企业投入了物质资本，承担了风险，享受资本回报权利；管理层提供了智力资本，应享受对等的待遇；企业员工提供了人力资本，也要有合理的工资回报；政府、社区为企业提供了社会环境资本，企业要缴纳税收、提供公共服务等。王竹泉和杜媛（2012）系统提出了"利益相关者集体选择的企业观"，认为企业的形成是利益相关者集体选择的结果，由两个层次的集体选择决定，并建立了利益相关者集体选择、企业边界与企业价值之间关系的解释框架。研究认为，企业是利益相关者集体选择的产物，是企业契约选择者的集体选择达到的一种可接受的均衡状态，而能够达成均衡状态的约束条件是参与选择者的个体理性和集体理性同时得到可接受程度的满足。张文华（2015）认为，随着人类文明的发展，人类的价值观念逐渐丰富多样，逐渐延伸到社会价值、政治价值、道德价值、文化价值等。以上变化导致企业的投资目标定位在满足企业直接利益相关者共同价值最大化的目标上，财务报告的目标定位在满足企业直接利益相关者对企业价值创造和分享的信息需求上。胡如愿等（2018）从利益相关者理论出发，构建基于消费者的利益相关者监管模型，并以小米与苹果公司供应链污染事件为典型案例，对其监管模型进行深入分析并得出相关研究结论，指出解决供应链污染问题的关键在于提升消费者对企业环境延伸责任的认识，发挥利益相关主体整体监管的联动性。

因而，利益相关者理论拓展了企业的财务资本范畴，体现企业管理中的融合、协调、合作、发展，强调多边治理方式，是企业和谐管理思想的另一种体现与谋和。该理论为和谐财务研究提供了重要的启示，为本书的和谐财务指标构建提供了很大的参考价值。

二、企业价值最大化理论

企业价值最大化是把企业看成一系列专用性资本投资者联系在一起的契约或合同，合理安排企业的财务活动和财务关系，在保证企业长期、稳定、协调发展的基础上，使企业总价值达到最大化。长期以来，企业被假设为"理性经济人"，追求利润最大化是企业的根本目标。随着知识经济的发展和可持续发展观念深入人心，"理性经济人"和"利润最大化原则"受到挑战。根据马斯洛的需求层次理论不难理解，人类物质生活越发富足之后，开始追求精神层面的富足，以放弃经济效益为代价去改善文化生活、社会公平与和谐发展等。而"囚徒困境"表明，利益相关者博弈的结果达不到效用最大化。"最后通牒"实验亦阐释："理性经济人"和"最大化原则"在现实中不完全成立，企业价值最大化成为当前学术界的主要观点。企业治理理论认为，企业的性质是利益相关者共同治理的体系和"契约网"，利益相关者在企业中投入专用性资本，获得单个主体无法获取的合作收益，各利益相关者为各自的利益最大化进行博弈，结果必然是综合效益最大化（冉光圭，2005）。企业价值最大化关注于企业发展过程中所有利益相关者的利益，简单地讲，要实现企业整体价值在各关联方之间合理分配，必须做到"做大做好蛋糕，科学合理地分配蛋糕"，体现了企业价值创造过程中的效率和公平的良性循环（郭崇罡，2005）。企业价值最大化分为两个层面：第一个层面是与传统市场系统的效率有关的股权、债权、顾客、供应商的问题，可以量化；第二个层面是市场化的无法量化的因素，如环境污染等（文胜泽和黄廷政，2002）。企业的长期发展依赖于员工拥有的知识和能力，企业与投资者、客户、供应商的关系，并成为企业重要的战略资源（吴玲和陈维政，2003）。公司财务的价值导向经历了从股东利益向相关者利益的演进过程，利益相关者价值最大化作为企业经营管理的目标，实行共同治理，利益各方保持长期稳定的财务关系（李心合，2003）。企业财务管理目标服从于企业利益主体，众多的利益相关主体的目标折中地表现为企业长期发展的趋势及企业综合价值的不断增长，当企业把各利益主体的目标作为终极追求，并以价值最大化作为企业绩效评价的指挥棒，契合了现代企业财务管理的方向。市场环境的变化，企业更多地依赖于知识资本和人力资本，物质资本所有者独享企业剩余收益的做法已经过时，利益相关者价值最大化的呼声越来越高（龚丽，2011）。

企业价值最大化理论，把企业看成是多边治理主体，提倡共同治理，处理好各专用性资本投资者的利益关系，强调各利益主体的利益制衡关系，克服了企业经营中的短视行为，这与和谐财务管理理念不谋而合。

三、企业社会责任理论

企业社会责任理论经过长期的理论和实践发展，形成了较为系统的研究成果。就定义方面，源起于 20 世纪 50 年代，发展于 60 年代，扩展于 70 年代，自 80 年代之后，相关研究成果逐渐丰富和成熟。鲍恩（Bowen，1953）首次研究了商人的社会责任，并将其定义为：涉及商人推行政策、做决定或按照这些行动的义务。并认为社会责任不是万能的，但是没有企业社会责任是万万不能的，商业活动必须被社会责任引导。戴维斯（Davis，1960）认为，企业社会责任是指商业的决策和行为至少有一部分不是出于公司直接的经济和技术利益。Sen 等（2001，2006）研究了企业社会责任行动与消费者对该公司及其产品态度之间的关系，发现正面和负面的企业社会责任信息对公司评价和购买意图有影响，消费者公司评价对负面信息更加敏感，而且企业社会责任信息对购买意向的影响更复杂，要区分直接效应（销售）和间接影响（经济结果）。卡罗尔（Carroll，1979）认为，企业社会责任不过是与社会责任并行的另一个方面，并提出了企业社会表现模型，并认为企业社会责任、社会问题与社会回应三个问题都很重要。Hanlon R. J.（2011）认为，未满足的社会需求使得企业与众多利益相关者产生关系，在发达国家，政府有可能是驱动力量。1999 年卡罗尔进一步阐释了企业社会责任的定义，强调企业社会责任是自愿捐赠和慈善行为。1991年，伍德（Wood）在前人研究成果的基础上，提出了新的理解，他认为企业社会责任要遵行制度原则、组织原则、个人原则，认为社会责任就是要遵行相关原则的行为。Husted 和 Bryan（2000）提出企业社会绩效权变理论，认为企业社会绩效是社会问题与企业战略和组织结构的功能匹配，能够引导企业社会响应、企业管理问题和利益相关者管理等要素的整合。国内学者卢代富（2002）把企业社会责任定义为企业在谋求股东利润最大化之外所负担的维护和增进社会利益的义务。2009年，中国社会科学院以三重底线论和利益相关者理论为基础，提出了四位一体的企业社会责任理论模型。王晓灵等（2018）提出企业是社会的细胞组织，在享受社会发展赋予的资源、机遇等条件的同时，必须履行回报社会的义务，并且在为经济发展做出贡献的同时改善企业员工的生活。要实现企业乃至整个社会的协调与可持续发展，政府部门作为社会治理的主导力量之一，要发挥一定的监管作用，以便促进企业社会责任的成功履行。

企业社会责任理论经历了较长的发展阶段，定义范围逐渐广泛，但其核心都是一致的。也就是说，企业既负有法律范围内的经济义务，也承担法律以外的推定义务，引导企业做一个负责的人，契合了企业和谐财务的目标和价值观。

四、企业公民身份理论

1953年，Bowen Howard R. 在《商人的社会责任》中首次提出"公司社会责任"的概念，管理学、经济学、伦理学等相关学者对此进行广泛的研究并展开激烈的争论。"企业公民"（Corporate Citizenship）作为一个新兴的概念，代表一种组织性、群体性的公民，其核心是"公民权"。随着经济的发展与世界经济的全球化，从企业社会责任思想延伸和发展到企业公民概念，逐渐成为一个发展趋势。不同的学者对此观念看法并不一样，如 Wood 和 Donna（1991）认为，从法律地位来看，企业和公民一样参与社会和治理，与政府和社会组织合作并管理个人公民权利。Carroll（1999）则认为，企业公民与企业社会责任一样具有经济、法律、道德与慈善四个方面的责任。Wood 和 Logsdon（2008）把企业公民归纳为"企业是公民""企业像公民""企业是公民权的管理者"等。Deborah Vidaver Cohen 和 Altman（2010）讨论了企业公民与社区的关系。Logsdon 等（2002）认为，企业具有保持它在社会中的身份和边界所必需的权利与义务。Matten 等（2005）认为，企业是公民权的管理者，企业公民描述了企业管理个人公民权利的作用。Mirvis 和 Googins（2006）汇总了世界上各国的企业管理层通过更新政策、修订计划、成立公民指导委员会、测量环境和社会绩效、发布公开报告等方式，将企业公民权作为一项重要优先事项。Rafiq（2015）研究发现企业公民战略能影响消费者行为。

总之，企业公民理论主要从企业的"权利"与"责任"两方面探讨其行为及关系。树立企业公民观有助于企业了解内外部环境，处理内外部关系，促进企业和谐、健康、有序发展。树立企业公民行为是一种提升企业内外综合能力的战略行为，是社会主义和谐社会建设的"黏合剂"。因此，企业公民目标与和谐财务目标是殊途同归的，与此同时，企业公民理论为和谐财务行为提供了引导和启发，也是企业和谐发展思想的重要体现。

五、和谐管理理论

中华民族自古以来主张和谐，并将和谐作为人类文化传承，把追求和谐作为人类的目标和社会价值观。在词义学上，"和"为和睦、融洽之意，"谐"则为协调之意。古代学者许慎用"相应、和顺、调和"来诠释和谐。史书《广雅·释话》记载，"和谐"之"和"与"谐"是同义词，也有史书记载"和"体现了《周易》的阴阳思想，"谐"则从音律调和来形容"和"与"合"的功效。早在1987年，席西民提出了和谐管理理论，并开展了系列企业和谐管理相关研究，先后发表近70篇有关和谐主题的学术文章。1989年，在《系统和谐理论》一书中，他定义了系统和谐性，认为系统的和谐性是系统形成的充分发挥成员和子系统能动性、创造性的条件及环境，以及系统成员和子系统活动的协调性。2001年，他在《和谐管理理论基础：和谐的诠释》中，重新阐释了和谐管理的相关理论，他认为，和谐理论是建立在系统理论与系统分析的框架之上的，理论核心基础是系统内容内部要素的相关性，和谐管理具有内在的价值，从技术上体现了总体协调，反映系统的功能价值最大化（既定条件下的输入最小化或者输出最大化），体现了系统成员的精神利得。后又经过十几年的深入研究，他发表了《和谐管理理论：起源、启示与前景》，指出和谐管理理论来源于对中国改革开放以来组织发展的经验观察，用和谐管理理论诠释了组织的内耗结构与人的有限理性。和谐管理理论提供了两点管理启示：一是主体导向下谐则、和则进行耦合的机制，提供了一套管理行为模式；二是从新视角解释了组织稳定或变化的原因，对和谐管理理论应用前景充满期待。王棣华（2012）认为，和谐财务管理是企业良性生存发展的基础，追求和谐财务管理应当成为当代企业财务管理的重要任务；他还阐释了和谐财务管理的协调性、均衡性、稳定性、优化性，和谐财务管理应坚持"互惠、共赢"原则、求同存异原则、以人为本原则。王治等（2010）先后研究了和谐财务主体、目标、体系等。和谐财务的主体分为对外和对内两个方面，对外是企业本身，对内是从所有者到利益相关者网络这一动态演进中某一时点下的综合体；和谐财务的目标包括财务效率和财务公平两个方面；和谐财务包含和谐技术理论、和谐财务行为理论、和谐财务制度理论在内的和谐财务理论体系。和谐管理理论为国有企业和谐财务理论体系构建提供了重要的研究参考。

第二节　拓展理论

一、广义财务管理理论

企业的一切活动都直接或间接地涉及财务管理。广义的财务管理，以财务环境为起点，重视环境对企业财务决策的影响，将资本概念拓展到涵盖物质资本、智力资本、社会资本、人力资本和环境资本范围的广义资本，研究内容包括广义筹资决策、广义投资决策和广义分配决策。

会计环境和企业观念的变化，引发广大学者重新定义财务的内涵。近年来，学术界着手广义财务的研究。企业的财务战略是配置企业资源均衡有效的流动的战略，应该在分析企业内外部环境对企业影响的基础上，科学、全局性、长期、创造性地谋划企业资金运动（刘志远，1997）。企业的财务活动不是企业的独立活动，而是包含众多对企业整体发展具有长远战略意义的内容（陆正飞，1999）。以知识为基础的非财务资源是这个时代的重要资源，像市场占有率、创新、质量和服务等非财务资源在业绩计量方面将起着更大的作用。企业的广义财务战略是指企业财务决策者基于战略的高度，以维护和提升可持续发展为目的，发挥财务管理功能，将企业的财务资源和非财务资源与变化的环境相机抉择的运用结果（吴应宇和路云，2003）。广义财务管理目标是企业社会化、经济效益最优化和最大化，构建广义财务管理目标应遵循社会效益优先原则、社会责任必要原则、利益关系全面协调原则，广义财务管理目标指标评价体系由综合性社会效益评价指标、综合性经济效益评价指标组成（高冬秀，2007）。随着经济形态从工业经济到知识经济的转变、发展观念从无限增长观到可持续增长观的转变、企业从"经济人"到"社会生态经济人"的转变，企业资本呈现出一种泛化的趋势，即从传统财务会计中的财务资本转变为包括了财务资本、人力资本、组织资本、社会资本、生态资本等在内的广义资本。广义资本共同创造了企业价值，都应在企业享有相应的权益。应突破狭义的财务观，财务管理研究框架需要进一步完善，亟待解决包含无形资产、人力资产、行为财务等在内的诸多问题（王化成等，2011）。企业利益相关者权利觉醒推动创建广义财务分配理论，公平财务分配理论是社会和谐和企业和谐的需要（干胜道和邓小军，2014）。

广义财务突破传统财务管理活动的内容，强调发展企业可持续竞争优势的目标，引入广义财务管理是对传统狭义财务管理的弥补，广义财务管理突破数量化的财务资源管理，充分考虑具有战略意义的非财务资源。而要走可持续发展的财务管理之路，必须综合考虑债权人、股东、员工、消费者、供应商和社区群众等的利益。广义财务管理的真正内涵，是处理企业与各财务资本所有者之间的和谐。

二、企业共生理论

"共生"是生物学的重要概念。德国生物学家德贝里指出：共生是不同属性的生物按照某种联系共同生活在一起。国内学者进一步阐释了共生理论：是指在一定的共生环境中，各共生单元之间按照某种共生模式形成的关系（袁纯清，2008）。

学术界借用生物学中共生的概念，提出了企业共生理论。运用共生理论分析框架，构建企业财务共生理论，有助于人们重新认识企业演进（朱玉强等，2007）。控股股东与小股东的本质是共生关系，建立公平互惠的共生模式，有利于分担监督成本，建立稳定的股东共生关系（杨松令和李丽莎，2010）。企业共生具有极强的互动性、协调性和包容性（胡晓鹏和李庆科，2009）。共生不仅是一种生物现象，也是一种社会现象；共生模式广泛应用于工业、农业和服务业等各个领域；企业可运用共生理论，实现财务战略共赢（徐光华和沈弋，2011）。共生是一种自组织过程和现象，共生单元之间发展的总趋势和方向是共同进化，共生单元之间的合理分工获得共生能量，合作竞争关系是共生现象的本质特征（王珍珍和鲍星华，2012）。企业间的竞争与企业环境存在着内在的互动关系，企业战略的发展驱动了财务战略的发展。

综上可知，企业共生理论认为企业的本质是社会生态经济人，强调企业各共生单元之间的依赖关系，相互协作，通过合作竞争获取发展的共生能量，最终促使企业和谐持续发展。

三、企业自组织理论

自组织是物理学和系统学的名词。从组织进化方式来分类，组织可分为他组织和自组织。自组织是复杂系统在随机识别的过程中形成的有序结构能力，该能力越强，其保持和产生的新能量就越强。

契约理论认为：企业是专用性资源所有者形成的隐性或显性契约。市场经济的企业个体已经成为一个复杂的系统，其兴衰决定着国家经济的兴衰。我国国有企业集团存在内部组织管理系统化程度不高，集团内部自组织程度存在较大缺陷，因此，应从集团公司内部序参量出发，进行自组织优化，形成高效组织（敬永春，2009）。企业是一个系统，企业系统由内外部的单元组成，它们相互作用、相互学习和交流、共同促进和影响企业的各个管理环节，以提升企业的核心能力和综合实力，创造更多的社会价值（苗成林等，2013）。自组织产生的动力源于系统内部各要素之间的竞争与协同，自组织不受外界的特定干扰、与外部环境互动并不断优化、主动创新能力与适应能力强（范阳东，2013）。企业成长的原动力来自于知识资本的更新、人力资本的积累、系统要素之间的竞争合作、外部环境的随机涨落（赵驰和周勤，2011）。新的企业管理模式将自组织思想嵌入到企业的组织结构与发展战略中，使企业拥有灵活、适宜的创新力，从而让其在适应特定情境的基础上反作用于情境，最终引领环境的改变（郭砚君和祁大伟，2016）。自组织是指系统不受外界因素的干涉，自行创生、组织和演变的过程，自组织的应用已从物理学扩展到社会学领域中，运用自组织理论能够分析创新活动的条件与过程（许浩和于珍，2018）。

企业自组织具有开放性、自主性、目的性、协同性和适应性，其中协同性是自组织的重要特征，企业的协同性有效地减少内部交易费用，使系统信息协同效用最大化，使个别子系统利益服从系统整体利益，达到同心协力，行为最优，状态最优和较高的制度效率，企业整体和各子系统的目标基本满足，本质上与和谐财务管理是一致的。

四、财务公平理论

财务管理目标会伴随财务管理环境的变化而调整，是经济性目标与社会性目标的统一，是战略性目标和战术性目标的结合。罗福凯等（2002）认为，兼顾效率和公平可以降低交易费用，减少外部性，提出企业财务管理的目标是宏观公平、微观效率。

财务公平在很大程度上影响社会和企业的和谐发展，现行利润分配理念有损财务公平，只有惠及各资本所有者的利益分配理念才有理论和现实意义，树立分享理念，设计利润分配的多边治理机制，使用增值分享的财务评价工具，能够实现财务公平（王文兵等，2013）。企业利润最大化、每股收益最大化、股东财富最大化目标没有考虑股东以外的利益博弈方利益，构建利益博弈方财富最大化目标，符合中国国情和可持续发展，有助于建立和完善现代企业制度（邓小军等，2015）。公平和效率是企业财务关注的核心问题，企业是契约和人的集合体，嵌入公平的财务管理能促进合理的权益均衡，维护财务关系中各主体的利益，促进财务关系和谐、财务公平及可持续发展（干胜道和刘庆龄，2015）。企业是一个多边治理的契约集合体，利益相关者共享企业剩余索取权是现代企业发展的必然，构建基于公平的和谐财务分配模型，能够例证和谐财务分配理论在实践中的应用（李小华和干胜道，2017）。财务公平较好地处理了企业财务成果的分配关系，隶属于广义财务管理的范畴，财务成果的公平分配是构建企业和谐财务关系的关键与核心，从某种程度来讲，财务和谐与财务公平是包含与被包含的关系，财务公平理论为企业和谐财务的研究提供了重要的指导意义。

五、异质性理论

异质性理论初起于国际贸易研究，源起于经济学家对国际交易业务活动中企业的异质性本质的认识，在异质性理论的基础上发展形成了几大贸易理论学派，主要解释企业规模、产品提供、资本特征、企业产权、组织方式等方面的异质性，最后综合表现出来的企业生产力的差异。学者们普遍认为企业的异质性可以衡量，例如，梅里兹（Melitz，2003）、赵永亮和朱英杰（2011）用企业生产率差异来衡量不同企业的异质性，作为组织决策的依据。陈建军和袁凯（2013）在总结前人成果的基础上，探讨了企业异质性视角下的产业空间分布情况，认为同质性视角下的产业空间存在非均衡、量化一维性的特征，但在异质性条件下，则具有质和量的二维性。近年来，异质性理论被广泛应用于财务与会计研究领域，杜勇等（2011，2015）先后专注于企业亏损异质性及其维度、股东异质性与企业亏损逆转性关系研究。韩勇等（2013）研究了机构投资者异质性视角下的上市公司股利政策。胡盛昌等（2015）从地缘优势与投资者异质性出发，分析了机构投资者与企业税务激进行为关系。刘庆龄等（2018）探讨了股东特质与劳资财务公平测度的关系。

异质性理论拓宽了企业财务问题研究的视角，同时，企业的异质性因素千差万别，因此在进行某一专题问题探索时难以穷尽，需要做好相关范畴的界定，从而保证研究的深入。国有企业的目标和业务的异质性是国有企业异质性的重要维度，作为分类的依据，进行国有企业和谐财务研究。

综合考察利益相关者理论、企业价值最大化理论、企业共生理论等，可以发现，以上理论体系都是按照调整企业不和谐因素，将企业和谐问题转化为要素关系处理、战略和规划设计等方面，朝着企业和谐的路径和目标去实现的，一致性诠释了企业和谐发展的终极追求。

第三章

国有企业改革中的
和谐财务问题

第一节　国有企业概念界定

　　国有企业是一种特殊的企业类型，在世界各国广泛存在，无论资本主义国家还是社会主义国家，无论发达国家还是发展中国家，在任何一个发展阶段，都不是单一的经济成分构成。有别于一般的企业主体，国有企业具有特殊的性质和功能，在提供公共产品和服务、维护社会公平与和谐、发展战略性新兴产业等方面发挥着不可或缺和难以替代的功能。世界主要国家的国有企业在表述和界定上略有差异。

一、美国国有企业界定

　　美国的法律和行政管理制度中，没有"国有企业"的界定和定义。因为美国联邦政府没有设立《公司法》，联邦有 20 家左右类似"中央国有企业"的机构和公司，被称为"联邦政府公司"（Federal Government Corporation）（如美国邮政署、联邦存款保险公司、联邦监狱产业公司）和"政府资助公司"（Government Sponsored Enterprises）（如联邦国民抵押贷款协会、联邦农业按揭公司、联邦住房贷款抵押公司）。需要特别指出的是，两者的法律权利、组织结构和运作方式基本不同。联邦政府公司是由美国国会单独立法成立的，是政府拥有大部分股份或全部股份的公司，但是在相关法律中没有规定联邦政府公司的组建程序和构成要素，不受行政部门的预算约束，其功能主要是为执行美国政府的公共目标，提供产品和服务，实现收支平衡。政府资助公司则是依据各州的《公司法》设立，既不是银行也不是合作社或存贷款协会，本质上是特殊的营利性金融主体，其设立的目的是帮助政府改善资本市场的效率或克服市场失灵。

二、英国国有企业界定

英国的国有企业是由英国国有化特别委员会从董事会结构、会计检查对象、收入来源三方面界定国有企业。企业的董事会成员由英国内阁达成任命、企业财务账目由国有化特别委员会检查、年度收入不能主要依靠国会和财政部门政府预算的企业，即为国有企业。

三、德国国有企业界定

德国的国有企业称为公共企业，由三级构成：联邦所有、州所有和市镇所有。而在法律意义上的国有企业分为两类：一类为公法建立的不以营利为目的的负有特殊使命的企业；另一类为司法建立的现代国有企业，国家控股或参股的有限责任公司或股份有限公司。

四、韩国国有企业界定

韩国的国有企业，亦称公营企业，是指中央或地方公共当局直接或间接经营的带有企业性质的组织体。根据组织形态可分为政府部门性质的国有企业、有限公司性质的国有企业、公社性质的国有企业。后两者被称为政府投资机关或政府投资企业。韩国的国有企业除利润分配与企业内部权力机构以外，其他经营体系都类似于中国国有企业。

五、新加坡国有企业界定

在新加坡，国有企业被称作"和政府有联系的企业"，其经营领域涉及工业、农业、商业和金融等。根据管理体制可分为两大类：其一，控股公司。政府拥有公司的全部或部分资本（一般占公司资本总额的1/4以上）；其二，法定机构。这类公司兼行政管理和企业经营两种职能，主要负责发展社会基础设施（何富强，1997）。

六、中国国有企业界定

根据《财政部关于国有企业认定问题有关意见的函》（财企函〔2003〕9号）、《企业国有资产法》、《中华人民共和国企业法人登记管理条例》等文件规定，国有企业的定义有广义和狭义之分。广义的国有企业是指注入国家资本金的企业，一般包括纯国有企业（国有独资公司、国有独资企业、国有联营企业）、国有控股企业（国有绝对控股企业和国有相对控股企业）、国有参股企业。狭义的国有企业仅指纯国有企业。本书参照学术界观点，所讨论的国有企业包括纯国有企业和国有控股企业。

世界各国对国有企业的界定各不相同，但是从本质上，其共同点可归纳如下：第一，从控制权来看，国有企业（公共企业）必须是政府部门行使控制权的企业，即国有资本占企业总资本的比例超过 50% 以上，或虽然控股比例低于 50% 的份额，但从实质上直接或间接控制了企业。国有企业主要包括国有全资企业或国有控股企业。第二，从企业的经营目标来看，国有企业具有商业性和非商业性目标，承担发展经济和其他特殊任务的职能，利润最大化不符合国有企业的发展宗旨。第三，从企业收入来源看，国有企业的收入主要来源于提供商品、劳务、让渡资产使用权的收入，而不是主要依赖于政府财政拨款，这一点有别于政府的公共部门。国有企业定义进一步说明，国有企业天生被赋予了承担和谐的任务。为国家或政府所有或控制，行使政府在国家政治、经济和社会公共事务中的职能；肩负特殊历史使命，国有企业主要立足涉及国计民生、国家战略、国民安全行业，承载社会稳定与和谐发展的历史使命；自食其力，谋求企业生存的经济来源，不能主要依靠政府财政拨款，且不能唯利是图、唯利润最大，而要兼顾考量。

第二节　世界主要国家国企
改革中的和谐财务问题

一、美国国企改革中的和谐财务问题

在长期的历史中逐步形成的美国的国有企业，带有鲜明的军事化和反危机特色。20 世纪初期，美国政府取得了两大铁路公司的股权（巴拿马铁路公司和阿拉斯加北方铁路公司）。"一战"期间，为了满足军工需要，先后创办了船运公司、谷物公司、住宅公司、焦糖分配公司等，连同邮电、铁路等部门置于美国的国家垄断之下。最具有代表性的是美国田纳西流域管理局，美国政府垄断，按比例给付租金。"二战"期间，美国再次掀起政府办企业的浪潮，拓展到基础设施和高新技术产业部门等。期间，政府干预和调节经济的规模与力度超过了历史时期，据统计，第一次世界大战期间，美国政府在制造业的投资金额为 6 亿美元，私人资本为 90 亿美元，政府投资所占比重为 6.5%；到第二次世界大战期间，建立了著名的石油储备公司、国防公司、橡胶公司等，而政府在制造业的投资占比上升到 89%。当时，美国的国有经济主要由四部分构成：各种政府不动产，如土地和各种建筑物；各级政府投资的重大基础设施；政府投资设立的国有企业与合资企业；国家对科研的投资。从形式上讲，主要有准国营、半国营和公营企业。经济发展的同时，美国政府逐渐放开私人资本提供某些公共产品和服务，允许私人企业进入公共领域。到 20 世纪七八十年代，美国国有企业在国民经济中的比重只占 1.4% 左右。

一方面，美国国有企业改革在提供公共产品、协助政府管制、自然资源保护、环境保护等方面扮演了和谐使者的角色；但另一方面，美国国有企业改革又暴露了种种不和谐的声音。特别是在 19 世纪五六十年代，国有经济行业垄断严重干扰了市场机制，汽车工业、钢铁工业、化学工业都被少数大厂商控制，阻碍了市场有效竞争，政府通过控制产量和提价来获取高额利润，导致社会资源配置失衡和收入分配不公，深刻地影响了社会各阶层的利益。美国政府对铁路工业不限制定价，在没有竞争的地方，运费奇高；在竞争激烈的地方，运费奇低。钢铁工业竞争残酷，只有效率最高的公司和手段残酷的业主才能生存下来。卡耐基、摩根、美国钢铁公司，以及石油行业的洛克菲勒、美孚就是竞争让位于托拉斯的典型代表。美国政府的放任主义引发了人们对"合理""公平"的质疑，随后通过立法干预国有企业运行。

二、英国国企改革中的和谐财务问题

在欧美国家，英国的国有企业最具代表性。早在英国工人运动时期，公有化思想广为传播，空想主义者在英国工人阶级宣传生产资料公有化思想。到 17 世纪 70 年代，许多劳动同盟组织（如英国工会组织、民主同盟）宣扬土地国有化。到 1900 年，成立了英国工党，更加重视国有化问题，议员提出铁路和矿产国有化法案，并把国有化作为工党的重要目标。1918 年，制定了新党章，党章第四条明确提出：在生产资料公有制的基础上，确保体力劳动者和脑力劳动者的劳动成果的公平分配，阐述了公有化的和谐主张。

工党代表莫里森（工党政府的运输大臣）在任职期间，将伦敦的全部客运国有化，后来莫里森又落实了一系列国有化措施。工党在政策性文件《工业与社会》中，指出了国有化的优点：缩小阶级和贫富差距、发挥工业内合作优势、发挥政府的职能、提高劳动生产率，又一次将和谐发展列入了规章制度。在随后的七次大选中，工党都在竞选宣言中主张对英国重要战略行业进行国有化。国有化实施的过程举步维艰，伴随工党三次大选的失败，工党内部开始渗透"混合经济"的思潮，并在 1959 年的工党代表大会上，重新修改了党章的内容：承认在国家经济中既有国营企业也有私人企业，要求考虑客观实际，建议继续扩大公共财产的范围。而之后的国有化步伐不大，但是把原来保守党的钢铁与供货运输进行了国有化。20 世纪 60 年代末期，英国经济状况恶化，通货膨胀严重、失业率上升，从 1974 年到 1977 年，再次掀起了国有化高潮。1979 年，工党下台，保守党组阁，开始了大规模的非国有化运动。撒切尔夫人推崇保守主义，提出了扭转大政府"疾病"的主张，推动国有企业私有化。当时国企投资比重达到国民经济的 10 个百分点，雇员超过 150 万人，撒切尔拆分国有股份卖给员工，逐步获得企业员工的支持，从中小型国有企业到英国宇航公司，一步步渗透私有化。依靠整体出售、拆分售股和上市，发行特别股、中长期特许经营权方式，削减了 70 多万的国企员工，20% 以上的原公有企业股东成为私营企业员工。但是，基于社会稳定性考虑和员工的选择性购买行为，在许多垄断性行业，仍然未能实现私有化。撒切尔离职后，执政党对公众关注的国企十分敏感，采取了"AT&T 模式"将原本的供电局拆分为相互竞争的大型股份制企业，避免国有企业"一枝独大"。由此可见，国有企业改革事关效率和公平、社会稳定、和谐发展，国有企业的问题往往牵一发而动全身。

三、德国国企改革中的和谐财务问题

德国的国有企业，必须追溯到联邦德国时期的社会市场经济体制，其核心是处理国家和市场的关系。保护私有产权，是联邦德国赖以生存的基础，该体制在很大程度上决定了德国公共企业在社会经济中的地位。自由主义经济学家米勒·阿尔马克提出了社会市场经济的概念，强调按市场规律性运行，配套社会保障的经济制度，将市场自由与社会公平相结合，体现了自由与秩序。艾哈德指出：社会市场经济的目标是改善大众的福利。改善大众福利的前提是生产发展与社会生产率的提高，只有做大"蛋糕"才能保证大众获得更多的福利。为了保障社会市场经济的有序竞争运行，国家必须介入社会经济生活，但是当时的国家干预不是直接干预市场经济，而是从制度框架上施加影响。社会市场经济认为可通过做大"蛋糕"来改善大众福利，但是同时导致了社会分配不均。提高大众福利要求名义工资率随社会生产率的提高而提高，但前者的涨幅不能大于后者，否则会引致通货膨胀，降低社会福利水平。可见，社会市场经济体制的基本原则是保护私有产权、自由竞争、物价稳定。为保证三大基本原则的实现，确保市场有序运转，国家必须干预，但干预的方式和程度应该适当和有限，故联邦德国政府的市场手段是间接的。通过制定相关经济政策和成立中央银行，建立系列社会保障制度，出台财政政策、货币政策来实现。同时，成立公共企业也是联邦德国干预经济的一种重要方式，联邦政府参股作为企业股东，介入国家基础设施建设、公共产品和服务、私人资本无力或不愿提供的领域。社会市场经济形成了混合所有制的经济特征，不同产权的企业分工不同的领域。公共产权的份额基本保持在稳定水平，同时出现了与公有经济特殊地

位相似的合作社经济和工会经济。当时，联邦德国有三级行政区划：联邦、州和地方。"国有企业"通常指联邦政府所有的企业，不包括州和地方所有及三者共同所有的企业。在学术界，通常用"公共企业"的概念研究三个层次的企业，以保持国际认知范畴的一致性。联邦德国的公共企业不同于英、法等国家，没有进行大规模的私有化运动。19世纪末至20世纪初，国有资本在水、电、煤气、钢、铝、造船、金融等行业迅速扩张。

德国统一之后的一二十年，进入了激进的私有化年代，将联邦国家直接参股的企业数量从原来的136个减少到37个，将联邦铁路、联邦邮政和联邦通信全部私有化。私有化之后问题百出，高污染、高电价、高利润，民众呼吁建立一个生产可再生能源的公共电力公司。特别是国际金融危机之后，德国开始了新一轮国有化浪潮，将之前私有化的公共企业重新国有化，全民公投将电网全部国有，国有企业发展势头明显，国有控股或参股企业数量不同幅度地上涨。

德国国有企业改革中，特别是后期的私有化阶段，各利益主体矛盾突出。私有化之前，德国国有资产托管局成立专家资产评估小组，负责国有企业资产评估，无论评估的结果如何，不同的利益阶层都不满意，认为各自的利益受损；私有化直接影响了德国社会平均就业率，最终增加了政府的财政负担。失业率过高引起了职工的心理恐慌，对国有企业私有化充满了抵触情绪；区域经济发展不平衡，前民主德国和前联邦德国的经济实力悬殊，柏林墙倒塌后，两者劳动生产力水平差异进一步加速了失业率上升，威胁到德国社会局势稳定。

四、韩国国企改革中的和谐财务问题

韩国国有企业的正式形成源于光复后对日资企业的回归改造，其大规模发展并达到顶峰则是在第三共和国时期。1948年8月，大韩民国政府成立后，美军结束其军政统治，并将接管的企业移交给韩国政府处理。如此移交给韩国政府的日资遗产被称为回归财产，这是韩国的第一类国有企业形成来源。1960年，朴正熙上台以后，为了发展经济，实行经济发展五年计划。企业环境由自由企业主义变成政府指导性开发政策，政府积极引进、吸收外资，鼓励发展进口替代产品，实行出口重点政策。为了发展国家骨干企业，弥补私营经济的不足，政府兼并或建立了新的国有企业，这是韩国第二批国有企业的来源。

在1948年，当时回归财产按企事业单位分类统计共3555家，此外，还有无法调查或早已解散的不计其数。回归企业中工业企业居多，约占总数的2/3。这些回归的工业企业大都开工不足，其中完全停工的约占总数的17%。在这种情况下，韩国政府为确保一些重要的大型企业的运转而将许多规模较小的回归企业或实行租赁或变卖给私人经营。根据《回归财产处理法》的规定：林地、文化、卫生设施等不予变卖；此外，宪法列举的运输、通信、金融、保险、电力、水利、自来水、煤气企业及重要矿山、钢铁、机械企业和其他具有公共性质的企业也都实行国营。当时，除韩国电力公社、煤炭公司、钨矿公司等少数政府积极经营的企业外，大部分回归企业在 20 世纪 60 年代被陆续处理。可以看出，日本投降后遗留给韩国的工业企业，大多被变卖或关闭，只有少数划归韩国政府的国有企业一直延续到韩国经济起飞时期。这一时期，韩国政府没有制定特殊的国有企业管理政策。

此后的十几年时间，依靠美国的经济援助，韩国有计划地进行经济开发，国有企业大规模发展。1962 年，韩国只有 46 家国有企业，到 1971 年增长到 119 家。这 119 家国有企业包括以化肥、农业、纺织、化工、钢铁为主的制造业和国家政策银行，以及其他商业银行等。到 20 世纪 70 年代，韩国开发重工业并初步建立国有企业管理体制。这一时期，国有企业在存量上没有扩张，在管理上日趋强化。1973 年制定了《政府投资机关管理法》，根据规定，政府可以干预国有企业的短期、中期事业，甚至日常事务。如此一来，垄断和政府的过度保护致使国有企业竞争观念和效率意识减弱，政府过度干预导致国有企业丧失自主经营能力和应变能力。到 80 年代，韩国进行国有企业通过私有化改革解决发展中的问题。

然而，韩国国有企业发展中凸显的财务非和谐表现在：企业效益低下，委托代理矛盾突出，政府通过委任者进行代理经营，使企业实际上变成无人关心财产增值的无主企业；垄断经营使企业逐步丧失了竞争意识和提高经营效益的动力；政府过度干预使企业失去应变能力；国有企业管理日趋复杂等问题。私有化进程中，证券市场的沉滞和不稳定、失业人员安置困难、工人的反对等，已经成为相当突出的矛盾。

五、新加坡国企改革中的和谐财务问题

1959 年，新加坡取得自治权，1965 年，成立新加坡共和国。刚成立的新加坡政府面临的首要任务是发展经济、创造就业机会。为此，新加坡采取了以政府为主导，大力发展制造业。国联企业出面兴办基础产业，如交通运输、造船业等。十几年后，新加坡实现了全民就业，政府调整了经济发展政策，集中精力发展资本密集型的高科技产业，并由政府出资成立了新加坡石油公司、新加坡化工集团等一批高科技产业。随着国联企业规模的壮大，政府感到要管理好众多的国联企业负担越来越重，难度越来越大。如何在激烈的市场竞争中不

断发展壮大国有企业，减轻政府的支柱和保护力度，成为当时亟待解决的现实问题。为保证国有企业的发展，确保国有资产保值增值，新加坡政府于1974年组建了淡马锡公司。淡马锡公司是由财政部（投资司）负责组建的，以私人名义注册成立的控股公司，专门经营和管理原国家投入到各类国联企业的资本。政府赋予它的宗旨是："通过有效的监督和商业性战略投资来培育世界级公司，从而为新加坡的经济发展做出贡献。"最鼎盛时期，淡马锡直接持有44家（总）公司的股权，其中控股27家、参股17家。截至2017年底，淡马锡公司投资组合净值2750亿新加坡元，股东总回报率达到15%，股息收入70亿新加坡元[①]。由于新加坡政府在国企改革中角色定位的准确把握，为其国有企业改革的顺利开展提供了强有力的保证。新加坡所采取的"政府—淡马锡—国联公司"的国有企业经营管理体制对其经济的快速发展发挥了关键作用。其核心在于政府、国资运作平台、企业的三层架构，政府控制国有资本，但不直接管理企业，三层架构给企业空间、给政府控制力，同时在微观运作中尊重市场规律。

然而，新加坡国有企业的发展历程也并非一帆风顺，改革中不和谐的声音频发。1985年左右，新加坡突然出现经济衰退，揭示了国有企业的制度不足，如僵化、高成本，以及数量和规模增加所带来的复杂性。受西方国有企业私有化影响，加上国内经济自身的衰退，新加坡政府也开始反思自身与国有企业的关系，并于1985年3月宣布正式实施私有化计划，于1987年2月批准了《公共部门私有化报告》，形成了新加坡公共企业私有化的纲领性文件，确定了600家政联公司及40家法定机构在未来10年内撤资的计划。但事实上，这个计划的实施过程非常缓慢。以淡马锡为例，其所属企业只是在经营方向上有所转变，涉足领域其实不减反增。许多长期获利的淡联公司（即淡马锡所投资的国有企业），如新加坡航空公司、吉宝集团等只是股票上市，释放出部分股份，而非绝对的私有化。截至2010年，淡马锡仍然在关键性领域保持着其初始投资，且占有垄断性的控制权，如造船、公共基础设施、电信领域；在其他的主要工业领域，如食品和饮料、机械工业等领域，也依旧保持着控制地位。

国有企业在经济发展及社会服务方面彰显私有企业难以替代的地位，但在西方国有企业改革的发展史上，仍然暴露了较多非和谐的财务问题，例如，美国国有企业的市场环境秩序被打乱、资源配置效率不高、收入分配不均；英国国有企业私有化导致的社会不稳定及委托代理问题；德国国有企业改造造成的不公平、污染、失业恐慌、利益主体矛盾冲突、财政负担过重等；韩国国有企业改革中的效益低下，证券市场动荡、失业问题相当突出；新加坡国企改革暴

①《淡马锡年度报告2018》，https://www.temasekreview.com.sg。

露的制度缺陷、私有化进度缓慢等。

六、中国国企改革中的和谐财务问题

"企业是国民经济体系中具有生命力的细胞，而不是行政机关的附属物和'算盘珠'，应该实行企业独立经营、独立核算的管理体制"，这一理论对当时国企改革起到了极大的推动作用。近40年的国有企业改革可分为四个阶段。每一阶段的国有企业改革突出地解决了具体的非和谐财务问题，并配套了相关政策措施。

1. 放权让利阶段

1978年，我国开始了波澜壮阔的改革开放，为解决国有企业活力的问题，国家开始放权让利。放权让利阶段的国企改革，继续维持计划经济的基本框架，调整企业与政府的关系，扩大企业经营自主权，赋予国企更大的财力和管理权限，增强企业活力。实行了利润留存制、摸索多种形式的经济责任制、推行了税改制度，多管齐下扩大企业自主权。国家出台相关制度支持国有企业改革，如表3-1所示。

表3-1 放权让利阶段的配套制度

时间	主管部门	制度名称	相关内容或要求
1979年2月	四川省政府	《四川省地方工业扩大企业权利、加快生产建设步伐的试点意见》	扩大企业部分自主权、实行利润提成，提高固定资产折旧率，实行流动资产全额信贷制，改进奖励制度，试行外汇留成严肃劳动纪律，下放主管部门部分权利
1979年5月	国家经委、财政部、对外贸易部等	《关于在京、津、沪三市的8个企业进行企业管理改革试点的通知》	确定对国有工业企业进行全国性放权让利改革
1980年9月	国务院	《关于扩大企业自主权试点工作情况和今后意见的报告》	从次年起，全面推广国营企业的生产经营自主权
1981年4月	国务院	《关于抓紧今年工交生产，努力增产增收，保证完成国家计划的通知》	全国范围内迅速推广工业经济责任制
1981年10月	国经委、国家体制改革办公室	《关于实行工业经济责任制若干问题的意见》	规定了实行经济责任制需遵循的原则、要求、内容、基本形式、监管措施等

续表

时间	主管部门	制度名称	相关内容或要求
1982 年 11 月	国务院	《关于当前完善工业经济责任制的几个问题》	提出了当时完善工业经济责任制亟待解决的几个问题
1983 年 6 月	财政部	《关于国营企业利改税试行办法》	在国有企业中推行利改税，分别为企业规模和经营情况缴纳税收
1984 年 10 月	党的十二届三中全会	《中共中央关于经济体制改革的决定》	指出了传统经济体制中的弊端：政企不分、平均主义严重、忽视市场规律和价值规律等，提出简政放权、政企分开的紧迫性

通过扩大企业自主权改革，初步改变了政府统管、企业无权的局面，使企业面向市场、重视市场机制和价值规律，改变了劳动用工制度和平均主义分配制度，使企业积累了一定的自我发展的经济条件。但该阶段的改革仍存在很多非和谐财务现象：改革思路狭隘，仅把国营企业的经营管理方式变为国家所有，政企不分；配套措施不够，建立了一定的激励机制，但没有相应有效的监督约束机制，导致盲目贷款、盲目投资、滥发福利等不和谐做法，损害了投资者、债权人、企业员工的利益；改革效果不佳，企业没有真正摆脱政府附属的地位等。在改革开放的起步阶段，国民经济活力不足，国企改造着力解决生产力低下问题，提高财务绩效，探索企业市场化自主发展的路径是当时国有企业发展的首要任务。

2. 转换经营机制阶段

第二阶段的改革内容包括推行经营承包责任制和转换国有企业经营机制，中共十二届三中全会之后，国家改革发展重心发生了转移。改革关系上，转向了经济体制改革，改革重点从农村转向城市，改革进入了渐进式。第一阶段的改革取得了一定成效，也逐渐暴露了各种问题，企业的利润留成制打破了传统经济的"大锅饭"局面，形成了"苦乐不均"和"鞭打快牛"的非和谐现象，这与过去的"不患寡而患不均"的情感习惯相悖，也不符合消灭两极分化的社会主义基本原则。

如前所述，国企"利改税"是一大进步，但受当时外部体制改革配套不到位和历史条件的限制，税改存在明显缺陷和不足，推行后的 22 个月，出现了全国国营企业利润连续滑坡的局面，进而被承包经营责任制改革取代，利改税最终以失败告终。承包经营责任制改革一方面沿着"双轨制"思路推进价格改革，另一方面确立了"国家与全民所有制企业之间的关系、职工和企业之间的关系"。要明确国家与全民所有制企业的关系，增强企业活力，政府必须对企业放权让利。同时，国家需要财政收入来源，又必须加强对企业的管控，两难的境地被写入国企改革的历史。一方面，放权让利造成了工资侵蚀利润；另一方面，国家宏观调控失误，造成了1984年的经济过热、需求膨胀，1985年实行的"双紧"政策，又导致了经济降温过急。1986年，全国总产值降到了20世纪80年代的最低点。

受经济下滑的影响，国家又放松银根，扩大支出、刺激需求，企业效益再度滑坡，国民经济困难重重。理论界开始思考，国有企业的改革将何去何从？形成了两种主张：建立国有资产组织管理体制，设立相互竞争的国有资产公司；建立国有企业财产的组织管理体制，集中解决"两权分离"，提出承包经营责任制、资产经营责任制和租赁制等方案。由于认知水平的局限，最后承包经营责任制广为接受。承包责任制实行初期，发挥了"一包就灵"的效果，但1989年后，国有资产流失严重，企业负债率高涨，承包责任制失灵，到1993年转为建立现代企业制度，该阶段国有企业改革的配套制度如表3-2所示。

表3-2 转换经营机制阶段的配套制度

时间	主管部门	制度名称	相关内容或要求
1986年12月	国务院	《关于深化企业改革，增强企业活力的决定》	提出了深化企业改革的三条具体思路
1987年8月	国家经委、国家体改委	《关于深化企业改革、完善承包经营责任制的意见》	提出了实行承包责任制的原则，兼顾国家、企业和职工的利益，鼓励先进、鞭策后进
1988年2月	国务院	《全民所有制工业企业承包经营责任制暂行条例》	规范了企业承包经营责任制暂行条例
1989年7月	财政部、国家工商局、审计署	《清理整顿公司财务的规定》《关于在清理整顿公司中对公司注册资金进行验证的通知》	撤并11类公司，治理经济环境、整顿经济秩序
1990年4月	国务院	《关于在全国范围内清理企业拖欠货款的实施方案》	规定了清理拖欠三角债的范围、时间和起点金额等
1991年8月	财政部、国家体改委	《国营企业实行"税利分流、税后还贷、税后承包"的试点办法》	扩大试点企业的数量和区域范围

续表

时间	主管部门	制度名称	相关内容或要求
1992 年 6 月	国务院	《全民所有制工业企业转换经营机制条例》	界定了涉及国有企业改革的整体性、全面性、系统性和根本性的问题
1992 年 7 月	国家物价局	《全民所有制工业企业转换经营机制条例》	出台新的价格改革措施，放开一大批生产资料价格，缩小国家管理价格范围
1992 年 7 月	国有资产管理局	《国有资产评估管理办法实施细则》	规定了需进行资产评估的国有企业范畴及经济情形和评估办法

整体来说，推行企业承包经营责任制之后，大中型国有企业的活力增强，但活力不足或较差的企业比重达到78%。同时，对31个省、区、市的统计分析，国有大中型企业中，有活力的仅占20%，有潜力搞活的占50%，无活力的占30%。这种状况表明，靠承包经营责任制不能从根本上解决企业活力问题，而要转换企业经营机制，必须解决企业制度问题。

该阶段的国有企业改革进入了渐进模式，"大锅饭"之后的"苦乐不均"反映了国有企业的效率与公平上的不和谐，放权让利导致的工资侵蚀利润，暴露了企业的委托代理造成的不和谐，即代理人、员工不恰当地损害了国企股东财务利益。

3. 建立现代企业制度阶段

1992年，邓小平南方谈话，发表了建设社会主义市场经济的讲话，指明了深化改革的方向，把国企改革推向新的阶段。政府采取了一系列重大举措：实行分税制、汇率并轨制，放开企业进出口权限等，并配套了重要规章制度。中共十四大的召开，正式确立了中国经济体制改革的目标——建立社会主义市场经济体制，提出了"适应建立社会主义市场经济的要求，国有企业要进一步放权让利，转向机制转换、制度建设为主"。中共十四届三中全会明确提出"建立现代企业制度，是发展社会主义市场经济的必然要求，是我国国有企业改革的方向"，建立现代企业制度的内涵是"产权清晰、权责明确、政企分开、管理科学"。1994年底，国家选定100家企业参加试点，2000家企业参加地方组织试点。到了1997年，100家试点企业中，93家改为公司制企业，其中17家为多元股东持股公司。与此同时，国家落实了各项配套改革措施，主要有分离企业办社会职能、实施再就业工程、学邯钢抓管理、探索国有资产管理形式、企业集团试点。国有企业改革初见成效，形成了较为规范的法人治理结构，建立了明确的国有资本出资人制度，国有企业负担减轻，提高了市场竞争力，企业在用人、劳动、分配中引入竞争机制、兼并破产促进社会资源的合理配置、再就业工程促进了社会稳定。1997年下半年，东南亚经济危机严重冲击了中国的经济，面临严峻不利的形势，中国政府从容应对，保持了"高增长、低通胀"的良好态势，国民经济实现了"软着陆"。1997年，经济发展指标基本超额完成，经济增长率8.8%（目标值8%）、财政收入8642亿元，完成预算的102.9%，净出口贸易总额达3251亿美元，增长12.1%（目标值3100美元）、城镇居民人均可支配收入增长3.4%。继而政府采取适度从紧的经济政策，使国民经济呈现供大于求的局面，经济结构问题凸显，改革开放又使我国受世界经济影响加深，国有企业的问题和矛盾由此暴露，例如，市场有效需求不足、工业企业两极分化明显、企业资金流动紧张、生产能力闲置，下岗职工多，国有企业改革进入了攻坚阶段。1997年9月党的十五大召开，全面肯定了国有企业股份制改革。1999年9月，党的十五届四中全会明确提出了大力发展股份制，提出了推进国企改革发展的10条指导方针，通过"三年脱困""债转股""重点行业结构调整""再就业工程""社会保障制度"推进了国企深入改革。2003年10月党的十六届三中全会进一步提出要"积极推行公有制的多种实现形式，加快调整国有经济布局和结构，进一步增强公有制经济的活力，大力发展国有资本、集体资本和非公有制资本参股的混合所有制经济"。

该阶段的国有企业总体实力不断增强、国有经济布局得到优化、企业组织结构优化、企业技术创新能力增强。国有企业用工制度发挥了强大的支撑功能，在三年脱困过程中，针对国有企业存在的就业矛盾、狠抓社会保障体系建立和下岗职工再就业工程，建立了企业生产经营依法自主招聘、全员竞争上岗、职工能进能出的机制。发展股份制，普遍建立了"产权清晰、责权明确"的企业法人制度，加快了投资主体多元化步伐，完善了企业法人治理结构。但该阶段的国有企业改革非和谐财务问题依然突出，如在股份制改革阶段，企业缺乏活力、亏损严重、空壳化严重、产品库存率高、三角债严重；债转股导致债权人与股东关系不和谐等。该阶段国企改革配套制度如表3-3所示。

表3-3 建立现代企业制度阶段的配套制度

时间	主管部门	制度名称	相关内容或要求
1992年7月	国务院	《全民所有制工业企业转换经营机制条例》	规定了企业的14项经营管理权
1993年4月	国务院	《股份发行与交易管理暂行条例》	规定了股票发行条件、股票交易的要求、上市公司收购行为等

续表

时间	主管部门	制度名称	相关内容或要求
1993 年 11 月	党的十四届三中全会	《关于建立社会主义市场经济体制若干问题的决定》	提出了建立现代企业制度的要求，指出了其内涵和实现途径
1993 年 12 月	第八届全国人民代表大会常务委员会第五次会议	《中华人民共和国公司法》	规定了两种形态的公司：有限责任公司和股份有限公司
1994 年 11 月	国务院	《关于在若干城市试行国有企业破产有关问题的通知》	规范试点城市国有企业破产工作
1995 年 5 月	国家经贸委、劳动部、财政部等部委	《关于若干城市分离企业办社会职能分流富余人员的意见》	提出了企业分离办社会职能的相关要求
1995 年初	劳动部	《关于全面实施再就业工程的通知》	出台帮助企业安置和分流富余员工的扶持政策
1996 年初	国家经贸委	《关于邯郸钢铁总厂管理经验的调查报告》	要求通过学习邯郸经验，改组与加强管理结合起来
1996 年 7 月	国家经贸委	《关于放开搞活国有小型企业的意见》	提出了抓大放小的方针
1996 年 8 月	财政部	《关于企业兼并有关财务问题的暂行规定》	规定了企业兼并中履行的职责、手续等
1996 年 8 月	财政部	《关于国有企业试行破产有关财务问题的暂行规定》	规定了政府在企业破产中应履行的职责、破产企业履行手续等
1998 年 7 月	国务院	《关于改革国有重点煤矿管理体制有关问题的通知》	决定将国有重点煤矿下放地方管理，不再下达生产计划和盈亏指标
1999 年 7 月	国家经贸委、中国人民银行	《关于实施债权转股权若干问题的意见》	指出"债转股"的目的和实施企业需要具备的五个条件
2000 年 9 月	国家经贸委	《国有大中型企业建立现代企业制度和加强管理基本规范（试行）》	鼓励国有企业通过规范上市、中外合作、参股等形式实行股份制改革

4. 深化改革阶段

2002 年 10 月，党的十六大召开，党的十六大报告中明确提出了"两个不动摇"：一是毫不动摇地巩固和发展公有制经济；二是毫不动摇地支持和引导非公有制经济，提出了深化经济体制改革的两大任务和深化改革的几项举措。2003 年 3 月，国务院成立国有资产监督管理委员会，代表国家履行出资人职责。2003 年 10 月，党的十六届三中全会通过《完善社会主义市场经济若干问题的规定》，明确提出了新形势下国有企业改革面临的新任务。2004 年，国企改革中的管理层收购方式引发的问题备受社会关注，一度上升为针对改革开放国企改革政策方向对错的争论。与此同时，国家宏观经济形势回暖，国有企业运行质量不断改善，盈利水平上升。2007 年 10 月召开党的十七大，对改革开放近 30 年的成果进行总结，坚持完善公有制为主，多种所有制共同发展的基本经济制度，进一步提出了国有企业改革的任务。2008 年，发改委把国有企业改革作为经济体制改革的首要任务。2011 年前后，国家进一步落实做强做大国有企业，提升国有企业的国际竞争力。2015 年深化中央企业负责人薪酬制度改革，2016 年，实施国有企业分类改革方案，旨在落实分类考核、分类监管等。

与此同时，国有企业改革引致了大量民事纠纷，国有上市公司出现了职工持股试点的丑闻、舞弊现象，平均摊派出资入股，以筹资为目的实施职工持股计划，有的企业员工持股福利化，企业没有严把股票关，使一些员工股被非企业职工所购买。中央企业薪酬水平总体偏高，薪酬结构不尽合理，缺少对企业负责人的中长期激励，薪酬监管体制不够健全等，影响社会主义公平正义。部分国有企业尚未形成有效的法人治理结构，权责不清、约束不够、缺乏制衡等问题较为突出，一些董事会形同虚设，未能发挥应有作用。现阶段，国有企业"一枝独大"、收入分配不公、内部人控制等非和谐财务表现，损害中小股东利益、引致劳资矛盾、代理成本增加、企业形象欠佳等，国有企业的和谐状态有待进一步改善。该阶段的配套制度如表 3-4 所示。

表 3-4　深化改革阶段的配套制度

时间	主管部门	制度名称	相关内容或要求
2002 年 11 月	国家经贸委等部委	《关于国有大中型企业主辅业改制分流安置富余人员的实施办法》	鼓励有条件的国企进行结构调整、重组改制和主辅成分分离
2003 年 5 月	国务院	《国有资产监督管理暂行条例》	明确了国有资产监督管理机构的职责

续表

时间	主管部门	制度名称	相关内容或要求
2005 年 4 月	国务院	《国务院关于 2005 年深化经济体制改革的意见》	大力推进国有企业股份制改革,支持具备条件的国有企业主营业务整体上市,建立国有大型企业健全法人治理结构
2006 年 12 月	国务院	《关于推进国有资本调整和国有企业重组的指导意见》	调整和重组国有资本,推进国有资本到关键领域集中
2007 年 1 月	国务院	《中央企业负责人经营业绩考核暂行办法》	完善国有企业经营管理者的考核机制、加强对国企负责人的监督管理
2008 年 1 月	国资委	《关于中央企业履行社会责任的指导意见》	界定了央企履行社会责任的意义、指导思想、主要内容
2008 年 7 月	发改委	《关于深化 2008 年经济体制改革工作意见稿》	提出了 2008 年六大改革重点,推进国有企业改革和非公有经济发展是首要任务
2009 年 3 月	国资委	《关于规范国有企业职工持股、投资的意见》有关问题的通知	明确央企和地方国资委在执行过程中遇到的问题,并对相关问题提出了解决要求和措施
2009 年 5 月	国资委、财政部	《中华人民共和国企业国有资产法》	加强和管理国有资产,防止国有资产流失
2011 年 10 月	国资委	《中央企业"十二五"规划纲要》	围绕"做强做优、世界一流"的核心目标,大力实施"一五三"战略
2012 年 2 月	财政部	《关于扩大中央国有资本经营预算实施范围有关事项的通知》	要求继续扩大中央国有资本经营预算实施范围
2013 年 11 月	党的十八届三中全会	《中共中央关于全面深化改革若干重大问题的决定》	总结了改革开放 35 年来的成就和经验,提出到 2020 年全面深化改革的思想、思路、任务和举措
2015 年 1 月	中共中央政治局	《中央管理企业负责人薪酬制度改革方案》	薪酬制度改革将中央管理企业负责人的薪酬由基本年薪和绩效年薪两部分构成,调整为由基本年薪、绩效年薪、任期激励收入三部分构成

时间	主管部门	制度名称	相关内容或要求
2015 年 9 月	中共中央、国务院	《中共中央、国务院关于深化国有企业改革的指导意见》	指出了国有企业存在的一些亟待解决的突出问题，提出了做优做大国有企业的意见
2016 年 3 月	国务院	《深化经济体制改革重点工作意见的通知》	推进国有企业混合所有制改革、推进重点行业改革、激发非公有制经济活力和创造力
2016 年 8 月	国资委、财政部	《完善中央企业功能分类考核的实施方案》	逐步完善国企分类考核制度、建立科学的业绩考核体系
2016 年 12 月	国资委	《中央企业负责人经营业绩考核办法》	进一步修订考核办法，突出中央企业的目标任务导向
2017 年 1 月	国资委	修订发布《中央企业投资监督管理办法》《中央企业境外投资监督管理办法》	努力构建投资监督管理体系，促进中央企业加强投资管理，规范投资行为，强化风险管控，提高国有资本效率，防止国有资产流失，实现国有资本保值增值
2017 年 4 月	国务院办公厅	《国务院办公厅关于进一步完善国有企业法人治理结构的指导意见》	完善国有企业法人治理结构、全面推进依法治企、推进国家治理体系和治理能力现代化

纵观世界主要国家国有企业改革历程，中西方国家的国有企业在维护社会政治稳定、促进市场经济发展、保障民生等方面发挥了不可小觑的作用。然而，国有企业的改革过程本身就是一个利益协调的过程，改革每前进一步，就会产生新的不和谐的财务问题，国有企业改革集中暴露出了政企关系冲突、劳资关系冲突、委托代理关系冲突、财权与利益分配矛盾、企业经营管理矛盾，以上问题集合为国有企业财务的不和谐。然而，从国有企业财务非和谐问题的产生到问题的解决本身是一个遵从社会发展规律、互利共促、共同发展的过程。国有企业改革的本质就是在一定的条件下，针对国企的具体问题的相机抉择的改良行为，必须遵循和谐发展的根本理念。

第四章

国有企业和谐财务形成机理及模型表达

机理，是为实现组织某一特定功能，系统结构中各要素的内在工作方式及相关联的各要素在一定条件下相互联系、相互作用的运行规则。国有企业占据国民经济的主导地位，是推进国家现代化、保障人民共同利益的重要力量，是党和国家事业发展的物质基础和政治基础。国有企业肩负发展经济、社会稳定、创造人民福祉的特殊性使命。同时，国有企业广义股权结构比一般的民营企业更为复杂，缔结了多元的资本主体关系，因而其财务管理活动和企业财务关系十分繁复。传统的观点认为企业的财权是不可分割的，财务主体是指具有独立财权，进行独立核算，拥有自身利益并努力使其最大化的经济实体。业主产权理论受到学术界的质疑，并提出了二元财务主体观和多元财务主体观。其中，干胜道（2005）认为，企业财务主体是所有者与经营者。李心合在2001年关注研究财务治理权配置问题时质疑"资本雇佣劳动"的分析逻辑，强调"财务资本所有者与人力资本所有者合作产权论"，并提出了"利益相关者共同产权论"，把企业看成是利益相关者缔结的合作，每个利益相关者都享有剩余索取权，从本质上看，他们都是企业的财务主体。王治（2008）发表了和谐财务主体论，认为和谐财务主体对外是企业本身，对内是从所有者到利益相关者网络这一动态演进中某一时点下的综合体。依据以上观点，界定和谐财务的定义，把握其特征，有利于较好地掌握国有企业和谐财务理论框架。

第一节　国有企业和谐财务定义及特征

广义的财务理论认为，企业是一系列财力资源、人力资源、技术资源、社会资源的组合，根据资源要求权匹配原则，势必涉及多元的财务活动和财务关系。财务活动优化、财务关系协调，企业相关者利益得以保障和实现，企业的财务主体在对立统一的条件下始终保持相辅相成、协作共存、共同发展的关系。与和谐的内涵对应，结合和谐财务特征，深入分析企业各类财务活动背后的本质是企业与各财务主体的关系，从国有企业和谐财务的目标、状态、结果三方面诠释和谐财务内涵，将国有企业和谐财务界定为：国有企业因不同主体多元化资本投入而产生的各主体间以追求效率与公平协调发展为目标的财务。和谐财务具有以下几大特征（见图 4-1）。

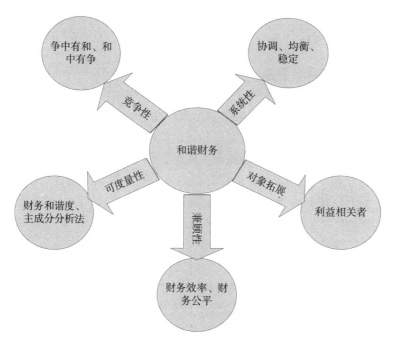

图 4-1　和谐财务概念特征

一、遵循了系统思考逻辑

国有企业和谐财务分析了企业多元资本结构网络，而多元资本所有者利益是多重的、具有差异性的，且在一定的条件下形成了相互竞争的关系。国有企业的生存发展是一个系统性工程，需要考虑到发展的协调性、均衡性、稳定性和改良性，不能以某一单边利益为追求目标，需要兼顾各个主体合理的利益诉求，保证其财务利益得到基本满足。此时，遵循系统思考逻辑，以追求企业财务收益最优为目标，使资本所有者达到相互协调、相互依靠、相互支持的兼顾效率与公平的多维度的财务和谐。

二、体现了和谐的竞争状态

和谐与竞争是辩证统一的关系，辩证统一的结果是和谐竞争，而和谐的竞争是社会主义市场经济发展的最优状态，要求按照既定的规则有序、适度、公平地竞争，保证经济又快又好的发展质量。不难看出，和谐财务承认了资本所有者利益多样性、差异性和竞争性，强调企业发展的协调性、稳定性、均衡性等。可见，和谐财务的构建始终贯穿了企业和谐与竞争的矛盾对立统一关系，体现企业财务管理和中有争、争中有和，即和谐的竞争。和谐的竞争不是以某一利益相关者不合理侵占另一利益相关者利益为目的，而是通过竞争激发工作、生活的积极性和创造性，在竞争的过程中也讲求合作与互助。只讲和谐不讲竞争，就失去了财务工作效率提升的动力；只讲竞争不讲和谐，就会导致财务不公平，带来灾难性后果，和谐的竞争是包容性与共赢性的竞争。

三、拓展了财务分配对象范畴

在单边治理模式下，企业是股东的企业。当今世界，企业是"契约集合体"，混合所有制盛行，纯粹的国有独资企业越来越少，债权人可能是股东，股东可能是消费者，消费者可能是债务人，员工可能也是股东与债权人或消费者。如此种种，都会导致企业利益相关者关系复杂化，人们逐渐意识到利益相关者对企业价值的影响，各种利益相关者将不同形态的资本投入到企业，寻求合理的"回报"是利益相关者的共识。各利益相关者要从企业分得"蛋糕"，单边治理让位于多边治理。同时，多边治理与广义财务分配理论本质上是一致的，在分配机制上，"贡献"是分配的依据，生产要素按贡献分配，等量贡献获取等量报酬，反对"同工同酬""大锅饭"等现象。

四、兼顾了财务效率与财务公平

财务效率和财务公平是和谐财务的重要组成内容。财务效率反映了企业的价值创造能力，是企业得以生存和发展的前提与基础，财务公平则是保证企业和谐发展的关键与核心。和谐财务尊重效率，同时和谐财务应该是公平和公正的。而只有高效率的财务，才能实现高水平的财务公平。"公平促进效率"——和谐财务需要引入公平竞争机制，更需要合理竞争限度里的高效。在国有企业和谐财务建设工作中，始终维持一种"包容性增长"的趋势，确保各利益相关者参与、接受、支持企业的财务管理工作，必须要处理好财务效率与财务公平的关系。国有企业在开展财务活动时，要把握好企业创造的效率提升，提供适销对路的产品与劳务，注重技术研发，引导各方参与者开拓市场、降低消耗、整合资源、维护良好的声誉与合作关系，把企业的"蛋糕"做大，使各利益方均有利可图。同时，考虑公平原则，平等地对待所有的利益相关者，不依靠侵占一方利益而向其他方输送利益，妥善处理好眼前利益与长远利益的关系；企业在分配的时候必须权衡各方关系，不能"竭泽而渔"或"一毛不拔"，财务不公平会招致员工不满、股东怨言、劳资关系紧张，从而导致企业财务关系不和谐，不符合"包容性增长"及和谐发展的宗旨。

五、能够被科学地度量

通常情况下，企业的财务利益关系可以通过定性或定量指标加以衡量，国有企业和谐财务也不例外。国有企业财务的和谐程度可以通过"财务和谐度""和谐财务度"或"和谐财务指数"予以度量。通常需要结合和谐财务的构成内容，采取恰当的统计分析方法，对国有企业和谐财务的整体和谐程度与局部和谐程度进行测度，以便了解国有企业和谐财务的整体状况和局部面貌。

第二节　国有企业和谐财务
理论框架体系

构建国有企业和谐财务理论体系框架有助于深入、全面、系统地理解和谐财务，指导国有企业和谐财务管理活动。国有企业和谐财务理论框架主要包括国有企业和谐财务资本、和谐财务价值观、和谐财务目标、和谐财务状态、和谐财务结果。

一、国有企业和谐财务资本

契约理论表明企业的资本来源是多元化的，企业依赖股东投入了物质资本创造生产所需的物质条件，依靠管理者的才干（企业家智慧）和员工的劳动将生产资料物化成经营成果，同时，自然资源、生态资源、社会风气、社会文化、道德风尚等社会资源，在企业生产经营过程中发挥着极其重要的作用。所以，企业在价值生产过程中消耗是多方面的，既有物化劳动的消耗，也有活劳动的消耗；既消耗了物质资本，也消耗了人力资本、自然资源和社会资源，同时包含了企业生产经营过程中产生的外部负效应。本质上讲，国有企业的所有者是全体国民，国有企业的原始股东也是全体国民。因此，按照广义资本理论，国有企业的财务资本是多重的，由股东的物资资本、管理者的智力资本、员工的人力资本、政府和社区的社会资本以及人类的自然资源资本构成。

二、国有企业和谐财务价值观

企业的价值观是指企业及员工的价值取向，企业在经济管理过程中推崇的核心理念和奉行的目标。国有企业作为国有资本的缔结组织，更大限度上依赖于社会获取相关的利益而生存发展，因而承担比民营企业更多的社会责任。实现与国有资本所有者和谐共赢，转被动为主动的经营理念，从"我为他人作嫁衣裳"到"我主浮沉"的理念转变，实现从企业家到社会活动家的跨越。树立国有企业和谐财务价值观，从社会责任的视角发掘生存和发展的空间，有利于社会经济的持续健康发展以及和谐社会的建设，符合国有企业作为共和国长子的身份。因此，国有企业和谐财务价值观是以承担经济责任、社会责任和道德责任为基础，追求企业经济价值、社会价值、生态价值的和谐，追求企业财务活动效率的同时，兼顾企业财务关系公平。

三、国有企业和谐财务目标

国有企业财务管理目标具有两方面作用：激励组织中目标利益主体共同奋斗，主动参与，形成驱动力；作为引导机制，使之符合国家、社会、组织、个人的整体利益，引导各层次的利益主体朝着终极目标发展。在科学合理的目标驱动下，建设好内外部环境条件，制定企业发展战略，开展财务活动，形成财务关系，保持良性发展状态和结果，使企业朝着健康、和谐、发展的动态运行。财务目标设计是国有企业和谐财务研究的逻辑起点，国有企业财务管理目标是在特定的环境中产生的，通过企业开展财务活动、处理资本所有者之间的财务关系所希望实现的结果，是财务管理活动是否合理的基本标准。传统经济学假设企业是以追求利润最大化为财务目标的经济实体，相应地，提出了企业价值最大化、股东权益最大化、企业市场价值最大化等财务目标，以上目标都凸显了"资本至上，效率至上"的理念，从而忽略了在财务活动中应兼顾的公平因素，这是当前财务管理目标的共性缺陷。基于效率与公平的目标追求，是和谐财务的双重目标。一方面，国有企业在价值创造活动中追求效率，实现价值创造最大化，失去企业价值，国有企业和谐财务是无源之水、无本之木；另一方面，凸显财务公平，价值分配的过程讲公平，实现价值初次分配公平化目标，否则会损害各方利益，反过来影响国有企业价值创造。国有企业和谐财务目标是价值创造和价值分配的有机结合，协调企业价值创造最大化和企业财务成果分配公平化的双重目标较好地体现了效率与公平的有机统一，是构建和谐财务的逻辑前提。

在现代市场经济条件下，国有企业和谐财务管理的目标是经济责任、社会责任和道德责任的辩证统一，经济责任应当与企业所有的利益相关者相关。目标和谐是指国有企业经营过程中兼顾各利益相关者的利益和诉求，让企业获得各方的支持与依赖，能激发各相关主体的参与性和支持度、配合度，无论环境如何变化，始终保持企业综合收益最大化，而不会引起冲突和矛盾，使企业稳中求进。

四、国有企业和谐财务状态

王海兵（2012）提出了人本财务的概念、本质、目标和主体，要求企业重视效率也要重视公平，不仅做到"内部人"与"外部人"之间的横向公平，还要做到当代人与后代人之间的纵向公平。利益相关者多元化构成了国有企业的利益目标和要求的多元化，这些多元化的财务主体在国有企业内部缔结了产权关系，通过合作与竞争的博弈关系进行利益的分配。和谐的财务状态反映了企业的战略定位、财务活动、财务关系处理比较协调，而各财务主体对其利益的关注最终很自然地集中到企业财务上，因为国有企业任何一种行为结果都可以通过财务来表达和衡量。因此，国有企业财务状态和谐主要是指企业保持良好的财务效率，也就是"在既定条件下做大企业的蛋糕"的过程，同时企业各主体参与或关注财务活动过程，力图对国有企业财务活动及其财务结果形成发挥作用。故而状态和谐要求国有企业将内外部条件作为一个开放的整体，始终保持一种稳定或动态平衡。

五、国有企业和谐财务结果

结果和谐是指各财务主体的基本利益诉求得到满足，企业综合财务收益分配合理化。国有企业财务结果和谐的前提需要做到财务活动的均衡，如财务资金在投融资活动中配置均衡，现金流转均衡，最后落脚到各财务主体的利益关系均衡，处理好股东与债权人、经理层与股东、大小股东之间、国有企业与消费者、国有企业与社区等的财务关系的公平，使国有企业在这样的均衡性中形成了动态稳定性。需要特别指出的是，财务结果和谐并不等同于财务结果的最优，或者说，财务结果的和谐是在既定条件下的最优或发展条件下的改良，因为按照经济学观点，帕累托最优是不存在的，帕累托改良是永远存在的。

第三节 国有企业和谐财务分析范式

一、国有企业和谐财务理论逻辑传导机制

社会的发展观念伴随着经济形态的变化而变化，从过去的工业经济到当今的知识经济，人们逐渐改变了无限增长的数量观，树立起可持续增长的质量观。国有企业也不再仅关心经济利益的增长，还要兼顾多方利益关系。与此同时，国有企业资本呈现出一种泛化的趋势，即从传统财务会计中的财务资本转变为包括了财务资本、人力资本、组织资本、社会资本、生态资本等在内的广义资本，广义资本共同创造了企业价值，都应在企业享有相应的权益。建立在广义资本结构基础上的和谐财务价值观决定了国有企业的多元财务目标。而财务目标的落实必须通过开展财务活动与处理好财务关系来实现，财务活动与财务关系又依赖于生存发展的条件，财务条件为企业财务管理提供了保障和约束，条件的恶化会导致企业交易成本上升，进而影响企业的财务决策。根据王化成的财务环境理论可知，外部条件包括宏观环境、市场环境和自然环境。其中，宏观环境涉及政府创造的政治环境、经济环境、文化环境等，市场环境包括资本市场、原材料市场、产品市场，自然环境则考虑到环境保护和资源损耗等，内部环境主要由企业的组织结构、企业战略、经营模式等构成。内外部环境的协同效应传递到企业的财务管理活动与财务关系，最后影响企业的发展方向和命运。深入分析不难发现，外部财务环境、内部财务管理最后影响到企业的财务决策，实质上是广义资本所有者的交互关系的结果。宏观环境对企业的作用，体现了社会资本所有者对企业的影响，市场环境对企业的作用，体现了供应商、客户和消费者等对企业的影响，自然环境则主要体现在环保对企业的影响等。内部环境的运行，是企业内部的股东、管理层、员工对企业的交互影响。综上可知，财务环境与财务决策的关系，落脚到各财务主体之间的关系。财务环境、财务活动与财务关系协同作用，实现国有企业和谐财务目标，由此可绘制和谐财务传导机制，如图4-2所示。

二、国有企业和谐财务实际形成机理

图4-2是根据国有企业的和谐财务资本、和谐财务价值观、和谐财务目标、和谐财务状态与结果的内在关系而构建的，实现国有企业和谐财务目标，需要在一定的条件下有效地开展财务活动与合理地处理财务关系。由图4-2可

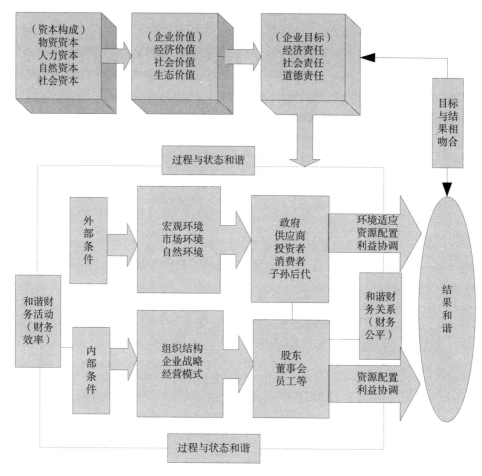

图 4-2　国有企业和谐财务传导机制

知，内外部条件为国有企业创造了生存的内外部环境，通过开展财务活动和财务关系来配置企业的内外部资源、协调各利益主体的关系，达到财务效率与财务公平的有机统一。国有企业的财务和谐由初始的"财务资本—企业价值—财务目标—过程与状态和谐—结果和谐"的理论逻辑传导机制转化成"环境适应能力 + 财务活动效率 + 财务关系公平 = 和谐财务"的实际形成机理。基于此，国有企业的环境适应能力、财务活动效率、财务关系公平组成了国有企业和谐财务实际形成机理，如图 4-3 所示。

三、国有企业和谐财务三维度内在关系

持续经营是企业生存和发展的前提条件，国有企业的生存发展是在适应外部条件的前提下，开展财务活动，创造财务绩效，为利益相关者的权益实现提

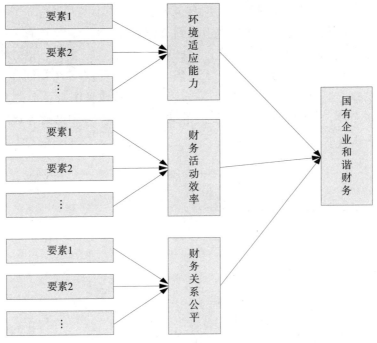

图 4-3　国有企业和谐财务实际形成机理

供物质和能力基础。薛镭等（2011）借鉴彼得·德鲁克的理论，指出企业要做的无非是适应环境和培育能力。在国有企业和谐财务实际形成机理中，财务活动效率（资源配置能力）主要表现在企业的财务绩效创造方面。此外，环境适应也是一种能力，主要考虑企业生存发展的内外部财务环境，暂不考虑企业对自然环境的适应能力，财务关系公平最终落脚到企业与各利益相关者财务利益关系协调能力上，故国有企业和谐财务主要分解为三个方面：财务环境适应能力、财务活动效率和财务关系公平。国有企业自成立之际，在所处的社会、行业、市场等环境中不断地吸取资源，通过开展财务活动提高创造能力而拓展市场。国有企业从跻身于行业之际，就无时无刻不接受环境的考验并反过来影响着环境创建。财务活动效率是国有企业实现持续生存、保值增值的前提条件，通过有效的资源配置手段、提供市场接受的产品和劳务，接受消费者和市场的认可，从而实现企业生存发展的物质基础，确保良性循环。协调各利益相关者的财务关系公平是企业环境适应能力、财务活动效率的目的和归属。和谐财务理论的目的和归属就是保障各类资本所有者的权益，协调各利益主体的关系。国有企业涉及的资本主体组成（利益相关者构成）要比一般的企业更加复杂，缔结了更为复杂的利益关系网络，各类资本所有者投入的多样化资本是国有企业生存发展不可或缺的组成部分，国有企业与各类资本所有者建立了共生共赢的关系。只有各类资本所有者的利益得到了满足或不被侵害，国有企业才能立于不败之地。由此可见，国有企业的财务环境适应能力、财务活动效率、财务关系公平是国有企业和谐发展的三大循环环节。环境适应能力是前提、财务活动效率是核心、协调财务关系公平是归宿，三者构成了国有企业的和谐财务的封闭式循环，是国有企业和谐发展的动能。国有企业和谐财务封闭循环流程如图4-4所示。

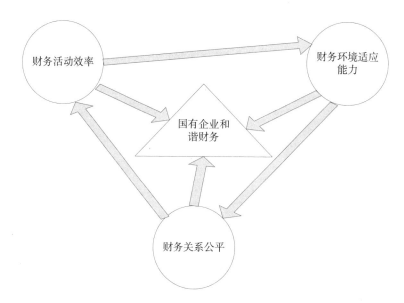

图4-4　国有企业和谐财务封闭循环流程

四、国有企业和谐财务模型表达

国有企业和谐财务结果通过财务和谐度来表达，故国有企业财务和谐度是企业在财务环境适应能力、财务活动效率、财务关系公平三方面表现出来的一种协调程度，运用企业的相关指标进行分析计算出国有企业财务和谐度。国有企业和谐财务函数表达式如下：

$SOE_{HF}（X_i）$为某国有企业财务和谐度：

$$SOE_{HF}（X_i）=F（SOE_{EA}, SOE_{FE}, SOE_{RE}）（i=1, 2, 3, \cdots, n）\qquad（4-1）$$

其中，SOE_{EA}为国有企业财务环境适应能力，函数表达式为：

$$SOE_{EA}（X_i）=F（e_1, e_2, e_3, \cdots, e_n）（i=1, 2, 3, \cdots, n）\qquad（4-2）$$

SOE_{FE}为国有企业财务活动效率，函数表达式为：

$$SOE_{FE}(X_i) = F(p_1, p_2, p_3, \cdots, p_n)(i=1, 2, 3, \cdots, n) \quad (4-3)$$

SOE_{RF} 为国有企业财务关系公平，函数表达式为：

$$SOE_{RF}(X_i) = F(i_1, i_2, i_3, \cdots, i_n)(i=1, 2, 3, \cdots, n) \quad (4-4)$$

其中，X_i 表示某具体的国有企业，其中，e_1, e_2, e_3, $\cdots$, e_n 表示国有企业财务环境适应能力表达因子；p_1, p_2, p_3, $\cdots$, p_n 表示国有企业财务活动效率的表达因子；i_1, i_2, i_3, $\cdots$, i_n 表示国有企业财务关系公平的表达因子。

五、国有企业和谐财务决定因素

1. 财务环境适应能力表达因子

企业财务环境是企业在从事财务管理活动过程中所处的特定时间和空间。财务环境适应能力是决定企业生存发展的第一要素，国有企业的经营活动与内外部环境有着明显的互动关系，企业的生存与发展受内外部环境的影响，并反过来影响到环境建设，国有企业财务环境适应能力在一定意义上决定了企业的财务活动效率和财务关系公平。王林（1995）指出企业的宏观环境由政治因素、经济因素、法律因素、科技教育因素组成，内部环境由企业的管理体制、经营组织方式、内部管理水平诸要素结合而成。陶莉（2007）认为，国家的经济结构、金融市场、法律环境、财税环境等在不同程度上影响了企业的财务管理，企业只有不断适应变化的财务环境，才能提升竞争力。王鹏飞（2014）将企业的外部环境细分为政治环境、经济环境、法律环境、社会文化环境和技术环境五部分，内部环境则包括企业组织形式、治理结构、融资渠道、生产销售情况等，认为各环境因素相互影响、相互制约，形成了一个矛盾的统一体。综上分析可知，具有决定性的外部环境主要由四个部分组成：政治环境、市场结构、法律环境、技术环境。内部环境核心因素也由四个部分组成：企业组织形式、治理结构、风险管理能力、组织管理能力。

2. 财务活动效率表达因子

国有企业的财务活动效率是企业的经营绩效，是企业在一定会计期间的经营业绩。主要表现在企业的盈利能力、资产营运能力、偿债能力等方面的评价。其中盈利能力是企业的价值创造能力的核心要素，是指企业获取利润的能力，通常通过企业的收入、成本和利润加以反映。企业的营运能力则反映企业对经济资源管理和运用的效率高低，主要通过企业的资产周转速度衡量。偿债能力是企业运用杠杆来提升效率的能力，是一把"双刃剑"，只有投资报酬率大于举债的资本成本，才能有效地为股东创造边际价值。通常使用资产负债率、流动比率、速度比率等指标衡量。企业开展财务活动的同时，也体现了各种关系的协调，在构建指标体系时，很难将两者划清界限。故在某种程度上，财务关系公平表达因子包含了财务活动效率评价内容。

3. 财务关系公平表达因子

多元股本结构下的国有企业，每类资本所有者的目标不同可能相互冲突，每一个利益相关者都有自己的利益需求和实现方式。利益需求的实现方式不仅取决于企业的财务环境适应能力、财务活动效率，还取决于利益相关者与企业的谈判、博弈能力及利益要求的实现方式。利益相关者的利益要求一旦得不到满足（基本保障）就会引致非和谐问题。在不同的利益实现方式下，利益相关者的利益要求实现程度会存在差异，如果实现方式恰当、处理结果公平，利益相关者就会感到一种满足，从而在企业中更有效地投入资本，促进企业的发展；反之，可能会影响到企业正常的生产经营活动，甚至会威胁到企业生存。一般来说，股东的利益要求是追求利润并实现其他战略目标，但企业的大小股东本身存在利益冲突，控股股东为追求私有收益最大化，可能会牺牲中小股东利益，在利益和权益上侵害中小股东权益，造成两者之间的不公平；企业管理者追求薪酬、在职消费，以及职业声誉，股东与管理层通过契约形成委托代理关系，管理层的以上行为有可能侵蚀股东的利益，引致委托代理的财务关系不公平；鲁道夫·特劳普·梅茨认为，"劳资关系描述的是资方与劳方的交换关系，包括劳资之间旨在构建企业、行业、全国层面或跨国层面的劳动状况与条件而存在的各种合作形式与冲突关系"，企业员工追求工资收入、福利和晋升机会，劳资关系公平取决于企业员工的报酬水平、福利和劳动保护情况等；债权人则关注投入的本金的安全性和回报率，然而，债权人与股东作为企业资本的提供者，双方利益与共，但两者在投资风险偏好、收益的获取方式差异性明显，因此，两者的合作又是相对的；供应商是企业的上游价值链，供应商关注与企业的长久合作关系，故企业与供应商的合作大于竞争；消费者是企业的上帝，是企业产品和劳务的接受者，是企业赖以生存发展的基础，消费者主要维护自身的产品质量，追求更多的消费者剩余，一旦权益被侵害，容易引发冲突，增加企业产品召回支付成本，甚至引发退货潮或从根本上失去用户信赖；政府是市场经济一只有形的手，同时代表国家行使经济职能，为国有企业生存发展提供公共保障，政府又依靠企业的财政收入维持生计，并关注于企业发展的同时，如何履行对环境、社会的责任，国有企业的社会责任更要高于企业均值。可见，国有企业的财务公平关系表达因子应定位于企业的多重和谐：股东与管理层的财务公平、大小股东财务公平、劳资关系公平、股东与债权人财务公平、企业与消费者财务公平、企业与供应商财务公平、企业与社区财务公平。

第五章

国有企业和谐财务评价
指标体系构建

  2015 年 8 月 24 日，党中央、国务院印发《关于深化国有企业改革的指导意见》，提出了国有企业分类改革的指导思想，在国有企业改革评价中要区别对待，各有侧重；对商业类国有企业重在考核业绩指标，对公益类国有企业重点考核成本控制、产品服务、营运效率、社会评价等。改革开放以来，我国国有企业评价指标体系在国有资产管理体制发展变化的基础上得到了进一步完善，先后经历了以承包经营责任制为核心的业绩评价阶段、以国有企业资本金为核心的企业绩效评价阶段、以国有资产保值增值为核心的企业业绩评价阶段。自 2003~2016 年国务院国资委先后四次修订《中央企业负责人经营业绩考核办法》，该考核办法对考核依据、考核对象、工作原则、考核方式等做出了明确规定，特别强调突出发展质量、坚持创新发展和问责机制等六个方面，明确规定了考核目标的系统性、发展性和内生动力机制。与此同时，各地方国资委分别制定国有企业业绩考核目标和指标。

  当前，大部分的国有企业考核都是在《中央企业负责人经营业绩考核办法》的基础上，根据所处行业及地方特色制定各地各部门的考核细则。客观而言，经过四次修订，考核体系日臻完善，能够较科学、全面地反映国有企业的经营成果，在维护所有者权益、落实国有资产保值增值等方面发挥了积极的作用。但现有的考核体系仍存在诸多问题：第一，考核的内容主要是企业的业绩，主要关注企业超额完成目标值的程度，强调企业的价值创造的硬实力，而忽略了企业财务管理中的非物质化要素构成的软实力。第二，业绩考核导向，主要保护了股东、管理层的利益，而忽略了二者之外的利益相关者利益，如企业员工、投资者、政府部门、社区等。第三，过分地关注企业绩效，从而忽略了共和国长子天赋的企业社会责任，容易造成企业管理层的短期行为。不利于国民经济的持续、健康、稳定发展。故而，健全国有企业的财务考核应定位于和谐发展的视角并处理好以下问题：注重企业的环境适应能力，最大限度地利用国家政策法规，加强市场环境适应力、提升行业竞争地位；不断提升企业的资源配置能力，创造企业再生产的物质条件积累，做大企业发展和利益分配的"蛋糕"；处理好内外部利益相关者的关系，科学合理地分配"蛋糕"。

如前所述，结合和谐财务形成机理与和谐财务表达因子，可将国有企业和谐财务系统划分为财务环境适应系统、财务活动效率系统和财务关系公平系统三个子系统，每个子系统又对应各自的三级子系统。各系统及子系统相互作用、相互影响和制约，共同推动国有企业财务的和谐发展，实现国有企业财务和谐的目标。确立和谐财务评价指标的构建原则，筛选相关子系统的评价指标，建立国有企业和谐财务评价指标体系，为度量、比较、分析国有企业财务提供数量依据。

第一节　国有企业和谐财务评价指标体系构建原则

国有企业和谐财务评价是在已知和谐财务评价标准的前提下，依据国有企业和谐财务价值导向，采用一定的评价方法对国有企业财务进行量化和非量化测量的过程，最终定量分析我国国有企业的和谐度。

一、价值导向原则

国有企业和谐财务评价指标体系构建必须紧紧围绕和谐财务的价值导向，反映企业承担的经济责任、社会责任和道德责任，考核企业追求经济价值、社会价值的平衡关系，评价企业财务活动和财务关系的和谐。

二、系统性原则

国有企业和谐财务的系统性要求国有企业坚持全局意识、整体观念，把国有企业看成人与自然的大系统中的一个子系统来对待，指标体系要综合反映和谐财务中各子系统、各要素的内容，是一个受多种要素相互作用和制约的系统量。因此，必须将国有企业和谐财务视为一个系统问题，基于多因素进行综合评价。

三、重要性原则

国有企业和谐财务是一个涵盖多方面、多维度、多层次的系统问题，其影响因素极其广泛，因此，对国有企业和谐财务的指标构建很难做到穷尽，这就需要能够抓重点、抓主流，对一些次要的，或者影响程度不显著的指标予以舍弃，构建关键的评价指标体系。

四、科学性原则

国有企业和谐财务评价系统的每个指标都有明确的内涵与科学解释，需充分考虑所涉及的计算方法可行性与指标的可比性，客观、全面地反映国有企业财务和谐度。

五、可操作性原则

国有企业和谐财务评价指标选取必须充分考虑指标获取途径与计算方法的可行性，数据获得的难易程度和计算的难易度。指标体系不能过于复杂，评价难度大，操作性不强，也不能过于简单，无法反映国有企业的财务和谐情况，达不到评价的目的。

六、定性定量相结合原则

综合问题的评价往往涉及多种指标形式，国有企业和谐财务问题需要结合定性与定量评价手段，从技术层面考虑，能量化的指标尽量量化，不能量化的要细化。将定量指标和定性指标结合起来评价国有企业的财务和谐度，两者兼顾、优势互补、不可偏废。

第二节　国有企业和谐财务指标分类

通常来讲，在构建国有企业和谐财务评价指标体系时，应先明确指标的具体形式，进而采用适当的指标量化评价模型。常见的指标分类方法有以下三种：

一、定性指标与定量指标

根据反映事物的客观性程度，可将指标分为定性指标和定量指标，也即主观性指标和客观性指标。定性指标也称作软指标，通常用"好坏""高低""优劣""有无"等对称性语言来刻画事物的状况，这类指标界定模糊，如和谐财务评价中的"是否制订 EOS 计划"指标就是一个典型的定性指标。定量指标称为绝对指标或硬指标，是能够对事物进行客观评价的指标，其界定清晰，赋值简单，结果客观。而国有企业和谐财务是一个综合系统，涉及多层面、多维度的内容评价，故而其评价指标体系涉及的问题更为复杂，需要建立多维度的定性指标和定量指标的综合指标体系。

二、正向指标与逆向指标

根据指标的性质分类，分为正向指标和逆向指标。正向指标的指标值越大越好，例如，总资产报酬率，该指标越大，说明企业的财务绩效创造能力越强。逆向指标的指标值越小越好，如"销售收入成本率"是指企业主营业务成本与主营业务收入的比率，用以反映企业与客户关系公平，销售收入成本率越低，说明企业一定收入中的投入（生产耗费）越少，两者财务关系更和谐。在国有企业和谐财务评价指标体系中，明确指标的方向，把握好逆向指标的无量纲化处理技术，确保评价结果的真实、有效。

三、财务指标与非财务指标

财务指标是可以用财务数据计算出来的比较直接的指标，而非财务指标是不能通过财务资料计算出来的比较间接的指标。财务指标相对较容易获取，主要包括资产报酬率、应收账款周转率、存货周转率等较容易获取的指标类别，能从不同侧面反映企业的财务状况、经营成果、现金流量等绩效维度。常见的非财务指标则用来评价企业的客户关系、企业与员工之间的关系、企业与社区关系等，其获取途径相对复杂，如是否经第三方机构审验、供应商协调能力等，侧重于对财务关系的评价。两类指标各有侧重，由于财务活动背后体现了人与人之间的财务关系，故而在财务关系评价中，也较多地使用了财务指标。

第三节　国有企业和谐财务评价指标初构

根据财务评价指标设计的通用步骤，结合国有企业的特征，本书根据如下步骤构建国有企业和谐财务评价指标体系：第一，结合相关文献和理论基础，借鉴现有的和谐财务评价成果，拟定国有企业和谐财务评价的要点，形成国有企业和谐财务评价的预选指标体系。第二，开展专家座谈，在评价要点的基础上展开讨论，了解国有企业广义财务的实际状况，确定国有企业和谐财务评价的修正指标体系。第三，对相关指标的计算方法及内涵等进行说明。

一、国有企业财务环境适应力评价指标预选

如前文所述，企业的环境适应能力、财务活动效率、财务关系公平一起形成了国有企业和谐财务的决定因素。企业环境适应能力体现了企业柔性，企

业柔性是国有企业财务评价的重要内容，保持柔性是国有企业和谐发展必不可少的条件。Mc Williams A. 和 Siegel D.（2001）认为，基于企业经营的目标，应该适应外部环境以提供其需要的社会或环境绩效。Hillman A. J. 和 Keim G. D.（2001）认为，企业可以通过适应外部环境构建企业竞争优势的内部资源。

蔡维灿（2012）将动态财务能力划分为财务外部适应能力与财务内部调整能力，研究揭示企业财务创新和动态财务能力对企业可持续发展能力的相互作用机理及其路径。朱晓旸（2014）研究认为，企业财务取决于企业环境、企业经营能力和发挥程度三方面的因素。也有学者认为，影响企业的外部环境由政治环境、经济环境、市场结构、法律环境、技术环境五个一级指标构成，按照上述设计思想构建的指标体系较全面；但由于企业环境因素中的政治环境、法律环境、技术环境很难观测到，而企业适应市场环境的能力则可以观测到。例如，杨秩（2009）用市场环境适应度、投资环境适应度、行业竞争地位显示度、行业竞争成本显示度、行业竞争利润显示度测度经济环境和市场环境的适应能力。因而，考虑到可操作性，初步选取以上五个具体指标综合测度国有企业财务环境适应能力。

二、国有企业财务活动效率评价指标预选

国有企业的财务绩效创造能力是企业的生存之本，反映了国有企业是否注重资本使用效率和资本回报。国有企业开展财务活动的结果体现了绩效创造能力，财务活动效率包含于和谐财务内容框架之中，国有企业的财务活动效率主要考量企业的盈利能力，通常来说，财务活动效率评价指标以定量为主，因而获得难度不大，相对比较简单，评价的操作性很强。综观国际国有企业绩效评价文献研究可以发现：瑞典政府认为无论什么性质的企业，只有高效的公司才有发展的空间，瑞典工业部国有企业局要求其管理的竞争性企业的首要目标是"创造价值"，并以经济增加值作为国有企业绩效评价体系的核心，企业员工和管理层的报酬与经济增加值挂钩。在新加坡，淡马锡作为管理国有企业的管理公司，把经济增加值作为"与政府有联系的公司"（GLCs）的首要考核指标。同时，参照国内现有的财务分析方法与《中央企业负责人经营业绩考核办法》，选取经济增加值（EVA）作为评价指标，此外，国有企业的首要目标是保值增值，并兼顾成本考核，因此，还增设了资本保值增值率、成本费用利润率作为评价指标。

三、财务关系公平评价指标预选

企业财务关系是企业在组织财务活动过程中与各有关方面发生的经济关

系，也是企业开展财务活动背后形成的人与人之间的关系。财务关系公平包括：代理关系公平、大小股东关系公平和劳资关系公平等。具体来说，主要涉及股东与管理层的关系公平、大小股东关系公平、劳资关系公平、股东与债权人关系公平、企业与消费者关系公平、企业与供应商关系公平、企业与（政府）社区的关系公平。

1. 国有企业股东与管理层财务关系公平评价指标预选

现代契约理论认为，现代企业是一系列法定关系的集合体，是利益相关者参与的契约缔结，作为所有者的股东和管理层之间的契约关系最为重要。伴随着所有权与经营权分离，产生了委托代理链条，契约的不完备性引致代理关系中的信息不对称，容易导致管理层对股东的利益侵害，人的有限理性与天生趋利性也会引发逆向选择和道德风险问题。在我国，"一枝独大"的现象非常突出，国有企业还呈现"所有者缺位"的代理问题。处于信息优势的代理人为牟取私人利益，通过影响契约签订的主要依据（会计信息）达到牟取私利的目的。杜兴强和周泽将（2007）认为，股权的集中会增强管理者的机会主义倾向，强化了股东与管理层之间的委托代理冲突。周泽将（2008）以国有企业为对象，研究发现控股股东的持股比例平均值高达42%，"一枝独大"的现象非常严重，两者的财务关系不公平显而易见。

汤谷良和戴璐（2006）、吕长江和赵宇恒（2008）从一定程度上发现了在我国上市公司中控股股东具有"掏空"行为。有学者研究表明，国企的管理层普遍利用"做亏"模式来侵害股东利益。杨咸月和何光辉（2006）通过对"中关村"管理层收购模式进行研究，发现"中关村"管理层为达到低价收购上市公司的目的，采取转移资产等手段，制造虚假亏损状态，倒逼股东低价转让上市公司股权。朱红军等（2006）以宇通公司为研究对象，发现宇通公司通过财务造假，虚增费用，使企业"瘦身"亏损，达到管理层掠夺股东利益的目的。Jensen 和 Meckling（1976）认为，在企业股东的监督下，可以有效地控制经理的滥权行为。同时还论证了负债是股东对经理层监督约束的有效工具。因为债务的还本付息特征，减少了经理可支配的自由现金流量；利息的强制性，利息支付必然导致企业现金流量流出。卢秋声和干胜道（2015）研究发现高额股利派发减少了企业的自由现金流量，使得管理者可控的流动资产减少，约束了侵蚀股东的行为，可加大来自股东的监督。

综上所述，初步选择"控股股东持股比例""掏空或做亏行为""财务杠杆""现金股利发放率"作为评价与管理层关系公平的指标内容。

2. 国有企业大小股东财务关系公平评价指标预选

早在19世纪，马克思在《资本论》中就指出："在股份制度内，已经存在着社会生产资料借以表现为个人财产的对立面。"这里的"对立",包含了股东之间的对立。企业作为多元资本投资的集合体,股东通过投入物质资本拥有剩余控制权,根据投资额的大小,进而存在权力分配的差异问题。早期的"一股一权""同股同权"是由"资本多数决定"的原则延伸出来的直接投票制,出资额多的股东拥有更多的投票权,出资额少的股东,会因为股份不足而丧失重要权利。2002年,我国引入董事大会选举的累积投票制,颁布实施了《上市公司治理准则》,但缺乏操作细则和具体指引。《中华人民共和国公司法》第一百零五条规定:股东大会选举董事、监事,可以依照公司章程的规定或者股东大会的决议,实行累积投票制,该法所称累积投票制,是指股东大会选举董事或者监事时,每一股份拥有与应选董事或者监事人数相同的表决权,股东拥有的表决权可以集中使用。由此可见,国家从制度上设计了保障中小股东的利益诉求,有利于促进大小股东财务关系公平。

对利益的追逐是资本的本性,公司内股东间的斗争永不停息,"阴谋"和"阳谋"是大股东侵害中小股东的两种表现。股东大会是股东的利益诉求机构,根据"资本多数决定"原则,大股东拥有较多的发言权,可以选派自己的代表进驻公司董事会,进而委任经理层控制管理企业的日常经营事务,达到掌握剩余控制权的目的,从而产生了股东间的利益冲突。由此可见,股东间的利益冲突是企业控股股东与经理层之间合谋的产物,股东之间的利益冲突也常常是以股东之间就企业董事、监事人选任免上的合作形式表现出来的。卢秋声和干胜道(2015)研究认为股东对董事会、监事会职位的角逐是股东间利益冲突的首要表现,中小股东在监事会成员中的比重越大,越有利于发挥对大股东的监督功能,从而改善两者的财务关系公平度。

罗本德(2007)研究了大股东与中小股东的利益冲突,认为资本是股东之间的关系纽带;企业获利,股东领取高额股息和红利是股东间利益的共同性,在股权相对分散的企业中,股东之间的利益冲突并不激烈,股东之间的权利相互制衡,但在股权相对集中,存在控股股东的企业中,股东的利益冲突比较明显。陈旭和熊小舟(2009)分析了中国上市公司大股东与中小股东利益关系,阐述了大股东与中小股东表现的主要形式:选举董事会和监事会时的冲突,控股股东选派的代表,容易占据董事会的多数;股利分配上的冲突。

基于此,选择"累积投票制""中小股东占监事会成员的比例""股权集中度"作为大小股东财务关系公平的评价指标。

3. 国有企业劳资关系公平评价指标预选

国有企业作为物质资本、人力资本、社会资本等资本的集合体,存在明显的利益冲突,前述的股东与经理层的利益冲突、控股股东与中小股东的利益突出都属于其中的一个侧面。为什么会有劳资冲突呢？自从企业组织产生起，企业的劳资矛盾就始终存在。

马克思通过剩余价值解释资本主义劳资矛盾的根源，指出使用价值在生产过程中发生，流通领域掩盖了资本对雇佣劳动的剥削关系。马克思在分析绝对剩余价值和相对剩余价值过程中，揭示了资本家通过压低工资、拖欠工资、延长劳动时间、减少劳动保护等手段，侵占工人利益。马克思在剩余价值论中还强调：不是资本家的资本而是劳动者的劳动使企业组织中的物质资本保值增值。在股份制企业中，股东被认为是企业的所有者，经理层是股东的代理人，经理层被看成是资方代表，与劳方对立。学界将劳资冲突界定为企业管理层与生产者之间的利益冲突。

继马克思对劳资关系的研究，新古典学派、管理主义学派、正统多元学派、自由改革主义、激进派分别发表了各自的观点。新古典学派认为企业的劳资关系完全是互补性的，一定程度上可以共存，劳资双方趋向均衡，可以实现共赢，主张随波逐流，自行解决。管理主义学派则认为劳方与资方的目标基本相同，由于存在上下级关系，矛盾比较尖锐，不可能实现真正的和谐，企业需要调整管理方法，取缔工会，消除不利影响。正统多元学派认为劳资双方属于互补性，可以实现和谐，但是资方总是处于强势地位，双方的冲突是由于企业的"效率"与"公平"的目标存在差异，应发挥工会的监督管理作用。自由改革主义则认为劳资双方是互斥关系，但可以实现和谐，需要设置工会和谈判组织，最大限度地发挥监督作用。激进派也强调两者的互斥性，应想方设法让员工成为公司的主人，提高积极性和热情。正统多元学派、自由改革主义和激进派都从组织保障的角度分析协调劳资关系的途径，工会组织是维护劳动者的合法权益组织。《劳动合同法》规定：县级以上人民政府会同工会和企业方面代表，建立健全协调劳动关系三方机制，共同研究解决有关劳动关系的重大问题。用人单位在制定、修改或者决定有关直接涉及劳动者切身利益的规章制度或者重大事项时，应当经职工代表大会或者全体职工讨论，提出方案和意见，与工会或者职工代表平等协商确定。在规章制度和重大事项决定实施过程中，工会或者职工代表认为不适当的，有权向用人单位提出，通过协商予以修改完善等。

Freeman 和 Joshua B.（2011）强调劳资关系双方相互冲突源于对权利平衡的需要，劳资关系的目标是追求劳动方和管理方权利的平衡，追求效率与公平的平衡。中国是一个中等收入水平国家，和谐劳资关系是经济社会发展的重要内容，和谐劳资关系必须以公平性为侧重点。企业在实现利润的同时，应关注员工是否得到合理的报酬，是否受到公平公正的待遇，并从工资、社会保障、劳动合同、培训、工会参与、劳动参与和员工满意度七个方面反映劳资关系。

2009 年，易才集团与中国人民大学劳动关系研究所联合发布《2008—2009 年度企业劳动关系报告》，将工资、工时等内容作为劳动关系评价的指标维度。

赵俊康（2006）研究发现，劳动收入比重的变化与资本深化速度、劳动节约型技术进步之间具有乘数效应，劳动节约型技术引进恶化了劳动收入比重。詹婧（2006）结合数理统计分析方法，从收入、管理层、工会、民主参与方面构建了企业劳资关系量化评价模型。干胜道（2014）指出妥善处理员工收入和资本回报之间的关系正日益成为初次分配问题中亟待解决的现实问题。劳资关系的核心问题是和劳动关系中形成调节作用的是经济利益。而职工薪酬是劳资关系最直接的经济利益体现形式，李长丰（2015）指出劳动工资增长情况对员工的心理产生极大的影响，劳动工资的正增长有利于构建和谐劳资关系，并以劳动环境、工作环境、劳动纠纷发生与处理、工资报酬分配、社会保障作为影响企业和谐劳资关系的内部因素，构建了和谐劳资关系评价模型。姚先国和郭东杰（2004）开展了浙江省国有企业的劳资关系的实证研究，结果发现工资、员工持股比例、工会组织情况、福利水平等因素对企业劳资关系影响较大。

综观我国劳动关系评价的基本框架，主要涉及工作环境与培训、薪酬工资情况、劳动合同与制度设计、工会与劳动保障四个领域。每个领域又由多个指标构成，借助劳动经济学理论，对相关因素进行分析，通过指标反映劳资关系公平情况。但是，如果过多地从主观和定性的角度评价劳资关系，会受到客观历史性的局限难以获取相关指标，难以保证指标的完全独立性和应用性。综上可知，选取"工会组织设置情况""工资增长率""监事会中职工代表参与率"作为评价国有企业和谐劳资关系公平的关键指标。

4. 国有企业与债权人财务关系公平评价指标预选

企业与债权人的利益冲突，本质上是股东与债权人的利益冲突。产生债企冲突的根本原因在于股东和债权人对企业的风险承担和收益索取的方式不同，往往前者的风险承担和收益索取大于后者。Jensen 和 Meckling（1976）从代理成本角度分析了债权人与股东之间的利益冲突，债权人作为委托方，把投入的资本委托给股东或经理经营，股东或经理可能从利益最大化的角度出发，通常选择风险较高的投资项目，如果投资成功，则获得大部分投资收益，如果投资失败，则债权人可能承担部分损失。从利益冲突、目标冲突、委托代理问题可分析企业与债权人矛盾冲突的理论渊源。

与此同时，学者们又从如下方面评价债权人与企业的关系，温素彬和黄浩岚（2009）用速动比率、股东权益比率、资本结构指标评价了企业与债权人的和谐关系。卢秋声和干胜道（2015）将借款罚金比重、流动比率、资产负债率、权益乘数作为评价企业与债权人和谐的指标。林斌等（2017）指出，当前企业对债权人的社会责任变量主要有利息保障倍数、资产负债率的倒数、应付利息/主营业务收入等。

截至 2016 年底，我国 A 股国有控股上市企业数量达到 1038 家。其中，中央企业 59 家，国家控股 293 家，省级政府控股 269 家，市级控股 408 家，混合控股 4 家，其他 5 家[①]。2016 年，我国全部国有企业平均资产负债率 66.07%，可见，在国有企业中，负债资本的比重不容忽视，企业与债权人的关系更不容小觑。我国国有企业近年来的资本结构变化情况如表 5-1 和表 5-2 所示。

表 5-1　2014~2017 年国有企业资本结构相关数据　　　　单位：亿元

	2017 年	2016 年	2015 年	2014 年
中央企业				
资产	751283.5	694788.7	642491.8	537068
负债	511213	476526	436702.3	352621.4
所有者权益	240070.5	218262.7	205789.5	184446.6
地方企业				
资产	765831.9	622385.8	549557	484119.8
负债	485944.4	393851.3	353968.3	312937
所有者权益	279887.5	228534.5	195588.7	171182.8
合　　计				
资产	1517115.4	1317174.5	1192048.8	1021187.8
负债	997157.4	870377.3	790670.6	665558.4
所有者权益	519958	446797.2	401378.2	355629.4

数据来源：国务院国有资产监督管理委员会。

表 5-2　2014~2017 年国有企业资产负债率　　　　单位：%

年份	国有企业	中央企业	地方企业
2017	65.72	68.05	63.45
2016	66.08	68.59	63.28
2015	66.33	67.97	64.41
2014	65.17	65.66	64.64

数据来源：国务院国有资产监督管理委员会。

[①] 截至 2017 年底，我国 A 股控股上市企业数量为 1076 家。其中，央企 62 家，国家控股 307 家，省级政府控股 283 家，市级控股 421 家，混合控股 1 家，其他 2 家。本书实证研究样本数据截止时间为 2016 年底。

在实际环境中，两者的冲突表现之一为"不良贷款"。由于历史、法律和制度的原因，我国国有商业银行的不良贷款率主要来源于国有企业。2016~2017年我国国有商业银行不良贷款情况如表5-3所示。

表5-3　2016~2017年我国国有商业银行不良贷款情况

序号	银行名称	不良贷款余额（亿元）		不良贷款率（%）	
		2017年	2016年	2017年	2016年
1	中国农业银行	1940.32	2308.34	1.81	2.37
2	中国工商银行	2209.88	2118.01	1.55	1.62
3	中国建设银行	1922.91	1786.90	1.49	1.52
4	交通银行	669.02	624.00	1.50	1.52
5	中国银行	1584.69	1460.03	1.45	1.46

数据来源：前瞻产业研究院。

依据《固定资产贷款管理办法》《流动资金贷款管理暂行办法》《项目融资业务指引》规定：逾期90天的贷款，列为催收贷款，单独统计和上报。从企业角度分析，不良贷款主要取决于自身的偿债能力，一旦债务不能及时偿还，将损害到债权人的利益，影响到债权人（主要是银行）与企业的财务关系。可见，国有企业的偿债能力极大地影响了企业与债权人的关系。财务上衡量企业偿债能力的指标主要有"流动比率""速动比率""资产负债率"等。

综上所述，选取"流动比率""资产负债率""利息保障倍数""应付账款周转率"为评价国有企业与债权人财务关系公平的相关指标[1]。

5. 国有企业与消费者财务关系公平评价指标预选

在国有企业中，公众兼具两种分身：企业剩余索取者、产品和劳务的服务者。因而，在国有企业中，特别是当国有企业处于垄断地位时，选举消费者代表十分有必要。消费者可以通过购买行为直接影响企业财务，其行为对企业影响较强，并与企业构成了较为显性的利益关系。企业与消费者一方面存在共生关系，另一方面不可避免地存在利益冲突。两者的利益冲突主要表现为市场结构引发的彼此间的利益实现问题。市场供求关系原理认为：只有在市场供需平衡时，二者之间才会实现利益关系的均衡。随着市场结构的动态变化，二者之间的利益冲突主要根源于企业掌握了较为全面的商品生产、加工信息，消费者身处企业之外，不可能完全了解企业所掌握的相关信息。因此，企业往往利

---

[1] 国有企业与债权人财务关系公平的指标还有企业信用等级、实际承担的利率水平、逾期付息比率等，受数据获取操作性限制，本书暂不予研究。

用其信息优势，在价格、质量等方面隐瞒、欺诈消费者，损害消费者利益。基于企业与消费者之间的现实矛盾，学者们分别从不同的角度评价两者的关系。

赵尔军（2014）立足利益相关者视角，从定性和定量指标构建企业与顾客关系评价指标体系，内容包括：顾客满意率、顾客盈利率、新顾客获得率等。张琦和刘克（2016）基于利益相关者理论评价企业的业绩，认为企业与消费者（客户）是间接利益关系，可从售后服务水平、存货周转率指标进行评价。黎毅和刘美（2010）将销售收入成本率、客户投诉率、准时交货率、售后服务满意率纳入评价企业与消费者关系的指标。徐佳和陈艳（2016）梳理了多位学者对利益相关者的划分类别，认为随着市场竞争的加剧，客户作为代理商和供应链的中间人，其地位逐步提升，企业只有获得客户的满意，才能提高市场份额，无论是产业链中的上游企业还是下游企业，消费者是企业的一项重要社会资本，并使用"销售成本率"指标分析了国有企业与客户的财务关系。

企业与客户关系的评价内容较多，从现有的研究成果来看，主要选取"顾客满意率、销售收入成本率、售后服务水平、存货周转率、客户投诉率、准时交货率"指标评价企业与客户的财务关系公平。

6. 国有企业与供应商财务关系公平评价指标预选

在企业管理中，"纵向一体化"的经营方式已经不能适应竞争环境的要求。越来越多的企业转向了"横向一体化"，由此形成了一条完整的供应链。供应链上的所有企业必须同步、协调运行，才能保证链上的企业共同受益。并且，供应链运转的过程，对应了行业的价值链。企业实际经营的走势显示了供应商与企业关系的重要性，一方面，垂直一体化程度下降，产业多元化显著；另一方面，许多企业从单一的市场价格交易选择客户转向聚焦目标客户、老客户等，以保持稳固的利润来源和持续的创新、创造能力。研究表明，供应商与企业关系是一把"双刃剑"，两者通过显性或隐性契约建立交易关系。在行业价值链中，供应商处于上游，是企业价值创造必不可少的依附对象，两者的合作大于竞争。和谐的供应商关系有利于降低企业的总成本、降低库存、增强信息共享、改善互动关系、为企业创造竞争优势。

卢秋声和干胜道（2015）认为，"和谐"是企业与供应商合作的前提，企业与供应商之间的和谐程度主要受供货质量、交付情况和企业的支付效率影响。刘彬等（2008）构建了绿色采购供应商评价指标体系，认为企业的采购环节不仅影响企业的经济绩效，对提高企业的环境绩效起到积极的作用，该文还设计了包含供货及时性、产品质量、产品的生态商标在内的评价体系。舒霄虹（2008）认为，企业与供应商伙伴关系形成于供应链中特定的目标和利益的企业之间，如降低总成本、降低库存水平、增强信息共享水平、改善关系等，通过主成分分析法，提取了产品合格率、销售利润率、订货柔性、订货周期优势等指标来评价供应商关系。李芸和朱明伟（2006）将企业与供应商冲突归结于价值观念冲突、收益分配冲突、产品质量失调、服务质量失调、信任危机等。故企业与供应商的财务关系公平主要受产品质量、供应商售后服务水平、盈利水平、订货周期等要素影响，选取产品质量、供应商售后服务水平、订货周期予以对应评价。

7. 国有企业与社区财务关系公平评价指标预选

社区是国有企业所处的一定区域，国有企业与社区的关系是企业与所在政府、组织、居民之间的和睦关系。国有企业的社区关系是企业生存的自然根基和发展根基。2006年，国务院发布《关于加强和改进社区服务工作的意见》，指出城市社区在经济社会发展中的地位越来越重要。

社区为国有企业投入了社会资本、环境资本、人力资本等，社区为企业提供服务、提供必要的劳动力来源，甚至是企业的客户，故社区需要企业反哺社区，缴纳税金、创造良好的生态环境、提供就业机会、扶持公益事业等。国有企业作为社区的重要成员之一，与社区发展建立了一种唇亡齿寒的利害关系；建立良好的社区关系，赢得社区的支持，将有利于营造良好的发展环境，提升企业形象，科学处理两者的关系对构建和谐财务具有重要意义。故应加强企业与社区的沟通，履行自身的社会责任，在物质文明和精神文明建设中倾力相助。

王建等（2017）通过实证研究方法解释了企业与社区关系的控制变量，研究发现企业的盈利水平和责任意识影响了企业与社区的和谐度，此外，企业对社区的基础性参与策略有助于提升两者的和谐度。张桂蓉（2016）认为，企业与社区的和谐关系对企业的持续发展十分重要，一方面可以保持企业健康运营，另一方面能促进社区的良好发展。Jenkins和Obara（2006）通过研究发现，企业社会责任要求企业在一定程度上满足社区的环境与持续发展等方面的诉求，这种投入有利于缓和企业与政府之间的关系。Abuya W. O.（2016）强调，对企业而言，企业社会责任的最重要内容之一便是与当地社区建立良好的企地关系。以上论述表明，企业在追求经济利益的同时，应高度重视开展改善当地社区环境的活动。

因此，选取国有企业对社区履行经济、环境、可持续发展等社会责任的指标评价两者的关系，主要通过税金缴纳率、就业贡献率、社会捐助率、节能减排率进行评价。

综上所述，根据国有企业和谐财务的理论基础，结合和谐财务表达因子，将国有企业和谐财务系统划分为财务环境适应系统、财务活动效率系统和财务关系公平系统，进一步深入分析并借鉴前人研究成果，确定一套初步的评价指标体系，如表 5-4 所示。

表 5-4　国有企业和谐财务评价预选指标

评价内容	一级指标	二级指标	三级指标
财务和谐度	环境适应能力	市场环境适应力	市场环境适应度
		投资环境适应力	投资环境适应度
		行业竞争力	行业竞争地位显示度
			行业竞争成本显示度
			行业竞争利润显示度
	财务活动效率	企业盈利能力	经济增加值（EVA）
		保值增值情况	保值增值率
		成本获利能力	成本利润率
	财务关系公平	股东与管理层关系公平	控股股东持股比例
			掏空或做亏行为
			财务杠杆
			现金股利发放率
		大小股东关系公平	累积投票制
			中小股东占监事会成员的比例
			股权集中度
		企业劳资关系公平	工资增长率
			监事会中职工代表参与率
			工会组织设置情况
		企业与债权人关系公平	流动比率
			资产负债率
			利息保障倍数
			应付账款周转率
		企业与消费者关系公平	顾客满意率
			售后服务水平
			存货周转率
			销售收入成本率
			客户投诉率
			准时交货率

续表

评价内容	一级指标	二级指标	三级指标
财务和谐度	财务关系公平	企业与供应商关系公平	产品质量
			供应商售后服务水平
			订货周期
		企业与社区关系公平	税金缴纳率
			社会捐助率
			节能减排率
			就业贡献率

四、国有企业和谐财务评价指标筛选

预选的国有企业和谐财务评价指标体系，初步构建了一套评价的指标集，但真实、全面、准确地评价国有企业财务和谐度，需要结合国有企业财务管理的实际情况综合权衡，同时也要考虑指标构建的基本原则等。基于此，有必要对指标体系做进一步的修订。本书选取了 30 位从事国有企业财务管理、会计领军人才、财务和会计研究等方面的理论及实务专家，通过发放调查问卷（见附录 1）和专家座谈方式征集意见。最后，结合过半原则，在参考专家关于一些指标修改和补充完善的基础上进行了内容的修正和调整，调减或调增部分指标，最后确定如表 5-5 所示的 32 个指标作为国有企业和谐财务评价的修正指标体系。

表 5-5　国有企业和谐财务评价修正指标

评价内容	一级指标	二级指标	三级指标
财务和谐度	环境适应能力	市场环境适应力	市场环境适应度
		投资环境适应力	投资环境适应度
	财务活动效率	企业盈利能力	经济增加值（EVA）
		资本保值增值情况	资本保值增值率
		成本费用盈利情况	成本费用利润率
	财务关系公平	股东与管理层关系公平	控股股东持股比例
			财务杠杆率
			现金股利发放率

续表

评价内容	一级指标	二级指标	三级指标
财务和谐度	财务关系公平	大小股东关系公平	是否披露股东权益保护
			累积投票制
			前三大股东持股比例
		企业劳资关系公平	是否披露职工权益保护
			工资增长率
			四委个数①
		企业与债权人关系公平	是否披露债权人权益保护
			流动比率
			资产负债率
			利息保障倍数
			应付账款周转率
		企业与客户关系公平	是否披露客户权益保护
			存货周转率
			销售收入成本率
		企业与供应商关系公平	是否披露供应商权益保护
			供应商协调能力
		企业与社区关系公平	税金缴纳率
			是否经第三方机构审验
			是否披露可持续发展情况
			是否披露公共关系和社会公共事业
			是否披露社会责任制度建设及改善措施
			是否披露绿色生产
			是否披露安全生产
			是否披露公司存在的不足

注：① "四委"是指审计委员会、战略投资委员会、提名委员会、薪酬与考核委员会。数据收集的结果显示，国有企业设置四大委员会的情况不一。

五、指标计算公式及说明

表 5-5 选取的评价指标体系从国有企业财务环境适应能力、财务活动效率、财务关系公平反映企业的整体协调情况。相关指标的计算公式及说明如表 5-6 和表 5-7 所示。

表 5-6　国有企业和谐财务评价指标计算公式

指标名称	指标计算公式
市场环境适应度	（Δ经营活动现金流入量 × 营业总收入）/（本期经营活动现金流入量 ×Δ营业总收入）
投资环境适应度	（Δ经营活动现金流量净额 × 本期构建固定资产、无形资产和其他长期资产支付的现金）/ 经营活动现金流量净额 ×（Δ本期构建固定资产、无形资产和其他长期资产支付的现金）
经济增加值（EVA）	税后净营业利润 – 资本成本
资本保值增值率	期末所有者权益 ÷ 期初所有者权益 ×100%
成本费用利润率	利润总额 / 成本费用总额 ×100%
控股股东持股比例	控股股东权益 / 期末所有者权益 ×100%
财务杠杆率	普通股每股收益变动率 / 息税前利润变动率 ×100%
现金股利发放率	每股现金股利 / 每股收益 ×100%
股东披露股东权益保护	（披露股东权益保护情况）
累积投票制	（是否建立累积投票制）
前三大股东持股比例	Σ前 3 位大股东的持股份额 / 企业股票总份额 ×100%
职工权益保护制度	（是否披露职工权益保护）
工资增长率	（本年度工资收入 – 上年度工资收入）/ 上年度工资收入 ×100%
四委设置个数	（国有企业预算委员会、提名委员会、审计委员会、薪酬与考核委员会设置数量）
是否披露债权人权益保护	债权人权益保护披露情况
流动比率	流动资产 / 流动负债 ×100%
资产负债率	总负债 / 总资产 ×100%
利息保障倍数	息税前利润 / 利息费用 ×100%
应付账款周转率	销售成本 / 平均应付账款 ×100%
是否披露客户权益保护	（客户权益保护披露情况）

续表

指标名称	指标计算公式
存货周转率	销售成本 / 平均存货 ×100%
销售收入成本率	销售成本 / 销售收入 ×100%
是否披露供应商权益保护	供应商权益保护披露情况
供应商协调能力	$\dfrac{\text{期末应付账款 / 期初应付账款}}{\text{本期购买商品、提供劳务支付的现金 /}\atop\text{上期购买商品、提供劳务支付的现金}} \times 100\%$
税金缴纳率	企业纳税总额 / 销售收入 ×100%
是否经第三方机构审验	接受第三方机构审验情况
是否披露可持续发展	是否参照 GRI《可持续发展指南》
是否披露公共关系和社会公共事业	（公共关系和社会公共事业披露情况）
是否披露社会责任制度建设及改善措施	（企业社会制度建设及改善措施披露情况）
是否披露绿色生产	（企业绿色生产披露情况）
是否披露安全生产	（安全生产制度建设披露情况）
是否披露公司存在的不足	（企业建设不足披露情况）

表 5-7　国有企业和谐财务评价指标说明

指标名称	指标解释	指标性质	获取途径
市场环境适应度	分别从权责发生制和收付实现制角度衡量现金流入，反映企业对市场环境的适应性，指标越大，表明企业的市场环境适应性越强	正指标	计算分析
投资环境适应度	企业现金对购买长期投资的保障程度，指标越大，表明投资环境的适应能力越强	正指标	计算分析
经济增加值（EVA）	充分考虑了企业的资本成本，评价了企业的价值创造能力	正指标	计算分析
资本保值增值率	企业所有者权益保值增值情况	正指标	计算分析
成本费用利润率	企业获取利润的能力	正指标	计算分析
控股股东持股比例	股权集中会增强管理者的机会主义倾向，控股股东比例越高，委托代理矛盾越突出	逆指标	计算分析

续表

指标名称	指标解释	指标性质	获取途径
财务杠杆率	债务的还本付息特征，减少了经理可支配的自由现金流量，利息的强制性，利息支付必然导致企业现金流量流出。财务杠杆是负债经营的结果，该指标越高越好	正指标	计算分析
现金股利发放率	高额股利派发减少了企业的自由现金流量，使得管理者可控的流动资产减少，约束了侵蚀股东的行为	正指标	计算分析
是否披露股东权益保护	说明企业股东权益保护信息披露情况	定性指标	调查研究
累积投票制	传统的"一股一票"的投票原则将中小股东边缘化于企业的经营决策权之外，"累积投票制"促进中小股东参与企业治理，并刺激其对企业的投资有积极的作用	定性指标	调查研究
前三大股东持股比例	反映了大股东的股权集中度，该指标越大，越容易造成对中小股东的侵害	逆指标	计算分析
是否披露职工权益保护	说明企业职工权益保护信息披露情况	定性指标	调查研究
工资增长率	工资增长有利于激发员工的积极性，缓和劳资矛盾，实现"资本—劳动"之间的"双赢"	正指标	计算分析
四委设置个数	企业的预算委员会、提名委员会、审计委员会、薪酬与考核委员会设置得越多，越有利于加强内部监管	正指标	计算分析
是否披露债权人权益保护	说明企业债权人权益保护信息披露情况	定性指标	调查研究
流动比率	反映企业用短期资产偿债的能力，从侧面衡量了债权人短期债券的风险程度，该指标越高越好	正指标	计算分析
资产负债率	反映企业偿还全部债务的能力，也可以衡量企业在清算时保护债权人利益的程度，该指标越低越好	逆指标	计算分析

续表

指标名称	指标解释	指标性质	获取途径
利息保障倍数	反映企业用息税前利润偿还借款利息的情况，该指标越高，表明企业利息支付能力越强	正指标	计算分析
应付账款周转率	反映企业占用供应商货款的情况，该指标越低，说明公司占用供应商的货款越多，企业与供应商关系越紧张；反之则反是	正指标	计算分析
是否披露客户权益保护	说明企业客户权益保护信息披露情况	定性指标	调查研究
存货周转率	说明企业的销售能力与存货管理水平	正指标	计算分析
销售收入成本率	每单位销售收入所需的成本	逆指标	计算分析
是否披露供应商权益保护	说明企业供应商权益保护信息披露情况	定性指标	调查研究
供应商协调能力	企业经营活动中向供应商购买后的现金支付的协调程度	正指标	计算分析
税金缴纳率	税金实缴率指标主要反映企业履行纳税义务情况，该指标越高，表明企业纳税义务感越强	正指标	计算分析
是否经第三方机构审验	接受第三方机构审验情况	定性指标	调查研究
是否披露可持续发展	企业是否执行 GRI《可持续发展指南》	定性指标	调查研究
是否披露公共关系和社会公共事业	公共关系和社会公共事业披露情况	定性指标	调查研究
是否披露社会责任制度建设及改善措施	企业社会制度建设及改善措施披露情况	定性指标	调查研究
是否披露绿色生产	企业绿色生产披露情况	定性指标	调查研究
是否披露安全生产	安全生产制度建设披露情况	定性指标	调查研究
是否披露公司存在的不足	企业建设不足披露情况	定性指标	调查研究

第六章

基于异质性的国有企业分类框架搭建

第一节 国有企业分类改革多元化探讨

根据文献检索结果可知，学术界关于国有企业分类改革研究始于20世纪90年代。周叔莲等（1992）从规模出发，分析了国有资产安全和社会稳定因素，进一步阐释了"抓大放小"和"控制重要领域、放开一般领域"的分类改革的合理性。杨瑞龙（1999）研究了国有企业分类改革，主张国有企业应该存在于非竞争领域，主要分为三类：提供公共产品的企业宜选择国有国营模式、具有报酬递增特性而处于垄断地位的企业宜选择国有国控模式、竞争性的大中型企业宜进行公司化改造。而李荣融（2005）则持相反观点，强调国际竞争中国有企业的重要性，因此，国企分类改革中，不能退出竞争性领域。张淑敏（2000）分析认为国企改革是中国经济体制改革的重难点，必须明晰国企改革的思路，依据国企行业布局调整、企业类型提出不同类型国有企业改革模式。而吴林江（2000）以法国政府对国有企业实行的分类管理的成功经验为例，阐释"现代混合经济体制"的成功经验，考察了国有经济现状，论述国有企业分类管理的必要性和战略意义，最后指出国有经济战略性改组中实行分类管理的难点和对策。

金碚（2002）在总结国有企业分类思路与设想中，提出以是否负有特殊的社会功能的标准来对国有企业进行分类改革。从竞争程度来看，包含完全竞争性国有企业和不完全竞争性国有企业。王济民和邵应倩（2016）指出国有企业是经济发展的基础，国企改革是"十三五"规划的重点工作内容之一，按照国有企业功能使命分类监管，将国有企业分为公共服务类、竞争类及特定类，构建了国有企业绩效分类评价的体系。王宇亮（2016）阐述我国国有企业是市场经济的微观主体，既服从市场经济的一般规律，又肩负社会责任，国有企业的双重目标要求国有企业分类改革与分类治理。徐传谌和陈黎黎（2016）认为国企改革是新时期深化改革开放的重要组成部分，通过比较分析国有企业的时代契合度，提出引入党建和经理人制度等新范畴作为中观维度，树立国有企业的创新意识和市场竞争意识，将国企分类改革与 TPP、TTIP 等国际规则相结合，推进国企履行社会责任转向为制度内化等。周娜和庄玲玲（2016）强调国企改革进入实操阶段，而分类改革是国企改革的重点，分类治理是国企良好发展的重要基石，针对某些业务板块双重性的国有企业，具有商业性与公益性双重性特征，分类改革和治理的机制更复杂，应多管齐下。陈俊龙和汤吉军（2016）提出国有企业分类改革要与混合所有制改革有机结合，通过研究不同市场环境下国有股最优比例发现：国有股最优比例受到政府目标、竞争方式等因素影响，引入非国有资本及市场竞争能优化国有股比例，可从这两个方面入手，推进国有企业分类改革。陈志标（2014）提出国有企业分类改革要划分各参与主体的职权职责和权利义务，进行相关责任分配。将国有企业分为具有特殊意义和作用的国有企业、提供公益服务和公共产品的国有企业、自然垄断性国有企业、竞争性国有企业，分别采取国有国控的治理模式、政府与私人相辅相成的治理模式、国有国营的治理模式、市场化的治理模式。

　　徐丹丹等（2017）运用 DEA 方法，测度了高端装备制造业的经济效率和社会效率，提出并衡量"公益—商业"比值和政治关联要素，分别对 38 家样本企业的类型进行划分，为国有企业分类改革提供了操作性借鉴路径。潘胜文和蔡超（2017）按照主营业务属性，把国有企业划分为垄断性国有企业和竞争性国有企业。进一步按照经济社会功能属性，把垄断性国有企业划分为特种经营类、公共服务类、战略发展类、社会引导类等。坚持分类改革思路，改善政府管制方式，理清政企关系、权责关系和分配关系，实现激励相容，应是改革的大方向。

　　闫华红和邵应倩（2016）明确分析了国有企业分类改革中所面临的重难点，划分了三类国有企业的发展方向，提出分类考评要与科学的评价方法相结合，建议国企改革与考核机制相挂钩。杜国用（2014）认为，推进国有企业改革需要新思路、前瞻性和大气魄，围绕国企改革意义、国内外实践、实施要点等方面论证，提出要处理好相对与绝对、要素和体系、静态与动态、竞争与垄断、分层与分类几对关系，确保国企分类顺利实施。徐传谌和陈黎黎（2016）提出国有企业承担了特殊的使命与责任，对分类推进国企改革提出了新要求，要协调国企社会责任信息披露、社会责任评价与国企分类改革标准关系。李丽琴和陈少晖（2016）强调国企分类改革是深化国有资本改革、推进分类治理、促进国有资本战略性调整的前提和基础，并从国企改革的相关理论出发，综合国内外实践经验和研究成果，构建了国有企业分类维度，进行赋值，从操作层面推进国企分类改革的实践。徐丹丹和曾章备（2016）针对当前国企分类研究存在的不足，提出将案例研究与实地调查相结合，构建国有企业动态分类评价指标。中国宏观经济分析与预测课题组、杨瑞龙（2017）从国有企业产品性质和行业特征维度制定功能导向的分类方法，提出了不同类型的国有企业选择不同的改革模式的长效机制。中国社会科学院经济研究所、王立胜（2016）提出国有企业分类改革应具备科学的理论指导，在经济学理论研究的基础上，首先，将商业类国有企业划分为竞争性企业与非竞争性企业；其次，提出推进分类改革，有必要借鉴国外经验设立公营企业，将非竞争性国有企业演化为公营企业；最后，强调贯彻落实《中共中央、国务院关于深化国有企业改革的指导意见》，应分别推进国有企业改革和公营企业改革。周佰成等（2015）使用决策树方法构建国有企业分层分类管理体系，从国有企业的目标与功能、关键领域、所处行业、资源垄断程度、国有资本比重等六大决策系统，对国有企业详细归类，对完善国有企业管理具有重要意义。徐传谌和翟绪权（2016）进一步考察马克思社会分工的经济学理论发现，国有企业的特点、功能、类别、市场化程度取决于发达的社会分工，因此，国有企业的科学分类能够提高社会生产力和生产效率。然而，国有企业的异质性特征与"一刀切"的制度矛盾导致国有企业改革的问题较为突出，通过借鉴外国国企改革经验，得出了通过界定功能、按行业继续分类，组建国有资本投资、运营公司，以"管资本"为主监管国有资产等。黄群慧和余菁（2013）肯定了国有企业改革30年的巨大成就，发掘国企改革中的"使命冲突"、国企领导的"角色冲突"阻碍了国企改革的实际落实，进而将国有企业分为"一般商业性""公共政策性""特定功能性"，对应提出国有企业领导人员管理模式：由"集中统一管理"逐步转向"分层分类管理"。

综上所述，国有企业改革虽莫衷一是，但归根结底提出了分类改革和分类治理的思想，也侧面论证了国有企业客观存在的异质性与国有企业分类的必要性。

第二节　国有企业的异质性

为什么国有企业需要分类改革？分类是为了有差别地监管，那么，要进行差异化的管理，说明国有企业本身具有异质性，国有企业是企业的子集，企业的异质性特征同样包含于国有企业。同时，国有企业还有别于非国有企业，其异质性特征更为显著。国有企业的异质性主要体现在以下几个方面：

一、产权委托代理关系异质性

国有企业的委托代理产权契约表现了多层次的异质性特征。第一层代理，作为国有资产最终所有者的全体国民（第一委托人）与中央政府之间（第一代理人）；第二层代理，中央政府（第二委托人）将国有企业委托给各级地方政府（第二代理人），形成了上下级之间的委托代理；第三层代理，各级地方政府（第三委托人）将国有企业委托给国有企业经营管理者（第三代理人）。通常非国有制企业中的委托代理层次较为单一，体现在所有者与经营者之间的委托代理关系。国有企业委托代理关系的异质性，进一步形成了委托代理主体的重叠性。例如，在国有企业的三层委托代理关系中，中央政府兼具第一代理人与第二委托人的身份，各级地方政府兼具第二代理人与第三委托人的身份，国有资产终极所有者（全体国民）与终极代理人（国有企业经营管理者）没有形成直接的委托代理关系，委托代理层次复杂，委托代理主体越多，越是没有代理主体，代理层次越多，代理成本越高。国有企业多层委托代理关系如图 6-1 所示。

二、资本异质性

企业的资本组合的性质构成了企业产权性质，学术意义上的国有企业指国有资本超过 50% 及以上的企业，包括国有全资企业和国有控股企业。经过国有企业改革之后，混合资本结构是国有企业的资本主要特征，即使在混合资本结构的国有企业中，其国有资本仍大于民营资本，而民营企业则以私人资本为主导。国有资本与私人资本在形成方式、职能分工、运营形式等方面则存在明显的差别。国有资本主要是通过税收和其他收入形式取得的，是国民收入再分配的产物，而私人资本则来源于民间企业和社会成员的积累和储蓄，直接受生产和生活消费的制约，形成相对分散和缓慢。随着生产社会化程度的提高，分散的私人资本与生产社会化之间的矛盾日益突出，一些基础设施特别是高科技产业耗资巨大，需要超前的投入，一般的私人资本难以承担；一些非营利性公共项目，私人资本不愿投入，那么国有资本责无旁贷地承担起相应的发展任务。资本数量的集合意义不同，无论国有资本还是私人资本，其终极所有权都是全体国民，个体所有权与总体所有权是一致的。但是，国有资本的所有个体不可能都是增值的，其个体的增长依附于其总体增长的意义，国有资本总量上的增长才是政府追求的目标。而私人资本不可能集合成为具有同一目标的总体，只有单个个体不断增值的盈利目标。

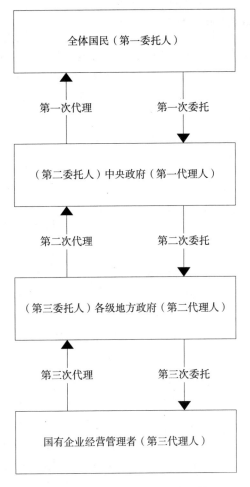

图 6-1　国有企业多层委托代理关系

三、目标异质性

非国有企业以利润最大化为目标，国有企业的目标异质性表现在目标的多重性。一方面，国有企业对国有资产的保值增值负责，具有一般企业的营利性特征，把获取利润作为重要的目标；另一方面，国有企业又以执行国家产业政策为目标，从某种意义上说，是国家实现政治经济政策的工具。另外，国有企业是社会公共利益的提供者，肩负国家安全、国计民生的基础性行业建设及提供公共产品与服务的任务。因而，多重目标是国有企业重要的异质性。目标的多重性要求国有企业不能完全遵行市场经济的一般规则，在某些方面甚至约束了国有企业的自由发展。

四、产品与服务异质性

目标的异质性决定了国有企业产品与服务的异质性。一方面，国有企业提供与私人企业同质的产品与服务，参与市场竞争。另一方面，公共产品与服务具有非竞争性和非排他性，这类公共产品或准公共产品往往由国家通过国有企业提供，由政府定价或指导定价，私人企业通常难以承担社会化生产必需的基础设施和基础工程，一般由国有企业承担，如公路、铁路、通信、港口和机场建设等。

第三节　基于异质性的国有企业分类方法

总的来说，国有企业的异质性表现在两个层次：一是与非国有企业在本质上的差异；二是国有企业内部的质的差异。针对第一层次的异质性，政府已经将国有企业与非国有企业进行了分类管理与引导，但是第二层次的异质性必然要求对国有企业内部进行分类治理。长期以来，学术界和实务界进行了深入的理论研究和实践探索，形成了一定的成果积累。

一、国有企业分类方法理论

改革开放以来，国有企业改革发展取得了重大成效，国有经济效益普遍提高，国有经济布局更加优化，国有经济体制机制不断改善，然而也存在很多问题，国有企业功能分散，在现有的行业类别中，国有企业都不同程度地涉猎；国有资本进退不够，主导功能不强，在一些竞争性行业，国有资本比重过大，而基础性和战略性产业投入相对不足，还有一些国有资本偏离发挥"关系国民经济命脉的重要行业和关键领域"的功能；国有资本运营效率偏低，资源配置能力不足；国际经营能力和国际竞争力不够。造成以上问题的根本原因在于对国有企业的功能定位和分类不清晰，科学区分不同性质的国有企业是国有企业进行科学的战略定位和财务考核的关键。党的十八大报告明确提出深化国有企业改革，不断增强国有经济活力、控制力和影响力。中共十八届三中全会又进一步提出准确界定不同国有企业的功能。党的十九大报告强调，要完善各类国有资产管理体制，改革国有资本授权经营体制，加快国有经济布局优化、结构调整、战略性重组，促进国有资产保值增值，推动国有资本做强做优做大，有效防止国有资产流失。

针对国有企业分类改革管理，学术界广泛开展了针对国有企业分类的研究，主要形成了两分法、三分法和四分法三种观点。

1. 两分法

两分法是依据一定的标准将国有企业划分为两类。第一类是根据国有企业提供产品及劳务性质和所处的行业，分为竞争性国有企业和非竞争性国有企业（董辅礽，1995；张仲秋，1998；张淑敏，2000）。第二类是根据国有企业的目标和职能定位，分为公用性企业和商业性企业（姜树蔚，1996）。

2. 三分法

根据一定的标准将国有企业分为三类，如按照企业性质（刘纪鹏，2013）将国有企业分为公益性企业、垄断性企业、竞争性企业。按照企业业务性质、目标和承担的功能，将其分为公益性企业、垄断性企业、竞争性企业（高明华等，2014；交通银行国企改革课题组，2015）。也有其他的分类标准，如根据企业使命（张航燕，2014），按照国有资本的市场属性、行业或区域功能（傅尔基，2015），或按照国有企业设立的目的和现实特征（盛毅，2014），或综合考虑国有资本双重属性、双重功能、出资人、产品和服务属性、企业功能和政府调控等具体特征（戚聿东和刘健，2015），将国有企业划分为供应性企业、功能性企业和竞争性企业。

3. 四分法

四分法总体上是对商业类和公益类国有企业的扩展和细化。王胜利（2014）根据企业多样化功能，把国有企业划分为纯粹公益性企业，公益性为主、营利性为辅企业，营利性为主、公益性为辅企业，纯粹营利性企业。

以上分类方法作为国有企业分类的研究成果，具有一定的学术借鉴意义，但缺乏实际可操作性，故难以作为本书的分类研究参考。

二、国有企业分类方法实践

1. 西方国有企业分类方法实践

亚当·斯密发现了市场这只"看不见的手"无形地指挥着市场运行，是因为市场交易规则要求买卖双方提供客户满意的商品和劳务才有客户购买，或者说自由市场机制会迫使企业在追求利润最大化的同时要让客户利益最大化。然而，这只无形的手往往存在失灵的时候，不能自觉、有效地解决需求不足的矛盾，这就需要政府弥补。政府弥补市场失灵便成为国有经济和国有资本存在的一个重要的理论依据和目标。国外发达国家的国有资本目标定位大致分为资本模式、经营模式和公共模式。资本模式下的国有企业，以资本回报为主要目标，首先重视资本使用效率，然后再兼顾一定的社会目标，主要代表国家有瑞典、挪威、芬兰、新西兰、澳大利亚；经营模式下的国有企业必须同时实现生产经营和盈利等多项目标，主要代表国家有新加坡和韩国；公共模式下的国有企业以公共目标为主，兼顾成本和利润，主要代表国家有意大利和法国。在过去的几十年里，西方国家积累了一定的国有企业管理经验。法国采取计划合同方式，政府与国有企业签订计划合同，明确国家与企业的责权利关系，确定基本原则等。日本采取国有民营化方式变国有为国私混合所有，组成股份公司，国家依然保持对企业的控制权。美国采取出租经营方式，企业所有权与经营权彻底分开，政府把国有企业大部分出租给私人垄断组织，经营者必须按协议缴纳租金，一般由折旧费和部分利润构成。瑞典采取放权管理方式，瑞典政府成立"规范化领导小组"，清理和简化各种法规与条例，通过税收调节、投资基金调节、工资调节三种调控手段对国有企业进行间接管理。德国采取托管经营方式，在两德统一以后，德国政府成立"国有资产信托管理局"，负责处理东部国有企业，托管局对国有企业进行分类改革。同时，国际上，大部分国家都根据国有企业的性质和功能，针对不同类型的国有企业设定不同的发展目标，将国有企业划分为两大类：公益性国有企业和自然垄断性国有企业。此外，可通过其他的分类标准来了解西方国家国有企业分类，依据法律形式划分国有企业的类别，主要是公司法、公法、特别法；根据政府所扮演的角色划分，依据政府在国有企业发展中所发挥的功能作用看，划分成政府全权经营管理的国有企业、政府主管主办的国有企业、国家控股的国有企业，对应于"国营""国办""国有"；按照行业分布划分，国外国有企业主要分布于金融业、通信产业、能源产业、公共运输业、制造业。

2. 我国国有企业分类方法实践

2015年12月，三部委发布《关于国有企业功能界定与分类的指导意见》（以下简称《指导意见》），将国有企业改革推进新的发展阶段。我国国有企业改革应建立在科学分类的基础上，只有明确了不同类型国有企业的功能，才能为不同类型国有企业的存在和发展方向提供合法性依据。《指导意见》结合国有企业的主营业务和核心业务将国有企业分为商业类和公益类，并在基本分类的基础上提出了相应的发展、监管、考核的基本方法，为我国国有企业的进一步分类改革提供了指导性意见。《指导意见》进一步将商业类国有企业分为两类：主业处于关系国家安全、国民经济命脉的重要行业和关键领域，主要承担重大专项任务的商业类国有企业，以及其他类商业性国有企业。截至2017年底，全国各省份制定了本地国有企业分类改革指导意见（见表6-1），结合国有企业核心业务、功能定位，参考其他因素，对本地国有企业进行了详细分类。《指导意见》的分类是在基本分类基础上的进一步细化，其本质和标准并未发生根本变化，商业类国有企业的前三类（主业处于关系国家安全、国民经济命脉的重要行业和关键领域，主要承担重大专项任务）即"特定功能性企业"，第四类即"商业竞争性企业"。

表 6-1 全国各省份国有企业分类情况

序号	省份	国企分类		
1	北京	竞争类	特殊功能类	城市公共服务类
2	天津	竞争类	功能类	公共服务类
3	上海	竞争类	功能类	公共服务类
4	重庆	商业类	公益类	
5	内蒙古	商业竞争类	特定功能类	公益类
6	宁夏	营利类	功能类	公益类
7	广西	商业类	公益类	
8	黑龙江	竞争类	功能类	公益类
9	吉林	竞争类	功能类	公益类
10	辽宁	竞争类	功能类	公益类
11	河北	商业类	公益类	
12	青海	商业类	公益类	
13	山东	商业类	公益类	
14	河南	商业类	公益类	
15	江苏	一般竞争类	特定功能类	公共服务类
16	安徽	商业类	公益类	
17	浙江	竞争类	功能类	公共服务类
18	福建	商业类	公益类	
19	江西	竞争类	功能类	公共服务类
20	湖南	竞争类	功能类	公益类
21	湖北	商业类	公益类	
22	海南	商业类	公益类	
23	广东	竞争类	准公共类	
24	甘肃	商业类	公益类	
25	陕西	竞争类	功能类	公共服务类
26	四川	竞争类	功能类	
27	贵州	竞争类	功能类	公共服务类

序号	省份	国企分类		
28	云南	商业类	公益类	
29	西藏	商业类	公益类	
30	新疆	商业类	公益类	

第四节　基于异质性的国有企业分类框架

国有企业的异质性形成了国有企业分类的驱动因素，国有企业分类也是深化国有企业分类改革和正确评价国有企业的前提。国有企业具备较多的异质性特征，其中，前两点异质性属于第一层次（区别于非国有企业），后两点则属于第二层次（国有企业内部差异）。因此，掌握国有企业内部异质性，作为国有企业分类的主要依据，同时把握国有企业分类的基本原则，确保国有企业分类评价有据可依、完整科学。

一、国有企业分类的原则

1. 把握国有企业的属性

无论国有企业还是民营企业都是市场微观载体，兼具企业的基本属性：经济性、营利性、独立性。这就是说国有企业首先是一个从事商品生产与流通或提供服务的经济组织，并通过营利性体现经济性特征，同时还是一个独立的法人组织。然而，从企业的基本属性解释国有企业难以诠释公益性国有企业的存在性，故必须考虑国有企业的特殊属性。国有企业的资本所有权归属于国家，成长于社会主义市场经济制度，具有服务社会的功能。因而国有企业的一般属性要求遵行市场经济的规则，适应经济环境，实现保值增值；国有企业的特殊属性要求企业在适应外部环境的前提下，充分发挥服务社会的公共职能（社会职能）。

2. 区别不同类别国有企业的主要功能

不同体制中的国有企业功能各异。西方发达国家的国有企业，主要是发挥弥补市场失灵的功能。我国是社会主义国家，公有制经济占主导地位。要发挥国有经济的主导作用，做强做优国有企业，提高国有企业的影响力、控制力和创造力。因此，我国的国有企业除了发挥一般体制中的弥补市场失灵的功能外，还肩负着科研、技术进步、创新、产业结构优化、保障民生等职责。针对不同类别的国有企业，其主营业务和核心业务各有侧重，在国有企业评价中应重点把握各类国有企业主要功能的评价。

3. 把握国有资本考评的差异性

《指导意见》中明确提出：分类考核国有企业，明确不同类型国有企业社会效益和经济效益指标要求，制定差异化的考核体系。在国有企业发展的历程中，由于没有对国有企业进行分类管理，造成了国有经济布局方向不明确，监管部门对国有企业实行"一刀切"的管理手段，不利于国有企业开展核心业务、发挥主导功能。对国有企业的考评统属于国有企业财务管理范畴，在科学分类的前提下，具体问题具体分析，差异化地评价不同类别的国有企业，有利于客观、公正地考核国有企业的管理质量，准确发掘和定位发展中的问题及不足，并根据差异化的评价结果提出有针对性、差异化的政策建议。

4. 兼顾国情、总体布局、动态调整

国有企业的分类一方面需要借鉴国内外市场化的有关经验和研究成果，另一方面更要考虑我国的政策与管理的可操作性。例如，遵循市场经济的规则和科学管理的原则，了解国有企业业务结构多元化的现实，细化但不宜过多。分类划分要有前瞻性和系统性，符合国有资本有进有退、合理布局的原则和要求。根据国有资本布局结构总体考虑，根据国有资产功能定位和发展战略，建立分类划分和动态调整长效机制。

二、基于异质性的国有企业分类维度

2013年3月，国务院国资委成立了"国有企业分类研究"课题小组，全面研究了国有企业的分类。报告探讨了当前阶段国有经济的发展战略、政府干预国企的原因、国有企业的功能定位和布局、分类维度及指标等，提出了国有企业的"业务的两维度三分法"。该分类方法在借鉴国内外有益经验的基础上，遵循前瞻性、便于分类管理原则，按照业务属性、国有资本目标两个维度进行划分（国际上一般将业务属性、资本目标、市场结构作为分类的三个维度，其中市场结构维度不适合中国的国情，因为竞争性或垄断性程度不构成行业内企业所有权性质的依据）。按业务属性维度，分为非商业化垄断业务、专用性业务、完全商业化业务；按国有资本目标维度，包括资本回报、功能目标、公共目标。基于以上两个维度，国有企业被分为公共保障性企业、特定功能性企业、商业竞争性企业，如表6-2所示。

表 6-2　两维度三分法

目标维度	企业利润	投资回报		商业竞争性企业
	资本价值			
	特定产业目标或功能	功能目标	特定功能性企业	
	共性技术研发			
	巨大沉淀成本			
	保障普遍服务	公共目标	公共保障性企业	
	价格控制			
	行业控制			
			非商业化垄断业务	专用性业务	完全商业化业务
			垄断资源	一般资源
			面向广泛大众普遍服务	特定客户	一般客户
			非营利性	半营利导向	完全营利性
			业务属性维度

　　其中，第一类是公共保障性企业，具有普遍服务保障、资源垄断、价格管制或严格行业规制、非营利、垄断或寡头市场结构的特点。主要涵盖电网（自然垄断）、石油上游开采、航线（资源垄断）、骨干通信网、电信频段、机场跑道（行政禁入）、地铁（外部性强）、供水、供电、供气（政府控制价格）、邮政、公共信息提供（普遍服务保障）行业。第二类是特定功能性企业，具有特定客户、专用性资产、半营利导向、特定功能或产业发展目标、垄断或寡头市场结构的特点，主要包括以下行业：军工、航天（产业发展和技术突破）、科研院所（共性技术研发）、大飞机（大项目）、大型机场、大型港口（重大基础设施）、专营业务（政策性业务）、地方政府投融资平台（政府委托）。第三类是商业竞争性企业，具有一般资源、一般客户、完全营利导向、寡头或充分竞争结构的特点，主要包括建筑工程、金融、煤炭开采、航空、电子、交通运输设备等行业。

三、基于异质性的国有企业分类结果

　　本书在掌握国有企业异质性、总结国内外理论与实务工作的基础上，结合 2013 年国资委"国有企业分类研究"课题小组的研究成果、《关于国有企业功能界定与分类的指导意见》，以及现阶段各地国有企业分类的整体情况，

梳理国有企业的主营业务和行业分类，结合经营目标，采用三分法，将我国的国有企业划分为商业竞争类国有企业、特定功能类国有企业及公益类国有企业（见表6-3），得出了国有上市公司（A股）的具体分类结果（见附录2、附录3、附录4）。

表 6-3　国有企业一般性分类

国企分类	具体行业（结合业务属性）
商业竞争类	建筑工程、金融、煤炭开采、航空、电子、交通运输设备、房地产、纺织、服装、造纸、橡胶、家具制造、食品制造、旅游、文体用品、皮革、通用设备等
特定功能类	军工、航天、科研院所、大飞机、大型机场、大型港口、专营业务、地方政府投融资平台（政府委托）
公益类	电网、石油上游开采、航线、骨干通信网、电信频段、机场跑道、地铁、供水、供电、供气、邮政、公共信息提供

　　国有企业分类的"三分法"，正确把握国有企业的性质和定位，不拘泥于理论界和实务界的焦点：国有企业到底是营利性还是公益性的？因为，如果强调国有企业的社会责任和公益价值，不倡导企业的营利价值目标，容易导致国有企业效率低下；而过分强调国有企业的营利性价值目标，会导致国有企业只注重眼前利益，而忽略社会利益，损害消费者权益，危及生态平衡，破坏环境等非持续发展的行为，故需充分认识国有企业在经济社会中的使命和责任。从国有企业的功能定位来看，国有企业既可以面向社会提供私人资本不愿或不能够提供的公共产品和服务，以弥补市场失灵，也可以针对经济、社会、环境等变化，提供私人用品，参与市场竞争，特定时期，还可以根据国家政策导向承担阶段性的任务，成立专门的国有企业。

第七章

国有企业和谐财务实证分析

通过分类评价国有企业和谐财务，探索与革新和谐财务评价方法。在"以评促建，以评促改"的指导原则下，有助于解决以下问题：突出国有企业的功能作用，加强分类监管，打破现有的评价体系，细化不同类别企业的评价标准。最终实现促进国有企业完善自身持续、和谐、健康发展的考评体系并进行有效的管理。基于以上原则，探索国有企业和谐财务评价过程。

第一节 样本选择及指标说明

国有企业和谐财务评价指标体系包含了大量的定量指标和定性指标，考虑到评价的可行性和数据的获取性，本书所界定的国有企业仅指国有上市公司（包括国有独资企业和国有控股企业）。考虑到财务制度的健全性和数据的可靠性，本书的样本数据全部来自 A 股市场的国有上市公司，根据企业股权性质，以 2016 年上市的企业 1038 家为基数确定样本对象（其中央企 59 家、国家控股 293 家、省级政府控股 269 家、市级控股 408 家、混合控股 4 家、其他 5 家）。剔除 ST 企业，得到 2016 年国有控股企业 931 家，考虑数据的横向可比性，追溯 2014~2016 年的样本。纵向来看，2014~2016 年的国有企业有增减变动的情况，故存在某一对象的横向样本数据不全的情形，对数据缺失的样本予以处理，最终选定了 881 家国有上市公司为研究对象。并结合国有企业分类结果，分别对国有企业和谐财务予以评价。

通过 32 个指标评价国有企业财务和谐度，即该 32 个指标是影响国有企业财务和谐度的自变量，为方便统计分析，分别赋予其变量符号，对应情况如表7-1 所示。

表 7-1　国有企业和谐财务评价指标体系

一级指标	二级指标	三级指标	符号
环境适应能力	市场环境适应力	市场环境适应度	X_1
	投资环境适应力	投资环境适应度	X_2
财务活动效率	经济增加值	EVA	X_3
	保值增值能力	资本保值增值率	X_4
	盈利能力	成本费用利润率	X_5
企业财务关系公平	股东与管理层关系公平	控股股东持股比例	X_6
		财务杠杆率	X_7
		现金股利发放率	X_8
	大小股东关系公平	前三大股东持股比例	X_9
		是否披露股东权益保护	X_{10}
		累积投票制	X_{11}
	企业劳资关系公平	工资增长率	X_{12}
		是否披露职工权益保护	X_{13}
		四委个数	X_{14}
	企业与债权人关系公平	流动比率	X_{15}
		利息保障倍数	X_{16}
		资产负债率	X_{17}
		应付账款周转率	X_{18}
		是否披露债权人权益保护	X_{19}
	企业与客户关系公平	存货周转率	X_{20}
		销售收入成本率	X_{21}
		是否披露客户权益保护	X_{22}
	企业与供应商关系公平	供应商协调能力	X_{23}
		是否披露供应商权益保护	X_{24}
	企业与社区关系公平	税金缴纳率	X_{25}
		是否经第三方机构审验	X_{26}
		是否披露可持续发展	X_{27}
		是否披露绿色生产	X_{28}
		是否披露公共关系和社会公共事业	X_{29}
		是否披露社会责任制度建设及改善措施	X_{30}
		是否披露安全生产内容	X_{31}
		是否披露公司存在的不足	X_{32}

以上 32 个指标中，包含定量指标与定性指标，其中，定量指标中，除了 X_6 控股股东持股比例，X_9 前三大股东持股比例，X_{17} 资产负债率、X_{21} 销售收入成本率为逆指标外，其他指标均为正指标。故，对 X_6、X_9、X_{17}、X_{21} 四个逆指标进行同向化处理，即用各个指标的倒数来替代原指标。为了消除不同量纲指标的影响，保证评价指标值的客观性，在进行主成分分析前，对三类企业各指标进行标准化处理，使标准化后各指标的均值为 0，标准差为 1，并且剔除有变量缺失的数据。针对定性变量，例如，X_{10} 是否披露股东权益保护、X_{11} 累积投票制，X_{13} 是否披露职工权益保护、X_{19} 是否披露债权人权益保护、X_{24} 是否披露供应商权益保护、X_{26} 是否经第三方机构审验、X_{27} 是否披露可持续发展、X_{28} 是否披露绿色生产、X_{29} 是否披露公共关系和社会公共事业、X_{30} 是否披露社会责任制度建设及改善措施、X_{31} 是否披露安全生产内容、X_{32} 是否披露公司存在的不足，分别对应赋值"1""0""0.5"，其中"1"表示"是"，"0"表示"否"，"0.5"表示"折中"（如累积投票制分为"执行累积投票制""执行非累积投票制"与"累积投票制和非累积投票制混合"三种情况）。

第二节　国有企业和谐财务评价

一、样本构成

在样本公司中，商业竞争类企业的数量最大，共计 593 家，占比 67.31%。公益类国有企业的数量为 134 家，占比 15.21%。特殊功能类国有企业的分布数量为 154 家，占比 17.48%。三类企业构成情况如图 7-1 所示：

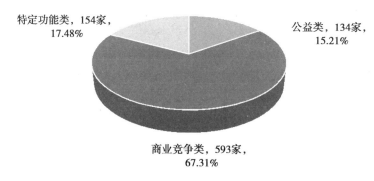

图 7-1　国有企业类别构成

二、成分指标选定

本书选择 SPSS19 for Windows 分析软件，分别对 593 家商业竞争类企业、134 家公益类企业、154 家特定功能类企业的 32 个研究变量进行主成分分析，从软件分析结果中得出每一类国有企业和谐财务的主成分的相关系数矩阵[①]。

表 7-2~ 表 7-4 为三类国有企业和谐财务指标的相关系数矩阵，不难看出，表中的各指标具有一定的相关性。结合主成分分析原理可知，该方法的实质是利用降维的思想，将多个具有一定相关性的变量综合转换成几个关键指标进行全面评价。因为，主成分分析的潜在条件是数据之间存在一定的相关性，且相关性不宜过强或过弱，如果过强，则说明数据间信息重叠太大，评价指标的选取不够科学；如果过弱，经过主成分分析后起不到很好的降维作用，所得到的新的成分提取原始变量的信息就较少。因而，在采用主成分分析法时，应尽可能多地选取有关评价对象的相关指标，这样一方面能全面反映评价对象的各个信息内容，另一方面可以保证主成分分析法得到较好的运用和发挥。

三、公因子方差初始解

表 7-5~ 表 7-7 列示了三类国有企业和谐财务因子分析的初始解，显示了全部变量的共同度，也就是主成分对原始变量在多大程度提取了原始信息，主成分保留的信息是各样本相对于均值的差异，最后通过方差来描述变量中信息的多少。表 7-5~ 表 7-7 中的第二列表示各变量的初始共同度，初始共同度对32 个变量提取主成分的特征根，系统默认的共同度为 1，表示变量所有的方差都能够被解释。通过进一步寻找主成分，且主成分个数小于变量个数，也就不会取全部的特征根。第三列是提取的特征根的共同度（在特征根大于 1 的条件下），提取的列数值越大，表明提取的信息越多。从表 7-5 可以看出，32 个变量提取的共同的最大值为 0.985，最小值为 0.335；从表 7-6 可以看出，32 个变量提取的共同的最大值为 0.984，最小值为 0.331；从表 7-7 可以看出，32 个变量提取的共同的最大值为 0.986，最小值为 0.313，说明因子提取效果较好，变量总体上能被解释。

[①] 本书的样本数据均来自国泰安 CSMAR 数据库、万得 WIND 数据库、企业官网等。

表 7-2　商业竞争类国有企业相关系数矩阵

	X₁	X₂	X₃	X₄	X₅	X₆	X₇	X₈	X₉	X₁₀	X₁₁	X₁₂	X₁₃	X₁₄	X₁₅	X₁₆	X₁₇	X₁₈	X₁₉	X₂₀	X₂₁	X₂₂	X₂₃	X₂₄	X₂₅	X₂₆	X₂₇	X₂₈	X₂₉	X₃₀	X₃₁	X₃₂
X_1	1.000	0.000	-0.020	-0.003	0.000	-0.046	-0.009	-0.018	-0.043	0.036	0.019	0.013	0.037	0.003	0.000	0.000	0.003	-0.028	0.048	0.000	0.000	0.037	0.000	0.041	-0.025	-0.005	0.004	0.035	0.035	0.035	0.035	0.035
X_2	0.000	1.000	0.001	-0.014	0.001	-0.018	0.002	0.012	-0.028	0.017	-0.045	0.001	0.017	-0.006	-0.016	0.001	-0.003	0.001	0.013	0.001	0.003	0.016	0.001	0.012	0.003	0.003	0.008	0.016	0.017	0.017	0.017	0.017
X_3	-0.020	0.001	1.000	0.031	-0.006	0.046	-0.024	0.078	0.011	0.001	0.040	0.002	0.004	-0.003	0.064	-0.002	0.070	0.003	-0.065	0.009	0.098	0.006	-0.001	0.012	0.022	0.180	-0.018	0.003	0.005	0.005	0.005	0.005
X_4	-0.003	-0.014	0.031	1.000	-0.001	0.033	-0.006	-0.013	0.015	-0.030	-0.012	0.019	-0.031	-0.037	-0.008	0.002	-0.015	-0.002	-0.024	-0.003	0.014	-0.031	0.017	-0.029	0.055	-0.004	-0.009	-0.030	-0.030	-0.030	-0.030	-0.030
X_5	0.000	0.001	-0.006	-0.001	1.000	-0.017	-0.001	0.002	-0.016	0.033	0.048	-0.001	0.033	0.014	-0.001	-0.001	-0.009	-0.003	0.048	-0.003	0.000	0.034	-0.001	0.043	-0.005	-0.004	-0.005	0.034	0.033	0.033	0.033	0.033
X_6	-0.046	-0.018	0.046	0.033	-0.017	1.000	0.011	0.015	0.813	0.127	-0.003	-0.001	0.127	-0.017	-0.015	-0.002	-0.010	0.005	0.019	0.065	0.041	0.111	0.010	0.094	0.018	0.057	0.150	0.128	0.124	0.124	0.124	0.124
X_7	-0.009	0.002	-0.024	-0.006	-0.001	0.011	1.000	-0.013	-0.006	-0.006	-0.017	0.000	0.011	0.011	-0.024	-0.002	-0.010	-0.003	-0.016	-0.002	-0.001	-0.001	-0.001	-0.011	-0.009	-0.006	0.017	-0.001	-0.002	-0.002	-0.002	-0.002
X_8	-0.018	0.012	0.078	-0.013	0.002	0.015	-0.013	1.000	0.031	0.037	-0.035	-0.013	0.035	-0.028	0.052	0.000	0.052	-0.007	0.020	0.012	0.005	0.044	-0.011	0.025	-0.018	0.029	0.019	0.028	0.034	0.034	0.034	0.034
X_9	-0.043	-0.028	0.011	0.015	-0.016	0.813	-0.006	0.031	1.000	0.181	0.031	-0.013	0.181	-0.003	-0.015	0.014	0.005	0.027	0.039	-0.015	0.046	0.171	-0.007	0.162	0.005	0.077	0.246	0.173	0.178	0.178	0.178	0.178
X_{10}	0.036	0.017	0.001	-0.030	0.033	0.127	-0.006	0.037	0.181	1.000	-0.031	-0.027	0.981	-0.030	0.001	-0.010	-0.027	-0.008	0.599	-0.038	0.087	0.948	-0.018	0.775	-0.028	0.129	0.376	0.950	0.980	0.980	0.980	0.980
X_{11}	0.019	-0.045	0.040	-0.012	0.048	-0.003	-0.017	-0.035	0.031	-0.031	1.000	-0.015	-0.024	0.009	0.016	0.042	0.004	0.060	-0.027	0.080	0.085	-0.022	0.052	-0.033	0.015	0.009	0.012	-0.020	-0.026	-0.026	-0.026	-0.026
X_{12}	0.013	0.001	0.002	0.019	-0.001	-0.001	0.000	-0.013	-0.013	-0.027	-0.015	1.000	-0.023	0.002	0.010	-0.012	0.060	-0.022	-0.022	-0.016	-0.001	-0.001	-0.022	0.052	-0.016	-0.002	0.002	-0.010	-0.023	-0.024	-0.024	-0.024
X_{13}	0.037	0.017	0.004	-0.031	0.033	0.127	0.011	0.035	0.181	0.981	-0.024	-0.023	1.000	-0.028	-0.011	-0.026	-0.009	0.085	0.588	-0.038	0.085	0.959	-0.019	0.782	-0.029	0.127	0.378	0.969	0.995	0.995	0.995	0.995
X_{14}	0.003	-0.006	-0.003	-0.037	0.014	-0.017	0.011	-0.028	-0.003	-0.030	0.009	0.002	-0.028	1.000	0.016	0.014	0.005	-0.083	-0.031	0.021	0.021	-0.072	0.007	-0.072	0.015	0.009	-0.060	-0.060	-0.026	-0.026	-0.026	-0.026
X_{15}	0.000	-0.016	0.064	-0.008	-0.001	-0.015	-0.024	0.052	-0.015	0.001	0.016	0.010	-0.011	0.016	1.000	0.014	0.899	0.027	0.005	0.027	0.010	-0.028	0.005	-0.028	0.015	-0.003	-0.045	-0.045	0.002	0.002	0.002	0.002
X_{16}	0.000	0.001	-0.002	0.002	-0.001	-0.002	-0.002	0.000	0.014	-0.010	0.042	-0.012	-0.026	0.014	0.014	1.000	0.023	0.023	-0.010	0.023	-0.012	-0.002	-0.001	-0.016	0.001	-0.003	0.012	-0.010	-0.011	-0.011	-0.011	-0.011
X_{17}	0.003	-0.003	0.070	-0.015	-0.009	-0.010	-0.010	0.052	0.005	-0.027	0.004	0.060	-0.009	0.005	0.899	0.023	1.000	0.060	0.041	-0.035	-0.021	-0.002	-0.007	-0.015	-0.017	-0.002	-0.057	-0.057	-0.026	-0.026	-0.026	-0.026
X_{18}	-0.028	0.001	0.003	-0.002	-0.003	0.005	-0.003	-0.007	0.027	-0.008	0.060	-0.022	0.085	-0.083	0.027	0.023	0.060	1.000	-0.027	0.080	0.005	-0.039	-0.012	-0.044	-0.002	0.020	-0.057	-0.020	-0.009	-0.009	-0.009	-0.009
X_{19}	0.048	0.013	-0.065	-0.024	0.048	0.019	-0.016	0.020	0.039	0.599	-0.027	-0.022	0.588	-0.031	0.005	-0.010	0.041	-0.027	1.000	-0.009	0.071	-0.039	-0.001	-0.015	-0.002	0.013	-0.009	-0.018	-0.039	-0.039	-0.039	-0.039
X_{20}	0.000	0.001	0.009	-0.003	-0.003	0.065	-0.002	0.012	-0.015	-0.038	0.080	-0.016	-0.038	0.021	0.027	0.023	-0.035	0.080	-0.009	1.000	-0.009	-0.039	-0.001	-0.030	-0.002	-0.002	-0.020	-0.037	-0.039	-0.039	-0.039	-0.039
X_{21}	0.000	0.003	0.098	0.014	0.000	0.041	-0.001	0.005	0.046	0.087	0.085	-0.001	0.085	0.021	0.010	-0.012	-0.021	0.005	0.071	-0.009	1.000	0.071	0.008	0.090	-0.008	0.008	0.026	0.026	0.085	0.085	0.085	0.085
X_{22}	0.037	0.016	0.006	-0.031	0.034	0.111	-0.001	0.044	0.171	0.948	-0.022	-0.001	0.959	-0.072	-0.028	-0.002	-0.002	-0.039	-0.039	-0.039	0.071	1.000	-0.018	0.799	-0.036	0.131	0.384	0.938	0.960	0.960	0.960	0.960
X_{23}	0.000	0.001	-0.001	0.017	-0.001	0.010	-0.001	-0.011	-0.007	-0.018	0.052	-0.022	-0.019	0.007	0.005	-0.001	-0.007	-0.012	-0.001	-0.001	0.008	-0.018	1.000	-0.035	-0.002	-0.002	-0.002	-0.007	-0.019	-0.019	-0.019	-0.019
X_{24}	0.041	0.012	0.012	-0.029	0.043	0.094	-0.011	0.025	0.162	0.775	-0.033	0.052	0.782	-0.072	-0.028	-0.016	-0.015	-0.044	-0.015	-0.030	0.090	0.799	-0.035	1.000	-0.002	0.108	0.356	0.776	0.778	0.778	0.778	0.778
X_{25}	-0.025	0.003	0.022	0.055	-0.005	0.018	-0.009	-0.018	0.005	-0.028	0.015	-0.016	-0.029	0.015	0.015	0.001	-0.017	-0.002	-0.002	-0.002	-0.008	-0.036	-0.002	-0.002	1.000	-0.003	-0.012	-0.012	-0.030	-0.030	-0.030	-0.030
X_{26}	-0.005	0.003	0.180	-0.004	-0.004	0.057	-0.006	0.029	0.077	0.129	0.009	-0.002	0.127	0.009	-0.003	-0.003	-0.002	0.020	0.013	-0.002	0.008	0.131	-0.002	0.108	-0.003	1.000	0.213	0.130	0.126	0.126	0.126	0.126
X_{27}	0.004	0.008	-0.018	-0.009	-0.005	0.150	0.017	0.019	0.246	0.376	0.012	0.002	0.378	-0.060	-0.045	0.012	-0.057	-0.057	-0.009	-0.020	0.026	0.384	-0.002	0.356	-0.012	0.213	1.000	0.383	0.376	0.376	0.376	0.376
X_{28}	0.035	0.016	0.003	-0.030	0.034	0.128	-0.001	0.028	0.173	0.950	-0.020	-0.010	0.969	-0.060	-0.045	-0.010	-0.057	-0.020	-0.018	-0.037	0.026	0.938	-0.007	0.776	-0.012	0.130	0.383	1.000	0.971	0.971	0.971	0.971
X_{29}	0.035	0.017	0.005	-0.030	0.033	0.124	-0.002	0.034	0.178	0.980	-0.026	-0.023	0.995	-0.026	0.002	-0.011	-0.026	-0.009	-0.039	-0.039	0.085	0.960	-0.019	0.778	-0.030	0.126	0.376	0.971	1.000	1.000	1.000	1.000
X_{30}	0.035	0.017	0.005	-0.030	0.033	0.124	-0.002	0.034	0.178	0.980	-0.026	-0.024	0.995	-0.026	0.002	-0.011	-0.026	-0.009	-0.039	-0.039	0.085	0.960	-0.019	0.778	-0.030	0.126	0.376	0.971	1.000	1.000	1.000	1.000
X_{31}	0.035	0.017	0.005	-0.030	0.033	0.124	-0.002	0.034	0.178	0.980	-0.026	-0.024	0.995	-0.026	0.002	-0.011	-0.026	-0.009	-0.039	-0.039	0.085	0.960	-0.019	0.778	-0.030	0.126	0.376	0.971	1.000	1.000	1.000	1.000
X_{32}	0.035	0.017	0.005	-0.030	0.033	0.124	-0.002	0.034	0.178	0.980	-0.026	-0.024	0.995	-0.026	0.002	-0.011	-0.026	-0.009	-0.039	-0.039	0.085	0.960	-0.019	0.778	-0.030	0.126	0.376	0.971	1.000	1.000	1.000	1.000

表 7-3 公益类国有企业相关系数矩阵

	X1	X2	X3	X4	X5	X6	X7	X8	X9	X10	X11	X12	X13	X14	X15	X16	X17	X18	X19	X20	X21	X22	X23	X24	X25	X26	X27	X28	X29	X30	X31	X32
X1	1.000	-0.006	0.001	0.004	0.027	-0.055	0.022	-0.003	-0.059	0.056	-0.005	0.004	0.058	-0.017	0.032	0.002	0.025	0.006	0.021	-0.218	0.007	0.051	-0.034	0.032	0.020	0.003	0.016	0.055	0.059	0.059	0.059	0.059
X2	-0.006	1.000	-0.004	0.005	-0.002	0.030	0.001	0.032	0.052	-0.035	0.017	0.022	-0.058	0.028	0.003	0.134	-0.039	0.071	-0.051	-0.030	-0.009	-0.048	0.008	-0.071	0.061	-0.006	-0.036	-0.035	-0.038	-0.038	-0.038	-0.038
X3	0.001	-0.004	1.000	0.002	-0.082	-0.049	-0.023	0.023	-0.044	0.023	0.025	-0.010	0.001	0.083	-0.005	0.034	0.015	-0.008	0.058	-0.003	0.036	-0.028	0.000	-0.043	-0.003	0.007	-0.092	0.001	0.001	0.001	0.001	0.001
X4	0.004	0.005	0.002	1.000	0.011	0.142	-0.007	-0.011	0.107	-0.040	-0.037	0.069	-0.041	0.020	0.001	-0.009	-0.032	-0.017	-0.034	-0.014	0.010	-0.042	0.020	-0.022	0.004	-0.005	-0.007	-0.040	-0.042	-0.042	-0.042	-0.042
X5	0.027	-0.002	-0.082	0.011	1.000	0.104	0.005	0.000	0.033	-0.024	0.021	0.017	-0.014	-0.084	-0.044	-0.019	-0.090	-0.022	-0.028	-0.035	0.072	0.030	-0.010	0.021	-0.032	-0.007	0.045	-0.015	-0.015	-0.015	-0.015	-0.015
X6	-0.055	0.030	-0.049	0.142	0.104	1.000	0.043	0.028	0.769	0.151	-0.074	0.091	0.179	-0.261	0.053	-0.060	0.016	-0.009	-0.007	-0.097	0.060	0.192	0.006	0.059	-0.147	0.086	0.210	0.159	0.180	0.180	0.180	0.180
X7	0.022	0.001	-0.023	-0.007	0.005	0.043	1.000	0.016	0.007	-0.081	-0.011	0.010	-0.067	0.007	-0.008	-0.001	-0.018	0.007	-0.048	0.012	0.006	-0.034	0.001	-0.016	-0.020	-0.001	-0.019	-0.064	-0.066	-0.066	-0.066	-0.066
X8	-0.003	0.032	0.023	-0.011	0.000	0.028	0.016	1.000	0.061	-0.011	0.028	-0.012	-0.008	-0.040	0.031	0.001	0.043	-0.023	0.004	0.010	0.000	-0.010	0.000	0.061	-0.028	0.006	0.026	-0.010	-0.008	-0.008	-0.008	-0.008
X9	-0.059	0.052	-0.044	0.107	0.033	0.769	0.007	0.061	1.000	0.178	-0.047	0.125	0.234	-0.292	0.051	-0.085	0.013	0.005	0.579	-0.073	0.064	0.254	0.019	0.092	-0.123	0.077	0.220	0.222	0.233	0.233	0.233	0.233
X10	0.056	-0.035	0.023	-0.040	-0.024	0.151	-0.081	-0.011	0.178	1.000	-0.033	-0.074	0.958	-0.164	-0.002	-0.069	0.041	0.100	-0.066	0.044	0.080	0.863	-0.045	0.615	-0.072	0.075	0.408	0.929	0.963	0.963	0.963	0.963
X11	-0.005	0.017	0.025	-0.037	0.021	-0.074	-0.011	0.028	-0.047	-0.033	1.000	-0.045	-0.047	-0.004	-0.015	0.015	-0.043	0.086	-0.044	0.053	-0.035	-0.064	0.020	-0.040	-0.032	0.002	-0.031	-0.029	-0.050	-0.050	-0.050	-0.050
X12	0.004	0.022	-0.010	0.069	0.017	0.091	0.010	-0.012	0.125	-0.074	-0.045	1.000	-0.008	-0.060	-0.009	0.022	-0.004	0.088	0.571	0.012	0.006	0.002	0.091	0.616	-0.075	0.072	0.409	0.962	0.995	0.995	0.995	0.995
X13	0.058	-0.058	0.001	-0.041	-0.014	0.179	-0.067	-0.008	0.234	0.958	-0.047	-0.008	1.000	-0.189	-0.004	0.088	-0.103	0.057	-0.068	0.020	0.081	0.909	-0.046	0.616	-0.075	0.072	0.409	0.962	0.995	0.995	0.995	0.995
X14	-0.017	0.028	0.083	0.020	-0.084	-0.261	0.007	-0.040	-0.292	-0.164	-0.004	-0.060	-0.189	1.000	0.017	0.034	-0.103	0.057	-0.068	0.020	-0.021	-0.160	0.020	-0.186	0.034	0.023	-0.181	-0.199	-0.188	-0.188	-0.188	-0.188
X15	0.032	0.003	-0.005	0.001	-0.044	0.053	-0.008	0.031	0.051	-0.002	-0.015	-0.009	-0.004	0.017	1.000	0.051	0.709	0.002	0.709	-0.010	0.041	0.051	0.011	-0.001	0.034	0.028	0.033	0.028	-0.010	-0.010	-0.010	-0.010
X16	0.002	0.134	0.034	-0.009	-0.019	-0.060	-0.001	0.001	-0.085	-0.069	0.015	0.022	0.088	0.034	0.051	1.000	0.068	-0.019	-0.027	-0.025	0.006	-0.086	0.126	0.012	0.006	-0.071	0.033	-0.003	-0.083	-0.083	-0.083	-0.083
X17	0.025	-0.039	0.015	-0.032	-0.090	0.016	-0.018	0.043	0.013	0.041	-0.043	-0.004	-0.103	-0.103	0.709	0.068	1.000	-0.028	0.001	-0.035	-0.033	0.007	0.002	-0.001	-0.001	-0.004	-0.006	-0.100	-0.049	-0.004	-0.004	-0.004
X18	0.006	0.071	-0.008	-0.017	-0.022	-0.009	0.007	-0.023	0.005	0.100	0.086	0.088	0.057	0.057	0.002	-0.019	-0.028	1.000	0.041	0.253	0.099	0.108	0.011	0.012	0.006	-0.010	0.069	0.102	0.101	0.101	0.101	0.101
X19	0.021	-0.051	0.058	-0.034	-0.028	-0.007	-0.048	0.004	0.579	-0.066	-0.044	0.571	-0.068	-0.068	0.709	-0.027	0.001	0.041	1.000	0.082	0.099	0.560	-0.021	0.489	-0.026	0.126	0.069	0.564	0.568	0.568	0.568	0.568
X20	-0.218	-0.030	-0.003	-0.014	-0.035	-0.097	0.012	0.010	-0.073	0.044	0.053	0.012	0.020	0.020	-0.010	-0.025	-0.035	0.253	0.082	1.000	0.253	0.560	0.126	0.059	-0.009	-0.013	-0.076	0.039	0.039	0.039	0.039	0.039
X21	0.007	-0.009	0.036	0.010	0.072	0.060	0.006	0.000	0.064	0.080	-0.035	0.006	0.081	-0.021	0.041	0.006	-0.033	0.099	0.099	0.253	1.000	0.560	-0.004	0.103	-0.017	-0.006	0.159	0.083	0.080	0.080	0.080	0.080
X22	0.051	-0.048	-0.028	-0.042	0.030	0.192	-0.034	-0.010	0.254	0.863	-0.064	0.002	0.909	-0.160	0.051	-0.086	0.007	0.108	0.560	0.560	0.560	1.000	-0.040	0.667	-0.063	0.079	0.365	0.868	0.905	0.905	0.905	0.905
X23	-0.034	0.008	0.000	0.020	-0.010	0.006	0.001	0.000	0.019	-0.045	0.020	0.091	-0.046	0.020	0.011	0.126	0.002	0.011	-0.021	0.126	-0.004	-0.040	1.000	-0.025	0.126	0.002	-0.024	-0.042	-0.045	-0.045	-0.045	-0.045
X24	0.032	-0.071	-0.043	-0.022	0.021	0.059	-0.016	0.061	0.092	0.615	-0.040	0.616	0.616	-0.186	-0.001	0.012	0.001	0.012	0.489	0.059	0.103	0.667	-0.025	1.000	-0.046	0.117	0.344	0.612	0.613	0.613	0.613	0.613
X25	0.020	0.061	-0.003	0.004	-0.032	-0.147	-0.020	-0.028	-0.123	-0.072	-0.032	-0.075	-0.075	0.034	0.034	0.006	-0.001	0.006	-0.026	-0.009	-0.017	-0.063	0.126	-0.046	1.000	-0.013	-0.078	-0.071	-0.075	-0.075	-0.075	-0.075
X26	0.003	-0.006	0.007	-0.005	-0.007	0.086	-0.001	0.006	0.077	0.075	0.002	0.072	0.072	0.023	0.028	-0.071	-0.004	-0.010	0.126	-0.013	-0.006	0.079	0.002	0.117	-0.013	1.000	0.176	0.074	0.072	0.072	0.072	0.072
X27	0.016	-0.036	-0.092	-0.007	0.045	0.210	-0.019	0.026	0.220	0.408	-0.031	0.409	0.409	-0.181	0.033	0.033	-0.006	0.069	0.069	-0.076	0.159	0.365	-0.024	0.344	-0.078	0.176	1.000	0.420	0.407	0.407	0.407	0.407
X28	0.055	-0.035	0.001	-0.040	-0.015	0.159	-0.064	-0.010	0.222	0.929	-0.029	0.962	0.962	-0.199	0.028	-0.003	-0.100	0.102	0.564	0.039	0.083	0.868	-0.042	0.612	-0.071	0.074	0.420	1.000	0.967	0.967	0.967	0.967
X29	0.059	-0.038	0.001	-0.042	-0.015	0.180	-0.066	-0.008	0.233	0.963	-0.050	0.995	0.995	-0.188	-0.010	-0.083	-0.049	0.101	0.568	0.039	0.080	0.905	-0.045	0.613	-0.075	0.072	0.407	0.967	1.000	1.000	1.000	1.000
X30	0.059	-0.038	0.001	-0.042	-0.015	0.180	-0.066	-0.008	0.233	0.963	-0.050	0.995	0.995	-0.188	-0.010	-0.083	-0.004	0.101	0.568	0.039	0.080	0.905	-0.045	0.613	-0.075	0.072	0.407	0.967	1.000	1.000	1.000	1.000
X31	0.059	-0.038	0.001	-0.042	-0.015	0.180	-0.066	-0.008	0.233	0.963	-0.050	0.995	0.995	-0.188	-0.010	-0.083	-0.004	0.101	0.568	0.039	0.080	0.905	-0.045	0.613	-0.075	0.072	0.407	0.967	1.000	1.000	1.000	1.000
X32	0.059	-0.038	0.001	-0.042	-0.015	0.180	-0.066	-0.008	0.233	0.963	-0.050	0.995	0.995	-0.188	-0.010	-0.083	-0.004	0.101	0.568	0.039	0.080	0.905	-0.045	0.613	-0.075	0.072	0.407	0.967	1.000	1.000	1.000	1.000

表 7-4 特定功能类国有企业相关系数矩阵

	X_1	X_2	X_3	X_4	X_5	X_6	X_7	X_8	X_9	X_{10}	X_{11}	X_{12}	X_{13}	X_{14}	X_{15}	X_{16}	X_{17}	X_{18}	X_{19}	X_{20}	X_{21}	X_{22}	X_{23}	X_{24}	X_{25}	X_{26}	X_{27}	X_{28}	X_{29}	X_{30}	X_{31}	X_{32}
X_1	1.000	0.009	0.001	0.006	-0.009	0.015	-0.003	-0.003	-0.013	-0.030	0.018	0.003	-0.073	-0.014	0.023	-0.006	0.013	0.004	-0.078	0.010	0.005	-0.075	-0.064	-0.012	-0.018	0.001	-0.007	-0.073	-0.073	-0.073	-0.073	-0.073
X_2	0.009	1.000	0.001	-0.005	-0.011	0.050	0.008	-0.007	0.072	0.047	0.020	0.007	0.048	-0.012	-0.023	-0.022	-0.053	0.005	0.033	0.003	-0.003	0.053	0.023	0.034	-0.009	0.005	0.018	0.048	0.049	0.049	0.049	0.049
X_3	0.001	0.001	1.000	0.033	0.015	0.109	0.063	0.023	0.129	0.182	-0.005	-0.010	0.170	-0.142	-0.023	0.024	-0.033	-0.006	-0.021	0.004	0.012	0.181	-0.005	0.219	0.082	0.578	0.339	0.181	0.179	0.179	0.179	0.179
X_4	0.006	-0.005	0.033	1.000	-0.076	-0.053	0.014	-0.016	0.013	-0.038	0.000	0.096	-0.043	-0.036	0.020	0.005	-0.012	-0.016	-0.008	-0.014	0.061	-0.044	0.192	-0.030	0.001	-0.002	0.030	-0.039	-0.045	-0.045	-0.045	-0.045
X_5	-0.009	-0.011	0.015	-0.076	1.000	0.024	0.205	0.253	0.031	0.056	-0.057	0.002	0.056	-0.021	-0.016	0.000	-0.014	-0.010	0.037	-0.009	0.013	0.060	-0.031	0.039	-0.019	-0.003	0.026	0.058	0.056	0.056	0.056	0.056
X_6	0.015	0.050	0.109	-0.053	0.024	1.000	-0.053	0.167	0.024	0.213	-0.079	-0.023	0.056	-0.135	-0.062	-0.106	-0.071	-0.048	0.167	0.096	-0.040	0.214	-0.094	0.179	0.013	0.062	0.136	0.206	0.223	0.223	0.223	0.223
X_7	-0.003	0.008	0.063	0.014	0.205	-0.053	1.000	0.047	-0.036	0.046	0.025	-0.029	0.045	-0.017	0.011	-0.004	0.024	0.002	0.020	0.005	0.006	0.044	-0.012	0.030	0.087	0.023	0.010	0.045	0.046	0.046	0.046	0.046
X_8	-0.003	-0.007	0.023	-0.016	0.253	0.167	0.047	1.000	0.163	0.055	0.011	-0.036	0.059	0.052	-0.043	-0.001	-0.007	-0.032	0.024	0.008	-0.023	0.049	-0.074	0.078	0.000	0.019	0.014	0.045	0.058	0.058	0.058	0.058
X_9	-0.013	0.072	0.129	0.013	0.031	0.024	-0.036	0.167	1.000	0.203	-0.083	-0.018	0.226	-0.040	-0.106	-0.081	-0.096	-0.055	0.157	0.067	-0.059	0.219	-0.051	0.208	-0.016	0.131	0.193	0.214	0.223	0.223	0.223	0.223
X_{10}	-0.030	0.047	0.182	-0.038	0.056	0.213	0.046	0.055	0.203	1.000	-0.022	-0.042	0.975	-0.109	-0.042	-0.078	-0.078	-0.040	0.531	0.041	0.100	0.950	-0.046	0.690	0.030	0.138	0.319	0.962	0.987	0.987	0.987	0.987
X_{11}	0.018	0.020	-0.005	0.000	-0.057	-0.079	0.025	0.011	-0.083	-0.022	1.000	-0.040	-0.042	0.021	0.003	0.030	0.008	-0.006	-0.025	-0.004	-0.008	-0.030	-0.014	0.000	0.095	-0.004	-0.021	-0.041	-0.043	-0.043	-0.043	-0.043
X_{12}	0.003	0.007	-0.010	0.096	0.002	-0.023	-0.029	-0.036	-0.018	-0.042	-0.040	1.000	-0.042	0.021	0.033	0.030	0.032	0.016	-0.034	0.025	-0.018	-0.121	0.046	-0.113	-0.013	-0.085	-0.057	-0.113	-0.104	-0.104	-0.104	-0.104
X_{13}	-0.073	0.048	0.170	-0.043	0.056	0.223	0.045	0.059	0.226	0.975	-0.042	-0.042	1.000	-0.098	-0.040	-0.070	-0.072	-0.040	0.531	0.041	0.094	0.941	-0.050	0.699	0.030	0.138	0.319	0.962	0.987	0.987	0.987	0.987
X_{14}	-0.014	-0.012	-0.142	-0.036	-0.021	-0.135	-0.017	0.052	-0.040	-0.109	0.021	0.021	-0.098	1.000	0.033	0.034	0.032	0.016	-0.034	0.025	-0.018	-0.121	0.046	-0.113	-0.013	-0.085	-0.057	-0.113	-0.104	-0.104	-0.104	-0.104
X_{15}	0.023	-0.023	-0.023	0.020	-0.016	-0.062	0.011	-0.043	-0.106	-0.042	0.003	0.033	-0.040	0.033	1.000	-0.070	0.805	0.677	0.303	0.159	-0.025	-0.138	-0.125	-0.038	0.031	-0.045	-0.095	-0.057	-0.043	-0.043	-0.043	-0.043
X_{16}	-0.006	-0.022	0.024	0.005	0.000	-0.106	-0.004	-0.001	-0.081	-0.078	0.030	0.030	-0.070	0.034	-0.070	1.000	-0.072	0.017	0.030	0.025	-0.036	0.071	0.062	0.066	-0.023	0.021	0.051	0.068	0.070	0.070	0.070	0.070
X_{17}	0.013	-0.053	-0.033	-0.012	-0.014	-0.071	0.024	-0.007	-0.096	-0.078	0.008	0.032	-0.072	0.032	0.805	-0.072	1.000	0.449	0.032	0.159	-0.071	-0.138	-0.141	-0.085	0.037	-0.032	-0.126	-0.105	-0.075	-0.075	-0.075	-0.075
X_{18}	0.004	0.005	-0.006	-0.016	-0.010	-0.048	0.002	-0.032	-0.055	-0.040	-0.006	0.016	-0.040	0.016	0.677	0.017	0.449	1.000	0.030	0.449	-0.021	0.025	-0.011	-0.028	-0.086	-0.006	-0.013	-0.039	-0.040	-0.040	-0.040	-0.040
X_{19}	-0.078	0.033	-0.021	-0.008	0.037	0.167	0.020	0.024	0.157	0.531	-0.025	-0.034	0.531	-0.034	0.303	0.030	0.032	0.030	1.000	0.303	0.003	0.505	-0.007	0.565	0.058	0.079	-0.026	0.505	0.524	0.524	0.524	0.524
X_{20}	0.010	0.003	0.004	-0.014	-0.009	0.096	0.005	0.008	0.067	0.041	-0.004	0.025	0.041	0.025	0.159	0.025	0.159	0.449	0.303	1.000	-0.014	0.107	0.073	-0.045	0.080	-0.010	0.057	0.031	0.040	0.040	0.040	0.040
X_{21}	0.005	-0.003	0.012	0.061	0.013	-0.040	0.006	-0.023	-0.059	0.100	-0.008	-0.018	0.094	-0.018	-0.025	-0.036	-0.071	-0.021	0.003	-0.014	1.000	0.107	0.011	-0.012	-0.003	-0.006	0.057	0.106	0.100	0.100	0.100	0.100
X_{22}	-0.075	0.053	0.181	-0.044	0.060	0.214	0.044	0.049	0.219	0.950	-0.030	-0.121	0.941	-0.121	-0.138	0.071	-0.138	0.025	0.505	0.107	0.107	1.000	-0.054	0.723	-0.048	0.143	0.330	0.971	0.955	0.955	0.955	0.955
X_{23}	-0.064	0.023	-0.005	0.192	-0.031	-0.094	-0.012	-0.074	-0.051	-0.046	-0.014	0.046	-0.050	0.046	-0.125	0.062	-0.141	-0.011	-0.007	0.073	0.011	-0.054	1.000	-0.005	0.155	-0.015	-0.015	-0.051	-0.052	-0.052	-0.052	-0.052
X_{24}	-0.012	0.034	0.219	-0.030	0.039	0.179	0.030	0.078	0.208	0.690	0.000	-0.113	0.699	-0.113	-0.038	0.066	-0.085	-0.028	0.565	-0.045	-0.012	0.723	-0.005	1.000	-0.003	0.159	0.330	0.708	0.690	0.690	0.690	0.690
X_{25}	-0.018	-0.009	0.082	0.001	-0.019	0.013	0.087	0.000	-0.016	0.030	0.095	-0.013	0.030	-0.013	0.031	-0.023	0.037	-0.086	0.058	0.080	-0.003	-0.048	0.155	-0.003	1.000	0.045	-0.003	-0.044	0.026	0.026	0.026	0.026
X_{26}	0.001	0.005	0.578	-0.002	-0.003	0.062	0.023	0.019	0.131	0.138	-0.004	-0.085	0.138	-0.085	-0.045	0.021	-0.032	-0.006	0.079	-0.010	-0.006	0.143	-0.015	0.159	0.045	1.000	0.300	0.140	0.137	0.137	0.137	0.137
X_{27}	-0.007	0.018	0.339	0.030	0.026	0.136	0.010	0.014	0.193	0.319	-0.021	-0.057	0.319	-0.057	-0.095	0.051	-0.126	-0.013	-0.026	0.057	0.057	0.330	-0.015	0.330	-0.003	0.300	1.000	0.323	0.315	0.315	0.315	0.315
X_{28}	-0.073	0.048	0.181	-0.039	0.058	0.206	0.045	0.045	0.214	0.962	-0.041	-0.113	0.962	-0.113	-0.057	0.068	-0.105	-0.039	0.505	0.031	0.106	0.971	-0.051	0.708	-0.044	0.140	0.323	1.000	0.975	0.975	0.975	0.975
X_{29}	-0.073	0.049	0.179	-0.045	0.056	0.223	0.046	0.058	0.223	0.987	-0.043	-0.104	0.987	-0.104	-0.043	0.070	-0.075	-0.040	0.524	0.040	0.100	0.955	-0.052	0.690	0.026	0.137	0.315	0.975	1.000	1.000	1.000	1.000
X_{30}	-0.073	0.049	0.179	-0.045	0.056	0.223	0.046	0.058	0.223	0.987	-0.043	-0.104	0.987	-0.104	-0.043	0.070	-0.075	-0.040	0.524	0.040	0.100	0.955	-0.052	0.690	0.026	0.137	0.315	0.975	1.000	1.000	1.000	1.000
X_{31}	-0.073	0.049	0.179	-0.045	0.056	0.223	0.046	0.058	0.223	0.987	-0.043	-0.104	0.987	-0.104	-0.043	0.070	-0.075	-0.040	0.524	0.040	0.100	0.955	-0.052	0.690	0.026	0.137	0.315	0.975	1.000	1.000	1.000	1.000
X_{32}	-0.073	0.049	0.179	-0.045	0.056	0.223	0.046	0.058	0.223	0.987	-0.043	-0.104	0.987	-0.104	-0.043	0.070	-0.075	-0.040	0.524	0.040	0.100	0.955	-0.052	0.690	0.026	0.137	0.315	0.975	1.000	1.000	1.000	1.000

表 7-5　商业竞争类国有企业公因子方差

	初始	提取		初始	提取
X_1	1.000	0.478	X_{17}	1.000	0.944
X_2	1.000	0.335	X_{18}	1.000	0.622
X_3	1.000	0.598	X_{19}	1.000	0.538
X_4	1.000	0.507	X_{20}	1.000	0.602
X_5	1.000	0.572	X_{21}	1.000	0.674
X_6	1.000	0.883	X_{22}	1.000	0.943
X_7	1.000	0.665	X_{23}	1.000	0.496
X_8	1.000	0.487	X_{24}	1.000	0.689
X_9	1.000	0.901	X_{25}	1.000	0.559
X_{10}	1.000	0.963	X_{26}	1.000	0.664
X_{11}	1.000	0.564	X_{27}	1.000	0.533
X_{12}	1.000	0.500	X_{28}	1.000	0.948
X_{13}	1.000	0.982	X_{29}	1.000	0.985
X_{14}	1.000	0.607	X_{30}	1.000	0.985
X_{15}	1.000	0.943	X_{31}	1.000	0.985
X_{16}	1.000	0.487	X_{32}	1.000	0.985

表 7-6　公益类国有企业公因子方差

	初始	提取		初始	提取
X_1	1.000	0.665	X_{17}	1.000	0.852
X_2	1.000	0.683	X_{18}	1.000	0.651
X_3	1.000	0.675	X_{19}	1.000	0.504
X_4	1.000	0.331	X_{20}	1.000	0.663
X_5	1.000	0.516	X_{21}	1.000	0.757
X_6	1.000	0.803	X_{22}	1.000	0.863
X_7	1.000	0.809	X_{23}	1.000	0.619
X_8	1.000	0.562	X_{24}	1.000	0.558
X_9	1.000	0.808	X_{25}	1.000	0.448
X_{10}	1.000	0.937	X_{26}	1.000	0.788
X_{11}	1.000	0.643	X_{27}	1.000	0.538
X_{12}	1.000	0.442	X_{28}	1.000	0.941
X_{13}	1.000	0.980	X_{29}	1.000	0.984
X_{14}	1.000	0.469	X_{30}	1.000	0.984
X_{15}	1.000	0.848	X_{31}	1.000	0.984
X_{16}	1.000	0.537	X_{32}	1.000	0.984

表 7-7　特定功能类国有企业公因子方差

	初始	提取		初始	提取
X_1	1.000	0.401	X_{17}	1.000	0.759
X_2	1.000	0.313	X_{18}	1.000	0.617
X_3	1.000	0.727	X_{19}	1.000	0.548
X_4	1.000	0.583	X_{20}	1.000	0.567
X_5	1.000	0.638	X_{21}	1.000	0.573
X_6	1.000	0.874	X_{22}	1.000	0.947
X_7	1.000	0.505	X_{23}	1.000	0.581
X_8	1.000	0.522	X_{24}	1.000	0.633
X_9	1.000	0.865	X_{25}	1.000	0.582
X_{10}	1.000	0.971	X_{26}	1.000	0.668
X_{11}	1.000	0.550	X_{27}	1.000	0.510
X_{12}	1.000	0.428	X_{28}	1.000	0.964
X_{13}	1.000	0.970	X_{29}	1.000	0.986
X_{14}	1.000	0.487	X_{30}	1.000	0.986
X_{15}	1.000	0.925	X_{31}	1.000	0.986
X_{16}	1.000	0.464	X_{32}	1.000	0.986

四、各主成分解释原始变量总方差情况

根据前述分析结果，得出表 7-8~ 表 7-10 中各主成分对应的特征根及累计贡献率。表中各项第二列给出了主成分的特征值，第三列给出了每一个主成分解释所有变量的百分比，第四列是变量方差的累计贡献率。在主成分分析方法处理优化的基础上，考虑贡献率表明主成分对原始数据的信息的反映程度，为体现各主成分重要性的不同，对因子载荷矩阵实行旋转。使用方差最大正交旋转法，使旋转后主成分因子的载荷进一步分散因子维度，对主成分的相关变量进行分组，故各主成分的特征值和权重根据旋转后的特征值和贡献率取值。

在表 7-8 中，结合旋转前和旋转后的主因子的特征值、方差贡献率、累计方差贡献率，按照特征值大于 1 的原则，商业竞争类国有企业提取了 12 个主因子，这 12 个主成分旋转后的方差贡献率分别为 28.197%、6.001%、5.810%、3.947%、3.442%、3.418%、3.418%、3.362%、3.323%、3.319%、3.268%、3.195%，且第一主成分的方差贡献率远大于其他主成分，即第一主成分对财务和谐度的

影响较为突出。12 个主成分的累计方差贡献率达到 70.700%，也就是说 12 个成分可以解释原指标信息的 70.700%，解释了数据的大部分信息。所以，提取12 个主成分来评价商业竞争类企业的财务和谐度。

表 7-8 商业竞争类国有企业方差分析

成分	初始特征值			提取平方和载入			旋转平方和载入		
	合计	方差百分比（%）	累计百分比（%）	合计	方差百分比（%）	累计百分比（%）	合计	方差百分比（%）	累计百分比（%）
1	9.135	28.546	28.546	9.135	28.546	28.546	9.023	28.197	28.197
2	1.940	6.064	34.610	1.940	6.064	34.610	1.920	6.001	34.198
3	1.845	5.767	40.377	1.845	5.767	40.377	1.859	5.810	40.008
4	1.252	3.913	44.289	1.252	3.913	44.289	1.263	3.947	43.955
5	1.125	3.517	47.806	1.125	3.517	47.806	1.101	3.442	47.397
6	1.101	3.442	51.248	1.101	3.442	51.248	1.094	3.418	50.815
7	1.076	3.363	54.611	1.076	3.363	54.611	1.094	3.418	54.233
8	1.063	3.323	57.934	1.063	3.323	57.934	1.076	3.362	57.595
9	1.043	3.258	61.192	1.043	3.258	61.192	1.063	3.323	60.918
10	1.035	3.235	64.427	1.035	3.235	64.427	1.062	3.319	64.237
11	1.005	3.141	67.568	1.005	3.141	67.568	1.046	3.268	67.505
12	1.002	3.133	70.700	1.002	3.133	70.700	1.023	3.195	70.700
13	0.988	3.088	73.788						
14	0.986	3.082	76.870						
15	0.953	2.977	79.848						
16	0.943	2.945	82.793						
17	0.925	2.889	85.682						
18	0.923	2.883	88.565						
19	0.864	2.701	91.267						
20	0.833	2.603	93.869						
21	0.713	2.229	96.099						
22	0.506	1.580	97.679						
23	0.319	0.996	98.675						
24	0.178	0.557	99.232						

续表

成分	初始特征值			提取平方和载入			旋转平方和载入		
	合计	方差百分比（%）	累计百分比（%）	合计	方差百分比（%）	累计百分比（%）	合计	方差百分比（%）	累计百分比（%）
25	0.097	0.302	99.534						
26	0.062	0.193	99.727						
27	0.051	0.160	99.887						
28	0.028	0.089	99.976						
29	0.008	0.024	100.000						
30	1.482E−016	4.632E−016	100.000						
31	−4.106E−017	−1.283E−016	100.000						
32	−5.220E−016	−1.631E−015	100.000						

注：提取方法为主成分分析法。

在表7-9中，公益类国有企业仍然提取了12个主成分，这12个主成分旋转后的方差贡献率分别为27.305%、6.607%、5.483%、4.094%、3.607%、3.596%、3.573%、3.503%、3.461%、3.449%、3.418%、3.229%，且第一主成分的方差贡献率远大于其他主成分，即第一主成分对财务和谐度的影响较为突出。12个主成分的累计方差贡献率达到71.326%，也就是说12个成分可以解释原指标信息的71.326%，解释了数据的大部分信息。所以，提取12个因子来评价公益类企业的财务和谐度。

表7-9 公益类国有企业方差分析

成分	初始特征值			提取平方和载入			旋转平方和载入		
	合计	方差百分比（%）	累计百分比（%）	合计	方差百分比（%）	累计百分比（%）	合计	方差百分比（%）	累计百分比（%）
1	8.903	27.823	27.823	8.903	27.823	27.823	8.738	27.305	27.305
2	2.073	6.479	34.302	2.073	6.479	34.302	2.114	6.607	33.913
3	1.782	5.568	39.870	1.782	5.568	39.870	1.755	5.483	39.396
4	1.372	4.287	44.158	1.372	4.287	44.158	1.310	4.094	43.489
5	1.235	3.859	48.017	1.235	3.859	48.017	1.154	3.607	47.097

续表

成分	初始特征值			提取平方和载入			旋转平方和载入		
	合计	方差百分比（%）	累计百分比（%）	合计	方差百分比（%）	累计百分比（%）	合计	方差百分比（%）	累计百分比（%）
6	1.148	3.587	51.604	1.148	3.587	51.604	1.151	3.596	50.693
7	1.122	3.506	55.110	1.122	3.506	55.110	1.143	3.573	54.266
8	1.081	3.377	58.487	1.081	3.377	58.487	1.121	3.503	57.769
9	1.041	3.253	61.740	1.041	3.253	61.740	1.108	3.461	61.230
10	1.033	3.227	64.967	1.033	3.227	64.967	1.104	3.449	64.679
11	1.022	3.193	68.160	1.022	3.193	68.160	1.094	3.418	68.097
12	1.013	3.165	71.326	1.013	3.165	71.326	1.033	3.229	71.326
13	0.969	3.027	74.353						
14	0.933	2.917	77.270						
15	0.915	2.860	80.130						
16	0.893	2.791	82.921						
17	0.866	2.707	85.628						
18	0.841	2.628	88.256						
19	0.780	2.438	90.693						
20	0.713	2.229	92.923						
21	0.615	1.921	94.843						
22	0.527	1.646	96.490						
23	0.404	1.262	97.752						
24	0.271	0.846	98.598						
25	0.205	0.639	99.237						
26	0.135	0.423	99.659						
27	0.064	0.199	99.859						
28	0.039	0.122	99.981						
29	0.006	0.019	100.000						
30	2.539E−016	7.934E−016	100.000						
31	5.027E−017	1.571E−016	100.000						
32	3.376E−018	1.055E−017	100.000						

注：提取方法为主成分分析法。

表 7-10 中，对特定功能类企业 32 个财务指标采用主成分法进行主成分分析，提取了 10 个主因子，这 10 个主因子旋转后的方差贡献率分别为 27.494%、7.526%、6.095%、5.898%、4.229%、4.000%、3.734%、3.450%、3.408%、3.292%，且第一主因子的方差贡献率远大于其他主因子，即第一主因子对财务和谐度的影响较为突出。10 个主因子的累计方差贡献率达到 69.126%，也就是说 10 个因子可以解释原指标信息的 69.126%，解释了数据的大部分信息。所以，提取 10 个因子来评价特定功能类企业的财务和谐度。

表 7-10　特定功能类国有企业方差分析

成分	初始特征值			提取平方和载入			旋转平方和载入		
	合计	方差百分比（%）	累计百分比（%）	合计	方差百分比（%）	累计百分比（%）	合计	方差百分比（%）	累计百分比（%）
1	9.085	28.392	28.392	9.085	28.392	28.392	8.798	27.494	27.494
2	2.430	7.594	35.986	2.430	7.594	35.986	2.408	7.526	35.019
3	1.935	6.047	42.033	1.935	6.047	42.033	1.950	6.095	41.115
4	1.677	5.239	47.272	1.677	5.239	47.272	1.887	5.898	47.012
5	1.373	4.292	51.564	1.373	4.292	51.564	1.353	4.229	51.241
6	1.288	4.024	55.588	1.288	4.024	55.588	1.280	4.000	55.241
7	1.149	3.592	59.180	1.149	3.592	59.180	1.195	3.734	58.976
8	1.095	3.421	62.601	1.095	3.421	62.601	1.104	3.450	62.426
9	1.070	3.343	65.944	1.070	3.343	65.944	1.091	3.408	65.834
10	1.018	3.182	69.126	1.018	3.182	69.126	1.053	3.292	69.126
11	0.992	3.100	72.226						
12	0.985	3.077	75.303						
13	0.956	2.989	78.292						
14	0.899	2.810	81.102						
15	0.862	2.694	83.796						
16	0.836	2.613	86.409						
17	0.813	2.542	88.951						
18	0.739	2.309	91.259						
19	0.632	1.976	93.235						
20	0.596	1.862	95.097						
21	0.485	1.514	96.611						

续表

成分	初始特征值			提取平方和载入			旋转平方和载入		
	合计	方差百分比（%）	累计百分比（%）	合计	方差百分比（%）	累计百分比（%）	合计	方差百分比（%）	累计百分比（%）
22	0.428	1.337	97.948						
23	0.283	0.884	98.833						
24	0.139	0.436	99.268						
25	0.110	0.342	99.611						
26	0.064	0.200	99.811						
27	0.027	0.083	99.894						
28	0.020	0.064	99.958						
29	0.013	0.042	100.000						
30	$-6.094E-017$	$-1.904E-016$	100.000						
31	$-9.491E-017$	$-2.966E-016$	100.000						
32	$-1.392E-016$	$-4.349E-016$	100.000						

注：提取方法为主成分分析法。

五、碎石图

采用主成分法提取特征值大于 1 的因子，所形成的碎石图如图 7-2~ 图 7-4 所示。

碎石图的纵轴为特征值，横轴为特征值序号，并且碎石图中特征值按大小进行了排序。由图 7-2 可见，可以发现第一个点的特征值最大，前三个点的特征值较大，即第一主成分对商业竞争类企业财务和谐度有重要影响，前三个主成分对商业竞争类企业财务和谐度影响较为重要。

由图 7-3 可知，第一个点的特征值最大，前三个点的特征值较大，即第一主成分对公益类企业财务和谐度有重要影响，前三个主成分对公益类企业财务和谐度影响较为重要。

由图 7-4 可见，第一个点的特征值最大，前四个点的特征值较大，即第一主成分对特定功能类企业财务和谐度有重要影响，前四个主成分对特定功能类企业财务和谐度影响较为重要。

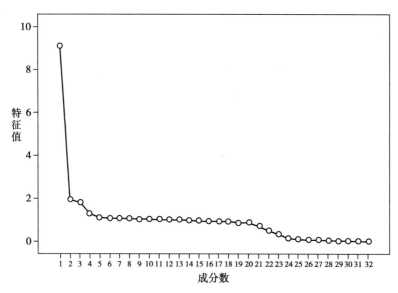

图 7-2　商业竞争类国有企业碎石图

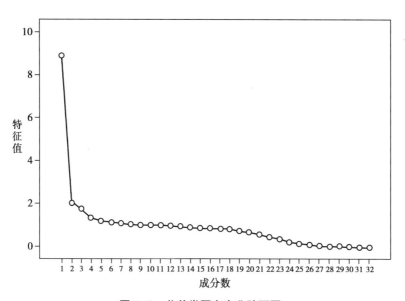

图 7-3　公益类国有企业碎石图

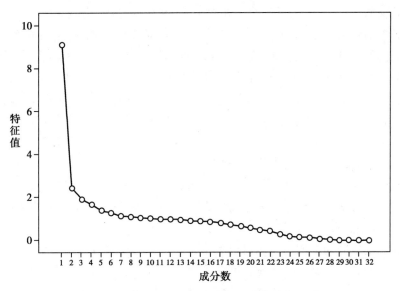

图 7-4 特定功能类国有企业碎石图

六、成分得分矩阵

采用方差最大法进行正交旋转，对成分命名，确定主成分，旋转后的因子载荷矩阵如表 7-11~ 表 7-13 所示，分析各个指标在各主成分上的载荷大小，从而对主成分进行命名。

如表 7-11 所示，在商业竞争类国有企业和谐财务评价中，确定了 12 个主成分。通过旋转成分矩阵可知，第一主成分 F_1 在 X_{10}（是否披露股东权益保护）、X_{13}（是否披露职工权益保护）、X_{19}（是否披露债权人权益保护）、X_{22}（是否披露客户权益保护）、X_{24}（是否披露供应商权益保护）、X_{27}（是否披露可持续发展）、X_{28}（是否披露绿色生产）、X_{29}（是否披露公共关系和社会公共事业）、X_{30}（是否披露社会责任制度建设及改善措施）、X_{31}（是否披露安全生产内容）、X_{32}（是否披露公司存在的不足）上的载荷较大，主要反映了企业的社会责任披露情况，故 F_1 为反映企业社会责任披露的成分；第二主成分 F_2 在 X_{15}、X_{17} 上的载荷较大，主要反映了企业的偿债能力，称 F_2 为反映企业与债权人关系的成分；第三主成分 F_3 在 X_6、X_9 上的载荷较大，主要反映了企业的股东持股情况，称 F_3 为反映企业股权集中度的成分；第四主成分 F_4 在 X_{26}（是否经第三方机构审验）上的载荷较大，称 F_4 为反映企业外部监督的成分；第五主成分 F_5 在 X_3、X_{21} 上的载荷较大，集中于企业的盈利衡量因素，称 F_5 为反映企业盈利能力的成分；第六主成分 F_6 在 X_{14}（四委个数）、X_{16}（利息保障倍数）

上的载荷较大，称 F_6 为反映企业战略规划能力的成分；第七主成分 F_7 在 X_{18}（应付账款周转率）、X_{20}（存货周转率）上的载荷较大，称 F_7 为反映企业资金周转能力的成分；第八主成分 F_8 在 X_4（资本保值增值率）、X_{25}（税金缴纳率）上的载荷较大，称 F_8 为反映企业社会贡献能力的成分；第九主成分 F_9 在 X_2（投资环境适应度）、X_8（现金股利发放率）上的载荷较大，由于 X_8 的载荷大于 X_2，故称 F_9 为反映股东与管理层关系的成分；第十主成分 F_{10} 在 X_{12}（工资增长率）、X_{23}（供应商协调能力）上的载荷较大，称 F_{10} 为反映企业内外部协调能力的成分；第十一主成分 F_{11} 在 X_5（成本费用利润率）、X_{11}（累积投票制）上的载荷较大，且 X_5 的载荷大于 X_{11}，称 F_{11} 为反映企业成本控制能力的成分；第十二主成分 F_{12} 在 X_1（市场环境适应度）、X_7（财务杠杆率）上的载荷较大，称 F_{12} 为反映企业市场融资能力的成分。

通过主成分的提取和命名可以看出，商业竞争类国有企业的财务和谐度受十二方面的影响因素，按影响程度依次为企业社会责任信息披露、企业与债权人关系、股权集中度、企业外部监督、企业盈利能力、企业战略规划能力、资金周转能力、企业社会贡献能力、股东与管理层关系、企业内外部协调能力、企业成本控制能力、企业市场融资能力，其中企业社会责任信息披露对商业竞争类企业的财务和谐度的影响最大，企业与债权人关系、股权集中度对商业竞争类企业财务和谐度有较大影响。

表 7-11　商业竞争类国有企业旋转成分矩阵 [a]

	成分											
	F_1	F_2	F_3	F_4	F_5	F_6	F_7	F_8	F_9	F_{10}	F_{11}	F_{12}
X_1	0.051	0.008	−0.094	−0.033	−0.020	0.036	−0.097	−0.268	−0.353	0.146	−0.301	−0.382
X_2	0.017	−0.032	−0.054	−0.003	−0.071	0.022	−0.037	−0.035	0.556	0.096	0.009	0.063
X_3	−0.030	0.112	−0.027	0.443	0.581	−0.078	0.043	0.085	0.065	−0.015	0.111	−0.132
X_4	−0.023	−0.015	0.035	−0.086	0.168	0.227	−0.071	0.603	−0.109	0.124	−0.096	−0.112
X_5	0.049	−0.027	−0.011	−0.060	−0.053	−0.021	0.030	−0.017	0.084	0.092	0.736	−0.055
X_6	0.078	−0.007	0.934	0.019	0.038	−0.012	0.035	0.028	−0.017	0.006	0.006	0.000
X_7	−0.008	−0.005	−0.012	−0.012	0.065	0.029	−0.004	−0.128	−0.041	0.022	−0.108	0.793
X_8	0.021	0.080	0.047	0.051	0.185	0.076	−0.042	−0.138	0.584	−0.122	0.072	−0.233
X_9	0.134	0.001	0.937	0.060	−0.001	−0.019	−0.006	0.003	−0.009	0.013	−0.010	0.000
X_{10}	0.978	−0.007	0.051	0.058	0.014	0.004	−0.001	−0.006	0.007	−0.011	−0.001	0.005
X_{11}	−0.039	0.009	0.000	0.078	0.114	0.104	−0.074	−0.161	−0.488	−0.096	0.496	−0.088
X_{12}	−0.020	−0.006	−0.029	0.041	−0.023	−0.008	0.028	0.016	−0.014	0.702	−0.017	−0.043

续表

	成分											
	F_1	F_2	F_3	F_4	F_5	F_6	F_7	F_8	F_9	F_{10}	F_{11}	F_{12}
X_{13}	0.988	−0.006	0.050	0.062	0.015	0.003	−0.001	−0.007	0.002	−0.009	0.001	0.008
X_{14}	−0.025	0.031	0.001	−0.037	−0.017	−0.736	−0.122	0.003	−0.110	0.023	0.144	0.117
X_{15}	0.008	0.970	−0.010	−0.018	−0.005	−0.006	−0.009	0.013	0.005	−0.001	−0.011	−0.008
X_{16}	−0.013	0.059	−0.044	0.009	−0.061	0.573	−0.125	0.068	−0.075	0.002	0.264	0.231
X_{17}	−0.018	0.970	0.002	−0.013	−0.001	0.015	0.048	−0.023	0.007	0.000	−0.012	−0.001
X_{18}	−0.004	0.049	−0.053	0.047	−0.041	−0.179	0.740	0.105	−0.043	0.019	0.052	0.128
X_{19}	0.662	0.018	−0.063	−0.277	−0.022	−0.076	−0.010	−0.007	0.033	−0.003	0.057	−0.089
X_{20}	−0.040	−0.012	0.093	−0.064	0.042	0.267	0.692	−0.129	−0.003	−0.008	−0.047	−0.131
X_{21}	0.089	−0.066	0.047	−0.123	0.784	0.018	−0.025	−0.019	−0.035	0.029	−0.082	0.139
X_{22}	0.967	0.000	0.041	0.069	0.006	0.017	−0.030	−0.019	0.010	−0.009	0.002	−0.001
X_{23}	−0.017	0.005	0.045	−0.023	0.040	−0.007	−0.019	−0.008	0.056	0.694	0.064	0.043
X_{24}	0.824	−0.001	0.045	0.049	0.022	0.052	−0.022	−0.026	0.014	0.003	−0.015	−0.021
X_{25}	−0.025	0.003	−0.004	0.050	−0.088	−0.097	0.037	0.730	0.001	−0.067	0.013	−0.007
X_{26}	0.087	−0.023	0.002	0.808	0.040	−0.007	0.002	−0.012	0.002	0.018	−0.006	−0.029
X_{27}	0.362	−0.066	0.224	0.500	−0.193	0.153	−0.051	−0.031	−0.001	0.015	−0.131	0.123
X_{28}	0.970	−0.006	0.050	0.069	0.012	−0.001	0.000	−0.006	0.003	−0.006	−0.005	0.016
X_{29}	0.989	−0.005	0.047	0.061	0.015	0.002	−0.001	−0.006	0.003	−0.009	0.001	0.010
X_{30}	0.989	−0.005	0.047	0.061	0.015	0.002	−0.001	−0.006	0.003	−0.009	0.001	0.010
X_{31}	0.989	−0.005	0.047	0.061	0.015	0.002	−0.001	−0.006	0.003	−0.009	0.001	0.010
X_{32}	0.989	−0.005	0.047	0.061	0.015	0.002	−0.001	−0.006	0.003	−0.009	0.001	0.010

注：提取方法为主成分分析法。旋转法具有 Kaiser 标准化的正交旋转法。a 表示旋转在 9 次迭代后收敛。

如表 7-12 所示，公益类国有企业和谐财务确定了 12 个主成分，通过旋转成分矩阵可知，第一主成分 F_1 在 X_{10}（是否披露股东权益保护）、X_{13}（是否披露职工权益保护）、X_{19}（是否披露债权人权益保护）、X_{22}（是否披露客户权益保护）、X_{24}（是否披露供应商权益保护）、X_{27}（是否披露可持续发展）、X_{28}（是否披露绿色生产）、X_{29}（是否披露公共关系和社会公共事业）、X_{30}（是否披露社会责任制度建设及改善措施）、X_{31}（是否披露安全生产内容）、X_{32}（是否披露公司存在的不足）上的载荷较大，称 F_1 为反映企业社会责任信息披露的成分；第二主成分 F_2 在 X_6（控股股东持股比例）、X_9（前三大股东控股比例）、X_{14}（四委个数）上的载荷较大，称 F_2 为反映股权集中度的成分；第三主成分 F_3 在 X_{15}（流动比率）、X_{17}（资产负债率）上的载荷较大，称 F_3 为反映企业与债权人关系的成分；第四主成分 F_4 在 X_{20}（存货周转率）上的载荷较大，称 F_4 为提供产品与服务能力成分；第五主成分 F_5 在 X_{12}（工资增长率）、X_{16}（利息保障倍数）、X_{23}（供应商协调能力）上的载荷较大，称 F_5 为反映企业外部协调能力的成分；第六主成分 F_6 在 X_2（投资环境适应度）上的载荷较大，称 F_6 为反映企业投资环境适应力的成分；第七主成分 F_7 在 X_3（经济增加值）上的载荷较大，称 F_7 为反映企业营利能力的成分；第八主成分 F_8 在 X_{11}（累积投票率）上的载荷较大，称 F_8 为反映企业中小股东权益保护的成分；第九主成分 F_9 在 X_{26}（是否经第三方机构审验）上的载荷较大，称 F_9 为反映企业外部监督的成分；第十主成分 F_{10} 在 X_5（成本费用利润率）、X_{21}（销售收入成本率）上的载荷较大，称 F_{10} 为反映成本管理能力的成分；第十一主成分 F_{11} 在 X_4（资本保值增值率）、X_8（现金股利发放率）上的载荷较大，称 F_{11} 为反映股东与管理层关系的成分；第十二主成分 F_{12} 在 X_7（财务杠杆率）上的载荷较大，称 F_{12} 为反映债务资本效益的成分。

表 7-12　公益类国有企业旋转成分矩阵 [a]

	成分											
	F_1	F_2	F_3	F_4	F_5	F_6	F_7	F_8	F_9	F_{10}	F_{11}	F_{12}
X_1	0.080	−0.126	0.035	−0.723	−0.064	0.052	−0.014	0.176	−0.087	−0.008	0.146	0.231
X_2	−0.050	0.112	−0.053	−0.038	0.001	0.811	0.042	0.047	−0.014	−0.008	−0.069	0.010
X_3	0.013	−0.022	−0.007	−0.041	0.008	−0.028	0.807	0.054	−0.066	0.050	−0.045	−0.076
X_4	−0.063	0.273	−0.021	−0.021	0.049	−0.001	0.184	−0.129	−0.006	0.064	0.442	0.004
X_5	−0.035	0.071	−0.092	−0.105	−0.014	−0.045	−0.376	0.200	−0.128	0.531	0.089	−0.006
X_6	0.106	0.880	0.043	−0.014	−0.006	0.011	−0.034	−0.015	0.078	0.059	0.050	0.034
X_7	−0.062	0.017	−0.013	−0.033	0.039	−0.045	−0.054	−0.081	0.046	0.031	−0.129	0.878
X_8	−0.018	0.118	0.017	0.042	−0.041	0.080	0.168	0.020	−0.061	−0.024	−0.692	0.151
X_9	0.161	0.882	−0.008	0.013	0.012	0.035	−0.020	−0.006	0.045	−0.005	−0.006	0.000
X_{10}	0.963	0.045	0.026	−0.008	−0.043	0.010	0.017	0.036	0.024	0.004	−0.009	−0.042
X_{11}	−0.062	−0.064	0.008	−0.015	0.043	−0.023	0.002	0.776	0.051	−0.015	−0.124	−0.133
X_{12}	−0.017	0.222	−0.072	−0.054	0.500	−0.061	−0.021	−0.124	−0.235	−0.097	0.201	0.106
X_{13}	0.984	0.094	0.009	−0.032	−0.018	−0.013	−0.007	0.014	−0.003	−0.011	−0.001	−0.025

续表

	成分											
	F_1	F_2	F_3	F_4	F_5	F_6	F_7	F_8	F_9	F_{10}	F_{11}	F_{12}
X_{14}	−0.170	−0.383	−0.060	0.029	−0.053	0.109	0.365	0.006	0.179	−0.044	0.304	0.123
X_{15}	−0.034	0.028	0.917	−0.037	−0.014	0.033	0.003	−0.011	−0.011	−0.006	0.043	0.016
X_{16}	−0.063	−0.140	0.110	−0.051	0.517	0.409	0.071	0.024	0.119	0.136	−0.142	−0.066
X_{17}	−0.002	0.009	0.916	−0.013	0.017	−0.054	−0.006	0.016	−0.002	−0.031	−0.083	−0.029
X_{18}	0.118	−0.008	0.019	0.356	−0.106	0.296	−0.006	0.461	−0.119	−0.072	0.321	0.276
X_{19}	0.646	−0.169	−0.030	0.105	0.020	−0.065	0.127	−0.114	0.065	0.060	0.062	0.023
X_{20}	0.060	−0.115	−0.024	0.771	−0.017	−0.014	−0.031	0.153	−0.073	−0.009	0.052	0.131
X_{21}	0.088	0.028	0.014	0.049	−0.014	0.017	0.164	−0.116	0.032	0.838	0.012	0.033
X_{22}	0.921	0.100	−0.003	0.001	−0.015	−0.012	−0.047	−0.002	0.010	0.017	0.013	0.031
X_{23}	−0.029	−0.021	−0.003	0.070	0.777	−0.045	−0.013	0.078	0.046	−0.019	0.019	0.000
X_{24}	0.684	−0.043	−0.052	0.050	−0.002	−0.107	−0.102	−0.069	0.135	0.113	−0.153	0.038
X_{25}	−0.048	−0.241	0.032	0.014	−0.037	0.427	−0.208	−0.353	−0.040	−0.066	0.099	−0.114
X_{26}	0.067	0.059	0.012	0.006	−0.003	−0.009	0.006	0.023	0.873	−0.066	0.095	0.059
X_{27}	0.396	0.223	−0.168	−0.126	−0.004	−0.038	−0.205	0.025	0.391	0.211	−0.187	−0.104
X_{28}	0.964	0.082	−0.049	−0.015	−0.007	0.009	−0.013	0.033	0.004	−0.004	−0.010	−0.025
X_{29}	0.987	0.094	0.010	−0.016	−0.020	0.005	−0.007	0.020	−0.006	−0.012	0.003	−0.018
X_{30}	0.987	0.094	0.010	−0.016	−0.020	0.005	−0.007	0.020	−0.006	−0.012	0.003	−0.018
X_{31}	0.987	0.094	0.010	−0.016	−0.020	0.005	−0.007	0.020	−0.006	−0.012	0.003	−0.018
X_{32}	0.987	0.094	0.010	−0.016	−0.020	0.005	−0.007	0.020	−0.006	−0.012	0.003	−0.018

注：提取方法为主成分分析法。旋转法具有 Kaiser 标准化的正交旋转法。a 表示旋转在 10 次迭代后收敛。

表 7-13　特定功能类国有企业旋转成分矩阵 [a]

	成分									
	F_1	F_2	F_3	F_4	F_5	F_6	F_7	F_8	F_9	F_{10}
X_1	−0.093	0.050	0.023	0.050	0.009	−0.161	−0.041	0.210	0.077	0.631
X_2	0.052	−0.028	0.110	−0.056	−0.016	0.017	0.103	0.004	−0.084	0.449
X_3	0.113	0.013	0.035	0.835	0.038	0.068	0.002	−0.022	−0.107	−0.014
X_4	−0.042	0.005	−0.009	0.024	−0.028	0.154	0.712	0.138	−0.148	0.127

续表

	成分									
	F_1	F_2	F_3	F_4	F_5	F_6	F_7	F_8	F_9	F_{10}
X_5	0.042	−0.013	0.007	−0.010	0.786	−0.079	0.010	0.051	0.022	−0.086
X_6	0.171	−0.040	0.907	0.049	0.019	−0.008	−0.038	−0.047	−0.106	0.057
X_7	0.041	0.024	−0.176	0.044	0.598	0.200	−0.024	0.020	−0.243	0.052
X_8	0.029	−0.024	0.271	−0.002	0.598	−0.066	−0.034	−0.075	0.260	0.038
X_9	0.169	−0.076	0.899	0.113	0.027	−0.006	0.030	−0.068	−0.043	0.032
X_{10}	0.979	−0.017	0.042	0.082	0.019	0.021	−0.029	0.056	0.005	0.003
X_{11}	−0.012	−0.019	−0.178	−0.036	−0.015	0.233	−0.162	−0.308	−0.016	0.566
X_{12}	−0.030	0.044	0.011	−0.017	0.008	−0.168	0.604	−0.092	0.065	−0.074
X_{13}	0.978	−0.013	0.061	0.075	0.020	0.020	−0.034	0.049	0.009	0.002
X_{14}	−0.090	0.025	−0.033	−0.125	0.019	0.024	−0.126	0.034	0.661	−0.143
X_{15}	−0.022	0.956	−0.021	−0.042	−0.017	0.069	0.001	0.052	0.011	−0.010
X_{16}	0.098	−0.068	−0.209	0.118	0.004	−0.047	0.200	−0.250	0.552	0.176
X_{17}	−0.061	0.859	−0.028	−0.058	0.018	0.026	−0.031	−0.041	−0.023	−0.089
X_{18}	−0.018	0.765	−0.059	0.043	−0.014	−0.101	0.048	−0.063	0.001	0.084
X_{19}	0.607	0.049	0.078	−0.172	0.016	0.062	0.075	−0.308	−0.096	−0.089
X_{20}	0.009	0.291	0.237	−0.035	−0.040	0.483	−0.088	0.338	0.291	−0.015
X_{21}	0.094	−0.066	−0.124	−0.006	0.021	−0.054	0.040	0.717	−0.103	0.051
X_{22}	0.961	−0.069	0.038	0.095	0.019	−0.081	−0.010	0.035	−0.026	0.007
X_{23}	−0.042	−0.208	−0.076	−0.020	−0.081	0.560	0.429	0.062	0.141	−0.085
X_{24}	0.749	−0.023	0.065	0.159	0.027	−0.040	0.060	−0.179	−0.032	0.037
X_{25}	0.006	0.011	−0.029	0.077	0.057	0.712	−0.099	−0.163	−0.126	0.033
X_{26}	0.078	0.005	0.030	0.806	−0.004	0.020	−0.017	−0.095	−0.049	−0.080
X_{27}	0.273	−0.086	0.095	0.604	−0.012	−0.036	0.021	0.167	0.113	0.055
X_{28}	0.973	−0.033	0.044	0.087	0.013	−0.035	−0.020	0.074	0.004	0.001
X_{29}	0.985	−0.016	0.057	0.077	0.020	0.014	−0.036	0.061	0.006	0.000
X_{30}	0.985	−0.016	0.057	0.077	0.020	0.014	−0.036	0.061	0.006	0.000
X_{31}	0.985	−0.016	0.057	0.077	0.020	0.014	−0.036	0.061	0.006	0.000
X_{32}	0.985	−0.016	0.057	0.077	0.020	0.014	−0.036	0.061	0.006	0.000

注：提取方法为主成分分析法。旋转法具有 Kaiser 标准化的正交旋转法。a 表示旋转在 10 次迭代后收敛。

特定功能类国有企业和谐财务确定了 10 个主成分，通过旋转成分矩阵可知，第一主成分 F_1 在 X_{10}（是否披露股东权益保护）、X_{13}（是否披露职工权益保护）、X_{19}（是否披露债权人权益保护）、X_{22}（是否披露客户权益保护）、X_{24}（是否披露供应商权益保护）、X_{28}（是否披露绿色生产）、X_{29}（是否披露公共关系和社会公共事业）、X_{30}（是否披露社会责任制度建设及改善措施）、X_{31}（是否披露安全生产内容）、X_{32}（是否披露公司存在的不足）上的载荷较大，称 F_1 为反映企业社会责任信息披露的成分；第二主成分 F_2 在 X_{15}（流动比率）、X_{17}（资产负债率）、X_{18}（应付账款周转率）上的载荷较大，称 F_2 为反映企业与债权人关系的成分；第三主成分 F_3 在 X_6（控股股东持股比例）、X_9（前三大股东持股比例）上的载荷较大，称 F_3 为反映股权集中度的成分；第四主成分 F_4 在 X_3（经济增加值）、X_{26}（是否经第三方机构审验）、X_{27}（是否披露可持续发展）上的载荷较大，称 F_4 为反映企业发展能力的成分；第五主成分 F_5 在 X_5（成本费用利润率）、X_7（财务杠杆率）、X_8（现金股利发放率）上的载荷较大，称 F_5 为反映股东与管理层关系的成分；第六主成分 F_6 在 X_{20}（存货周转率）、X_{23}（供应商协调能力）、X_{25}（税金缴纳率）上的载荷较大，称 F_6 为反映企业价值链管理能力的成分；第七主成分 F_7 在 X_4（资本保值增值率）、X_{12}（工资增长率）上的载荷较大，称 F_7 为反映企业保值增值能力的成分；第八主成分 F_8 在 X_{21}（销售收入成本率）上的载荷较大，称 F_8 为反映成本管理能力的成分；第九主成分 F_9 在 X_{14}（四委个数）、X_{16}（利息保障倍数）上的载荷较大，称 F_9 为反映企业战略规划能力的成分；第十主成分 F_{10} 在 X_1（市场环境适应度）、X_2（投资环境适应度）、X_{11}（累积投票制）上的载荷较大，称 F_{10} 为反映企业环境适应力的成分。

七、主成分得分计算

每个原始变量经过标准化后的主成分得分如表 7-14~ 表 7-16 所示。

表 7-14　商业竞争类国有企业主成分得分系数矩阵

	成分											
	F_1	F_2	F_3	F_4	F_5	F_6	F_7	F_8	F_9	F_{10}	F_{11}	F_{12}
X_1	0.009	0.007	-0.046	-0.015	-0.012	0.030	-0.080	-0.248	-0.337	0.136	-0.307	-0.375
X_2	-0.001	-0.022	-0.028	-0.005	-0.068	0.023	-0.043	-0.035	0.528	0.095	0.028	0.059
X_3	-0.023	0.047	-0.053	0.331	0.494	-0.090	0.042	0.068	0.046	-0.009	0.098	-0.111
X_4	0.009	-0.004	0.009	-0.094	0.148	0.213	-0.075	0.559	-0.106	0.105	-0.091	-0.106
X_5	0.011	-0.023	0.010	-0.045	-0.057	-0.014	0.036	-0.008	0.104	0.098	0.710	-0.048

续表

	F_1	F_2	F_3	F_4	F_5	F_6	F_7	F_8	F_9	F_{10}	F_{11}	F_{12}
						成分						
X_6	-0.024	0.004	0.517	-0.058	0.018	-0.022	0.008	0.006	-0.015	0.000	0.023	-0.013
X_7	-0.004	0.014	-0.019	-0.010	0.084	0.036	-0.002	-0.123	-0.044	0.021	-0.098	0.779
X_8	-0.011	0.025	0.030	0.009	0.153	0.064	-0.053	-0.132	0.551	-0.108	0.079	-0.222
X_9	-0.020	0.011	0.516	-0.024	-0.022	-0.029	-0.029	-0.015	-0.008	0.007	0.007	-0.014
X_{10}	0.110	0.000	-0.011	-0.003	0.004	-0.003	0.010	0.009	-0.003	-0.003	0.002	0.003
X_{11}	-0.008	0.006	0.008	0.066	0.096	0.094	-0.052	-0.142	-0.446	-0.083	0.455	-0.074
X_{12}	0.003	0.003	-0.024	0.046	-0.026	-0.006	0.029	0.005	-0.012	0.662	-0.007	-0.042
X_{13}	0.111	0.001	-0.011	0.000	0.005	-0.004	0.010	0.008	-0.008	-0.001	0.004	0.006
X_{14}	0.002	0.019	0.016	0.000	-0.008	-0.669	-0.095	0.002	-0.096	0.019	0.131	0.106
X_{15}	0.005	0.508	0.005	0-.007	-0.017	0.000	-0.036	0.015	-0.011	0.009	-0.020	0.012
X_{16}	-0.002	0.042	-0.026	-0.001	-0.059	0.534	-0.123	0.072	-0.062	0.008	0.256	0.237
X_{17}	0.002	0.506	0.011	-0.003	-0.013	0.018	0.016	-0.019	-0.010	0.011	-0.020	0.019
X_{18}	0.012	0.007	-0.054	0.056	-0.035	-0.176	0.685	0.091	-0.058	0.020	0.058	0.125
X_{19}	0.093	0.006	-0.035	-0.254	-0.004	-0.064	0.001	0.007	0.033	0.000	0.054	-0.089
X_{20}	0.001	-0.028	0.039	-0.068	0.045	0.230	0.629	-0.130	-0.017	-0.004	-0.038	-0.126
X_{21}	0.011	-0.040	0.015	-0.168	0.734	0.017	-0.017	-0.030	-0.040	0.023	-0.090	0.152
X_{22}	0.108	0.004	-0.015	0.007	-0.003	0.009	-0.016	-0.003	0.001	-0.001	0.004	-0.003
X_{23}	0.002	0.010	0.023	-0.018	0.036	-0.002	-0.017	-0.019	0.059	0.655	0.073	0.044
X_{24}	0.091	0.003	-0.007	-0.005	0.013	0.041	-0.011	-0.012	0.006	0.010	-0.012	-0.022
X_{25}	0.008	0.003	-0.018	0.049	-0.095	-0.088	0.027	0.682	-0.004	-0.073	0.020	-0.011
X_{26}	-0.029	-0.007	-0.061	0.667	-0.023	-0.035	0.007	-0.015	-0.015	0.025	-0.003	-0.025
X_{27}	0.009	-0.019	0.075	0.393	-0.214	0.122	-0.050	-0.028	-0.013	0.019	-0.114	0.113
X_{28}	0.108	0.001	-0.012	0.007	0.002	-0.008	0.011	0.009	-0.007	0.002	-0.002	0.014
X_{29}	0.111	0.001	-0.014	0.000	0.005	-0.005	0.011	0.009	-0.007	-0.001	0.004	0.008
X_{30}	0.111	0.001	-0.014	0.000	0.005	-0.005	0.011	0.009	-0.007	-0.001	0.004	0.008
X_{31}	0.111	0.001	-0.014	0.000	0.005	-0.005	0.011	0.009	-0.007	-0.001	0.004	0.008
X_{32}	0.111	0.001	-0.014	0.000	0.005	-0.005	0.011	0.009	-0.007	-0.001	0.004	0.008

注：提取方法为主成分分析法。旋转法具有 Kaiser 标准化的正交旋转法。

表 7-15　公益类国有企业主成分得分系数矩阵

	成分											
	F_1	F_2	F_3	F_4	F_5	F_6	F_7	F_8	F_9	F_{10}	F_{11}	F_{12}
X_1	0.023	−0.080	0.006	−0.589	−0.050	0.043	−0.005	0.202	−0.082	−0.019	0.151	0.239
X_2	−0.002	0.081	−0.044	−0.037	−0.053	0.714	0.032	0.024	−0.009	0.000	−0.076	0.003
X_3	0.010	0.043	−0.023	−0.051	−0.002	−0.041	0.723	0.060	−0.071	0.070	−0.055	−0.070
X_4	−0.014	0.154	−0.002	−0.013	0.022	−0.004	0.175	−0.095	−0.001	0.061	0.406	−0.002
X_5	−0.018	−0.008	−0.023	−0.071	−0.009	−0.027	−0.308	0.196	−0.130	0.477	0.107	−0.011
X_6	−0.033	0.435	0.026	0.017	−0.036	0.033	0.031	0.002	0.046	0.010	0.066	0.025
X_7	0.003	−0.012	0.002	−0.034	0.042	−0.040	−0.040	−0.087	0.045	0.023	−0.126	0.857
X_8	−0.008	0.068	−0.017	0.042	−0.040	0.080	0.170	−0.005	−0.081	−0.035	−0.646	0.151
X_9	−0.025	0.439	−0.009	0.034	−0.019	0.054	0.044	0.006	0.012	−0.051	0.010	−0.008
X_{10}	0.113	−0.023	0.020	−0.009	−0.016	0.023	0.028	0.023	−0.007	−0.010	0.004	−0.026
X_{11}	−0.016	−0.020	−0.004	−0.060	0.052	−0.043	0.005	0.702	0.053	−0.005	−0.093	−0.140
X_{12}	0.011	0.102	−0.049	−0.045	0.433	−0.083	−0.013	−0.096	−0.216	−0.101	0.168	0.102
X_{13}	0.115	−0.001	0.009	−0.026	0.006	0.003	0.011	0.006	−0.034	−0.029	0.010	−0.010
X_{14}	0.001	−0.155	−0.027	−0.007	−0.051	0.077	0.289	0.006	0.192	−0.004	0.266	0.119
X_{15}	0.001	0.011	0.528	−0.004	−0.023	0.021	−0.016	−0.011	0.013	0.039	0.069	0.026
X_{16}	0.011	−0.086	0.058	−0.032	0.431	0.328	0.042	0.022	0.111	0.135	−0.132	−0.056
X_{17}	0.004	−0.004	0.523	0.017	0.013	−0.056	−0.022	0.012	0.016	0.012	−0.047	−0.017
X_{18}	0.021	0.026	0.025	0.222	−0.101	0.244	−0.020	0.380	−0.078	−0.026	0.287	0.246
X_{19}	0.088	−0.114	−0.004	0.081	0.039	−0.053	0.106	−0.114	0.045	0.058	0.056	0.035
X_{20}	0.013	−0.038	0.010	0.579	−0.005	−0.024	−0.050	0.079	−0.043	0.032	0.027	0.106
X_{21}	0.000	−0.021	0.050	0.078	−0.023	0.032	0.171	−0.096	0.003	0.780	0.030	0.039
X_{22}	0.107	0.001	0.006	0.002	0.007	0.005	−0.025	−0.011	−0.020	−0.004	0.023	0.042
X_{23}	0.014	−0.037	−0.003	0.049	0.687	−0.090	−0.026	0.079	0.046	−0.021	0.011	0.003
X_{24}	0.078	−0.077	−0.017	0.053	0.025	−0.077	−0.080	−0.074	0.095	0.083	−0.130	0.051
X_{25}	0.013	−0.122	0.020	0.029	−0.055	0.383	−0.220	−0.334	−0.021	−0.046	0.075	−0.108
X_{26}	−0.017	0.007	0.027	0.017	−0.003	0.001	0.001	0.032	0.805	−0.085	0.120	0.065
X_{27}	0.017	0.054	−0.083	−0.070	0.004	−0.005	−0.149	0.035	0.322	0.143	−0.141	−0.091
X_{28}	0.113	−0.006	−0.024	−0.015	0.015	0.021	0.005	0.021	−0.028	−0.024	0.000	−0.012
X_{29}	0.116	0.000	0.010	−0.014	0.004	0.019	0.010	0.009	−0.036	−0.029	0.014	−0.004
X_{30}	0.116	0.000	0.010	−0.014	0.004	0.019	0.010	0.009	−0.036	−0.029	0.014	−0.004
X_{31}	0.116	0.000	0.010	−0.014	0.004	0.019	0.010	0.009	−0.036	−0.029	0.014	−0.004
X_{32}	0.116	0.000	0.010	−0.014	0.004	0.019	0.010	0.009	−0.036	−0.029	0.014	−0.004

注：提取方法为主成分分析法。旋转法具有 Kaiser 标准化的正交旋转法。

表7-16　特定功能类国有企业主成分得分系数矩阵

	成分									
	F_1	F_2	F_3	F_4	F_5	F_6	F_7	F_8	F_9	F_{10}
X_1	−0.020	0.031	0.020	0.032	0.016	−0.129	−0.024	0.203	0.095	0.607
X_2	0.007	−0.001	0.061	−0.053	−0.003	0.006	0.093	0.009	−0.061	0.426
X_3	−0.038	0.026	−0.027	0.465	0.016	0.037	−0.010	−0.023	−0.061	−0.028
X_4	0.002	0.026	0.014	−0.005	0.019	0.082	0.592	0.111	−0.122	0.123
X_5	−0.009	−0.002	−0.022	−0.015	0.586	−0.057	0.048	0.050	0.012	−0.067
X_6	−0.022	0.002	0.476	−0.029	−0.018	0.008	−0.008	−0.029	−0.062	0.051
X_7	−0.001	0.008	−0.123	0.009	0.455	0.156	−0.009	0.020	−0.231	0.049
X_8	−0.017	−0.003	0.133	−0.010	0.435	−0.043	0.014	−0.054	0.245	0.053
X_9	−0.024	−0.010	0.471	0.009	−0.010	0.005	0.049	−0.049	−0.002	0.028
X_{10}	0.115	0.005	−0.023	−0.015	−0.006	0.019	−0.012	0.033	0.013	0.004
X_{11}	0.013	−0.013	−0.100	−0.023	−0.005	0.179	−0.142	−0.267	−0.011	0.529
X_{12}	0.008	0.042	0.021	−0.009	0.032	−0.166	0.528	−0.101	0.061	−0.061
X_{13}	0.114	0.007	−0.013	−0.019	−0.006	0.019	−0.015	0.028	0.016	0.003
X_{14}	−0.004	−0.003	0.014	−0.032	0.005	0.032	−0.103	0.043	0.600	−0.115
X_{15}	0.011	0.399	0.010	0.000	−0.007	0.037	0.029	0.044	0.006	0.004
X_{16}	0.023	−0.018	−0.104	0.090	0.012	−0.055	0.179	−0.227	0.512	0.179
X_{17}	0.007	0.357	0.002	−0.008	0.016	0.006	0.003	−0.041	−0.031	−0.073
X_{18}	0.009	0.327	−0.021	0.046	−0.003	−0.101	0.074	−0.063	0.000	0.090
X_{19}	0.091	0.027	0.017	−0.143	0.002	0.044	0.083	−0.295	−0.099	−0.088
X_{20}	−0.010	0.110	0.158	−0.019	−0.037	0.390	−0.092	0.324	0.282	−0.001
X_{21}	0.003	−0.029	−0.063	−0.011	0.027	−0.035	0.015	0.647	−0.087	0.057
X_{22}	0.112	−0.014	−0.029	−0.007	−0.005	−0.062	0.008	0.012	−0.016	0.007
X_{23}	0.004	−0.087	−0.015	−0.019	−0.038	0.423	0.320	0.056	0.133	−0.081
X_{24}	0.086	0.008	−0.009	0.040	0.005	−0.039	0.069	−0.178	−0.019	0.032
X_{25}	−0.001	−0.010	−0.020	0.026	0.041	0.561	−0.119	−0.136	−0.115	0.016
X_{26}	−0.039	0.021	−0.027	0.456	−0.017	0.001	−0.025	−0.089	−0.012	−0.091
X_{27}	−0.010	−0.016	0.019	0.328	−0.022	−0.035	0.011	0.150	0.140	0.049
X_{28}	0.113	0.000	−0.023	−0.011	−0.010	−0.025	−0.003	0.049	0.012	0.002
X_{29}	0.115	0.005	−0.016	−0.018	−0.006	0.015	−0.017	0.039	0.014	0.001
X_{30}	0.115	0.005	−0.016	−0.018	−0.006	0.015	−0.017	0.039	0.014	0.001
X_{31}	0.115	0.005	−0.016	−0.018	−0.006	0.015	−0.017	0.039	0.014	0.001
X_{32}	0.115	0.005	−0.016	−0.018	−0.006	0.015	−0.017	0.039	0.014	0.001

注：提取方法为主成分分析法。旋转法具有 Kaiser 标准化的正交旋转法。

根据表7-14得分系数矩阵，对于每个主成分，用每列的得分系数乘对应指标标准化值再加和，可以得到每个主成分的值。按以下公式得到商业竞争类国有企业和谐财务每个主成分的具体得分，如式（7-1）、式（7-2）所示。同理，由表7-15得到公益类国有企业和谐财务各主成分的具体得分，如式（7-3）、式（7-4）所示。由表7-16得到特定功能类国有企业和谐财务各主成分的具体得分，如式（7-5）、式（7-6）所示。

商业竞争类国有企业和谐财务主成分得分计算公式：

$$F_1=0.009X_1-0.001X_2-0.023X_3+\cdots+0.111X_{30}+0.111X_{31}+0.111X_{32} \quad （7-1）$$

$$F_{12}=-0.375X_1+0.059X_2-0.111X_3+\cdots+0.008X_{30}+0.008X_{31}+0.008X_3 \quad （7-2）$$

公益类国有企业和谐财务主成分得分计算公式：

$$F_1=0.023X_1-0.002X_2+0.010X_3+\cdots+0.116X_{30}+0.116X_{31}+0.116X_{32} \quad （7-3）$$

$$F_{12}=0.239X_1+0.003X_2-0.070X_3+\cdots-0.004X_{30}-0.004X_{31}-0.004X_{32} \quad （7-4）$$

特定功能类国有企业和谐财务主成分得分计算公式：

$$F_1=-0.020X_1+0.007X_2-0.038X_3+\cdots+0.115X_{30}+0.115X_{31}+0.115X_{32} \quad （7-5）$$

$$F_{10}=0.607X_1+0.426X_2-0.028X_3+\cdots+0.001X_{30}+0.001X_{31}+0.001X_{32} \quad （7-6）$$

八、综合得分计算

根据表7-8~表7-10方差解释表各主成分的方差贡献率、累计方差贡献率和前面计算出的成分得分值可以得到三类国有企业财务和谐度综合得分，分别如下所示：

1. **商业竞争类国有企业财务和谐度**

$$F=28.197\%F_1+6.001\%F_2+5.810\%F_3+3.947\%F_4+3.442\%F_5+3.418\%F_6+$$
$$3.418\%F_7+3.362\%F_8+3.323\%F_9+3.319\%F_{10}+3.268\%F_{11}+3.195\%F_{12} \quad （7-7）$$

根据式（7-7）可分别计算出2014~2016年商业竞争类国有企业财务和谐度的综合得分，综合得分及全部排名如附录5所示。

2. **公益类国有企业财务和谐度**

$$F=27.305\%F_1+6.607\%F_2+5.483\%F_3+4.094\%F_4+3.607\%F_5+3.596\%F_6+$$
$$3.573\%F_7+3.503\%F_8+3.461\%F_9+3.449\%F_{10}+3.418\%F_{11}+3.229\%F_{12} \quad （7-8）$$

根据式（7-8）可分别计算出2014~2016年公益类国有企业财务和谐度的综合得分，综合得分及排名如附录6所示。

3. **特定功能类国有企业财务和谐度**

$$F=27.494\%F_1+7.526\%F_2+6.095\%F_3+5.898F_4+4.229\%F_5+4.000\%F_6+$$
$$3.734\%F_7+3.450\%F_8+3.408\%F_9+3.292\%F_{10} \quad （7-9）$$

根据式（7-9）可分别计算出2014~2016年特定功能类国有企业财务和谐

度的综合得分，综合得分及排名如附录 7 所示。

第三节 三类国有企业和谐财务对比分析

一、影响成分对比分析

通过对国有企业分类分析，结果显示，影响商业竞争类国有企业的主要因素有十二个（见表 7-17），结合成分命名可知，相关成分主要反映企业社会责任信息披露、企业与债权人关系、股权集中度、企业外部监督、企业盈利能力、企业战略规划能力、资金周转能力、企业社会贡献能力、股东与管理层关系、企业内外部协调能力、企业成本控制能力、企业市场融资能力，其中企业社会责任信息披露对商业竞争类企业的财务和谐度的影响最大，企业与债权人关系、股权集中度对商业竞争类企业财务和谐度有较大影响。公益类国有企业的财务和谐度受十二个方面的因素影响（见表 7-18），按影响程度依次为企业社会责任信息披露、股权集中度、企业与债权人关系、提供产品与服务能力、企业外部协调能力、企业投资环境适应力、企业盈利能力、企业中小股东权益保护、企业外部监督、成本管理能力、股东与管理层关系、债务资本效益，其

表 7-17 商业竞争类国有企业和谐财务影响成分分布

主成分	主成分名称	指标
F_1	企业社会责任信息披露	X_{10}、X_{13}、X_{19}、X_{22}、X_{24}、X_{27}、X_{28}、X_{29}、X_{30}、X_{31}、X_{32}
F_2	企业与债权人关系	X_{15}、X_{17}
F_3	股权集中度	X_6、X_9
F_4	企业外部监督	X_{26}
F_5	企业盈利能力	X_3、X_{21}
F_6	企业战略规划能力	X_{14}、X_{16}
F_7	资金周转能力	X_{18}、X_{20}
F_8	企业社会贡献能力	X_4、X_{25}
F_9	股东与管理层关系	X_2、X_8
F_{10}	企业内外部协调能力	X_{12}、X_{23}
F_{11}	企业成本控制能力	X_5、X_{11}
F_{12}	企业市场融资能力	X_1、X_7

中企业社会责任信息披露对公益类企业的财务和谐度的影响最大,股权集中度、企业与债权人关系对公益类国有企业财务和谐度有较大影响。特定功能类企业的财务和谐度受十个方面的因素影响(见表7-19),按影响程度依次为企业社会责任信息披露、企业与债权人关系、股权集中度、企业发展能力、股东与管理层关系、企业价值链管理能力、企业保值增值能力、成本管理能力、企业战略规划能力、企业环境适应力,其中企业社会责任信息披露对特定功能类企业的财务和谐度的影响最大,企业与债权人关系、股权集中度、企业发展能力对特定功能类企业财务和谐度有较大影响。

表7-18　公益类国有企业和谐财务影响成分分布

主成分	主成分名称	指标
F_1	企业社会责任信息披露	X_{10}、X_{13}、X_{19}、X_{22}、X_{24}、X_{27}、X_{28}、X_{29}、X_{30}、X_{31}、X_{32}
F_2	股权集中度	X_6、X_9、X_{14}
F_3	企业与债权人关系	X_{15}、X_{17}
F_4	提供产品与服务能力	X_{20}
F_5	企业外部协调能力	X_{12}、X_{16}、X_{23}
F_6	企业投资环境适应力	X_2
F_7	企业盈利能力	X_3
F_8	企业中小股东权益保护	X_{11}
F_9	企业外部监督	X_{26}
F_{10}	成本管理能力	X_5、X_{21}
F_{11}	股东与管理层关系	X_4、X_8
F_{12}	债务资本效益	X_7

表7-19　特定功能类国有企业和谐财务影响成分分布

主成分	主成分名称	指标
F_1	企业社会责任信息披露	X_{10}、X_{13}、X_{19}、X_{22}、X_{24}、X_{28}、X_{29}、X_{30}、X_{31}、X_{32}
F_2	企业与债权人关系	X_{15}、X_{17}、X_{18}
F_3	股权集中度	X_6、X_9
F_4	企业发展能力	X_3、X_{26}、X_{27}
F_5	股东与管理层关系	X_5、X_7、X_8
F_6	企业价值链管理能力	X_{20}、X_{23}、X_{25}
F_7	企业保值增值能力	X_4、X_{12}
F_8	成本管理能力	X_{21}
F_9	企业战略规划能力	X_{14}、X_{16}
F_{10}	企业环境适应力	X_1、X_2、X_{11}

对比分析的结果进一步表明，三类国有企业和谐财务的影响成分，既有联系，又各有侧重。①企业社会责任信息披露，主要体现企业与社区的关系，对三类国有企业的影响较大，印证了国有企业天生具有的承担社会责任功能的事实。②股权集中度与三类国有企业和谐财务成正比，且在特定功能类国有企业中更加显性，学术界研究认为股权集中度反映了大股东股权的集中度，股权过度集中会导致一股独大、大股东侵害小股东局面，股东内部矛盾激烈，实证分析结果表明，股权集中有利于发挥国有企业的资源配置、国民经济战略定位、保障民生等功能，有利于国有企业的财务和谐。③在国有企业的发展历史上，国有企业曾一度陷入困境，资产负债率过高是直接的原因之一，企业债务负担过重，经过国有企业改革之后，国企利润明显上升，从而扭亏为盈，其中，重要的因素是国企债务下降，并配套了股份制改造等措施，呈现了现有国有企业多元化的资本结构现状，故偿债能力（企业与债权人关系）也很大程度上影响了国有企业和谐财务。④国有企业的生存发展必须以市场为导向，无论商业竞争类国有企业还是特定功能类国有企业，都必须提供市场需要的产品和劳务，符合人民群众的根本需求。因此，企业的市场环境适应力也是影响这两类国有企业财务和谐度的重要成分。⑤企业外部监督有利于保障企业产品和服务的质量，进一步推进促进企业的发展，该影响成分在商业竞争类国有企业与公益类国有企业和谐财务中都有不同程度的体现，而在特定功能类国有企业和谐财务中未得到体现，说明特定功能类国有企业受国家战略性导向较为明显。⑥成本控制水平对国有企业和谐财务产生了共同的影响，说明国有企业在经营管理过程中需要加强成本管理水平。⑦商业竞争性国有企业按照市场化的商业运作模式，以增强经济活力、放大资本市场功能、实现国有资本保值增值为目标，企业的盈利能力、战略规划能力、资金周转能力、市场融资能力、企业内外部协调能力、企业社会贡献力直接关系到商业竞争类国有企业目标的实现程度，故而构成和谐财务影响的重要成分。公益类国有企业以提供公共产品和服务为主要目标，注重社会公共效益的发挥，同时政府鼓励公益性国有企业积极引入市场机制，充分利用财务杠杆，不断提高公共服务效率和能力，故公益性国有企业的盈利能力成分影响程度低于商业竞争类国有企业，在接受外部有效监督的前提下，提供关系国计民生的公共产品与服务。特定功能类国有企业在很大程度上受到国家发展战略的影响，其商业性较商业竞争类国有企业要弱，但仍然要处理好上下价值链之间的财务关系，尤其要注重企业的长期发展能力，确保国家重大战略项目的实施和发展。⑧在国有企业中，委托代理关系复杂，包括股东与管理层的委托代理关系、大小股东委托代理关系。根据分析结果，股东与管理层的委托代理关系都较大程度上影响了国有企业财务和谐度，在公益类国有企业中，大小股东之间的财务关系较为显性。因此，其矛盾直接影响了国有企业的财务和谐度，必须正确处理好经理层、大股东和中小股东之间的财务利益关系。⑨债务资本效益对公益类国有企业和谐财务有一定的影响，说明公益类国有企业在某种程度上受资本结构、债务资本使用效益的影响。

二、纵向和谐趋势分析

为方便分析，对国有企业和谐财务得分情况进行段数划分，综合得分为 0，表示企业财务和谐度处于临界值，财务和谐状况一般；得分高于 0，表示财务和谐度高于临界值，财务和谐状况良好；得分低于 0，表示财务和谐度低于临界值，财务和谐状况较差。从时间维度来看，三类国有企业的财务和谐度存在波动。

1. 商业竞争类国有企业

2014~2016 年，财务和谐度在临界值以上的分别有 243 家、255 家、256家，在临界值以下的分别有 350 家、338 家、337 家。商业竞争类国有企业的财务和谐度的最高分分别是 1.4855、2.0838、1.6915；最低分分别是 −1.3496、−1.2670、−1.5613；差距分别是 2.8531、3.3508、3.2528；年度均值分别是 −0.0104、−0.0028、0.0191。同时，并不是每一家企业在所有方面都表现最好或最差。例如，2014年财务和谐度极高的企业（排名前十）[①] 分别是：雷鸣科化、中国神华、上汽集团、亚通股份、有研新材、五粮液、外运发展、天药股份、惠泉啤酒、福能股份；2015 年整体财务和谐度极高企业为：易成新能、有研新材、上汽集团、中国神华、丽江旅游、上海机电、惠泉啤酒、外运发展、金岭矿业、五粮液；2016 年整体财务和谐度极高企业为：浙江东日、杭钢股份、上汽集团、江淮汽车、中国神华、中油资本、惠泉啤酒、云煤能源、有研新材、天药股份。但这些企业也存在局部不和谐的因素，例如，2014 年，雷鸣科化的 F_1（企业社会责任信息披露）成分得分为 −0.93066，亚通股份 F_1（企业社会责任信息披露）成分得分为 −0.65654，有研新材 F_4（企业外部监督）成分得分为 −0.66992等。反之，F_1（企业社会责任信息披露）成分排名第一的青山纸业财务整体和谐度一般，排名第 209；F_2（企业与债权人关系）成分排名第一的长白山企业财务整体和谐度一般，排名第 239；F_3（股权集中度）成分排名第一的珠江钢琴财务整体和谐度处于临界值以下，排名第 249；F_4（企业外部监督）与 F_5（企业盈利能力）成分排名第一的中国神华财务整体和谐度十分理想，排名第二；F_6（企业战略规划能力）成分排名第一的雷鸣科化财务整体和谐度十分理想，排名第一；F_7（资金周转能力）成分排名第一的厦门空港财务整体和谐度较为

---

① 测试结果详见本书附录 5。

理想，排名第 142；F_8（企业社会贡献能力）成分排名第一的西部创业财务整体和谐度在临界值以下，排名第 394；F_9（股东与管理层关系）成分排名第一的民丰特纸财务整体和谐度在临界值以下，排名第 251；F_{10}（企业内外部协调能力）成分排名第一的亚通股份财务整体和谐度十分理想，排名第四；F_{11}（企业成本控制能力）成分排名第一的雷鸣科化财务整体和谐度十分理想，排名第一；F_{12}（企业市场融资能力）成分排名第一的雷鸣科化财务整体和谐度十分理想，排名第一。此外，各个成分得分排名靠前的企业也呈现了年度波动的情况，如表 7-20~ 表 7-22 所示：

表 7-20　2014 年商业竞争类国有企业和谐财务因子得分排名

因子＼排名	F_1	F_2	F_3	F_4	F_5	F_6	F_7	F_8	F_9	F_{10}	F_{11}	F_{12}
1	青山纸业	长白山	珠江钢琴	中国神华	中国神华	雷鸣科化	厦门空港	西部创业	民丰特纸	亚通股份	雷鸣科化	雷鸣科化
2	华发股份	有研新材	柳钢股份	上汽集团	上海机电	厦门空港	省广股份	雷鸣科化	栖霞建设	广济药业	中国神华	兰太实业
3	中炬高新	广聚能源	本钢板材	益民集团	上汽集团	东风汽车	亚通股份	国投资本	中粮糖业	国投资本	酒钢宏兴	青海华鼎
4	辽宁成大	惠泉啤酒	宝钢股份	小商品城	贵州茅台	老白干酒	广聚能源	深物业 A	柳化股份	中百集团	露天煤业	中航地产
5	亚泰集团	天药股份	厦门空港	中国国航	东方电气	方正科技	外运发展	天津磁卡	驰宏锌锗	彩虹股份	百联股份	人民同泰
6	上海机电	中水渔业	新钢股份	新世界	格力电器	三毛派神	方正科技	电子城	福能股份	首钢股份	海康威视	天山股份
7	福晶科技	雷鸣科化	皖新传媒	杭齿前进	海螺水泥	苏常柴 A	铁龙物流	神火股份	耀皮玻璃	同力水泥	龙溪股份	中国铝业
8	冀中能源	力生制药	宁波富达	经纬纺机	民丰特纸	紫光股份	大冷股份	京能置业	中航地产	冀中能源	北化股份	中粮生化
9	中粮生化	福晶科技	福能股份	格力电器	保利地产	锦江股份	中国神华	中航地产	鲁西化工	岳阳林纸	平煤股份	蓝焰控股
10	莱宝高科	片仔癀	首钢股份	贵州茅台	华域汽车	鄂武商 A	紫光股份	新野纺织	开创国际	冀东水泥	华远地产	冀中能源

表 7-21 2015 年商业竞争类国有企业和谐财务因子得分排名

因子 排名	F_1	F_2	F_3	F_4	F_5	F_6	F_7	F_8	F_9	F_{10}	F_{11}	F_{12}
1	易成 新能	有研 新材	安迪 苏	中国 神华	上海 机电	雷鸣 科化	厦门 空港	上海 临港	盛和 资源	易成 新能	易成 新能	丽江 旅游
2	亚泰 集团	长白 山	珠江 钢琴	益民 集团	上汽 集团	厦门 空港	广聚 能源	华东 科技	柳工	新南 洋	安凯 客车	尖峰 集团
3	华发 股份	惠泉 啤酒	厦门 空港	小商 品城	西部 创业	东风 汽车	省广 股份	西部 创业	天喻 信息	汇鸿 集团	尖峰 集团	仙琚 制药
4	莫高 股份	佛慈 制药	宝钢 股份	新世 界	贵州 茅台	老白 干酒	皖江 物流	尖峰 集团	哈药 股份	红阳 能源	丽江 旅游	中科 三环
5	北化 股份	海峡 股份	柳钢 股份	经纬 纺机	皖江 物流	方正 科技	易成 新能	电子 城	易成 新能	上海 临港	力生 制药	酒钢 宏兴
6	上海 机电	上海 贝岭	首钢 股份	上汽 集团	盛和 资源	三毛 派神	尖峰 集团	深物 业 A	时代 万恒	华东 科技	仙琚 制药	民丰 特纸
7	青山 纸业	广聚 能源	本钢 板材	格力 电器	格力 电器	苏常 柴 A	外运 发展	仙琚 制药	新五 丰	兰生 股份	贵州 茅台	珠江 钢琴
8	酒钢 宏兴	金岭 矿业	皖新 传媒	贵州 茅台	保利 地产	紫光 股份	天地 科技	安迪 苏	华升 股份	西部 创业	珠江 啤酒	力生 制药
9	莱宝 高科	福晶 科技	广汽 集团	五粮 液	华域 汽车	锦江 股份	上汽 集团	同达 创业	尖峰 集团	安迪 苏	珠江 钢琴	洛阳 玻璃 股份
10	珠江 实业	深深 宝 A	宁波 富达	广汽 集团	汇鸿 集团	鄂武 商 A	华润 三九	皖江 物流	仙琚 制药	彩虹 股份	盛和 资源	上海 机电

表 7-22 2016 年商业竞争类国有企业和谐财务因子得分排名

因子 排名	F_1	F_2	F_3	F_4	F_5	F_6	F_7	F_8	F_9	F_{10}	F_{11}	F_{12}
1	亚泰 集团	川化 股份	安迪 苏	中国 神华	江淮 汽车	中油 资本	浙江 东日	中油 资本	中百 集团	杭钢 股份	杭钢 股份	万年 青
2	中国 远洋	广聚 能源	柳钢 股份	益民 集团	上汽 集团	厦门 空港	厦门 空港	中国 高科	林海 股份	亚泰 集团	五矿 发展	龙洲 股份
3	京东 方 A	有研 新材	珠江 钢琴	小商 品城	上海 机电	铁龙 物流	大连 圣亚	浙江 东日	南国 置业	中油 资本	中视 传媒	鲁抗 医药
4	江淮 汽车	惠泉 啤酒	厦门 空港	东软 集团	云煤 能源	苏常 柴 A	中视 传媒	电子 城	天喻 信息	紫光 股份	山东 地矿	江淮 汽车

续表

因子 排名	F$_1$	F$_2$	F$_3$	F$_4$	F$_5$	F$_6$	F$_7$	F$_8$	F$_9$	F$_{10}$	F$_{11}$	F$_{12}$
5	青山纸业	海峡股份	首钢股份	栖霞建设	物产中大	方正科技	津劝业	中视传媒	山东地矿	越秀金控	浙江东日	浙江东日
6	湖北宜化	上海贝岭	本钢板材	东方航空	江西铜业	东风汽车	广聚能源	同达创业	柳工	人民同泰	龙溪股份	中视传媒
7	辽宁成大	天药股份	人民同泰	格力电器	中油资本	老白干酒	同达创业	山东地矿	杭钢股份	五矿稀土	南国置业	安源煤业
8	华发股份	奥普光电	宁波富达	贵州茅台	新钢股份	黄山旅游	青山纸业	天津磁卡	冀中能源	浙江东日	仙琚制药	山东地矿
9	江西铜业	西藏发展	广汽集团	广汽集团	贵州茅台	华润三九	省广股份	南国置业	盘江股份	江淮汽车	本钢板材	上海机电
10	珠江实业	福晶科技	中煤能源	上海医药	湖南海利	紫光股份	外运发展	国投资本	巨化股份	万年青	华域汽车	云煤能源

总体来看，商业竞争类国有企业财务和谐度水平偏低，尤其是临界值以上企业占比不到半数，但从发展趋势来看，商业竞争类国有企业的财务和谐度呈现不断向好的趋势，特别是在 2016 年，临界值以上的企业数量增加，年度均值由临界值以下转向临界值以上，说明我国商业竞争类国有企业在市场实力能力、价值创造能力、企业财务关系等方面不断改良。如表 7-23、图 7-5~ 图 7-7 所示。

表 7-23　2014~2016 年商业竞争类国有企业财务和谐度情况

年份	临界值以上	临界值以下	最高分	最低分	差距	年度均值
2014	243	350	1.4855	（1.3496）	2.8351	（0.0104）
2015	255	338	2.0838	（1.2670）	3.3508	（0.0028）
2016	256	337	1.6915	（1.5613）	3.2528	0.0191

2. 公益类国有企业

公益类国有企业共计 134 家，连续三年财务和谐度达到平均水平以上的分别为 62 家、67 家、70 家，处于平均水平以下的为 72 家、67 家、64 家，在 2015 年、2016 年平均水平以上的企业达到了 50% 及以上。财务和谐度最高分分别为 1.4407、1.1629、1.5663；最低分分别为 –0.6588、–0.6509、–0.5905；差距分别是 2.0995、1.8138、2.0995；年度均值分别为 –0.0199、–0.0090、0.0208。

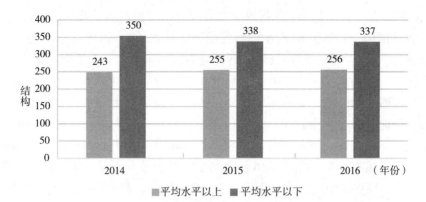

图 7-5　2014~2016 年商业竞争类国有企业财务和谐度结构

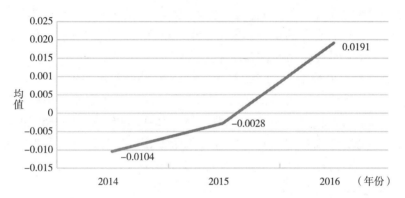

图 7-6　2014~2016 年商业竞争类国有企业财务和谐度趋势

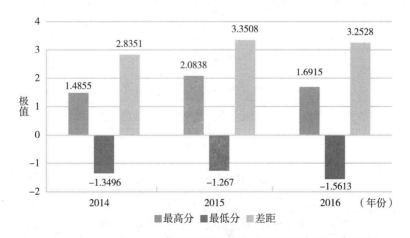

图 7-7　2014~2016 年商业竞争类国有企业财务和谐度极值

与此同时，各个企业的排名情况及各成分得分情况也呈现了波动，如表7-24~表7-26及图7-8~图7-10所示。测度结果详见附录6，2014年排名前十的企业分别是：创业环保、广州发展、黔源电力、桂东电力、人民网、文山电力、宁波热电、大秦铁路、中国石油、石化油服，分布在电、热、气、水供应业和信息传输及服务业、交通运输行业；2015年排名前十的企业分别是：广州发展、创业环保、大秦铁路、北巴传媒、山东高速、中国石油化工股份、中信国安、中国铁建、海油工程、三钢闽光，相关行业主要为热、气、水供应业，交通运输业，采矿业；2016年排名前十的企业分别是：中国铁建、文山电力、创业环保、中闽能源、涪陵电力、华电国际、歌华有线、川投能源、北巴传媒、中国中铁，主要分布于道路建筑业，电、热、气、水供应业和信息传输及服务业。分析结果显示，我国国有企业在关系国计民生的基础性行业中贡献显著，在提供公共产品和服务，保障民生等方面做出了突出的贡献。与此同时，公益类国有企业的财务和谐度也呈现结构性失衡的情况，以2014年为例，财务整体和谐度最高的创业环保，在F_9（企业外部监督）、F_{10}（成本管理能力）成分的得分分别为 -1.39271 和 -0.85897；排名第二的广州发展，在F_5（企业外部协调能力）、F_6（企业投资环境适应力）、F_8（企业中小股东权益保护）、F_{10}（成本管理能力）的得分较低，分别为 -0.10052、-0.09036、-0.13344、-0.95272，但是在F_9以 12.60232 的高分位于榜首；排名第三的黔源电力，在F_2（股权集中度）、F_3（企业与债权人关系）、F_6（企业投资环境适应力）、F_7（企业盈利能力）、F_9（企业外部监督）成分得分偏低。而各成分得分排名第一的分别是黔源电力、石化油服、宁波热电、黔源电力、石化油服、祥龙电业、中国石油、创业环保、广州发展、三钢闽光、桂东电力、华银电力，以上企业的财务整体和谐度排名情况对应为：第一名、第十一名、第八名、第三名、第八名、第十一名、第一百三十四名、第九名、第一名、第二名、第十二名、第五名。公益类国有企业的财务整体和谐度与各成分整体和谐度的匹配程度优于商业竞争类国有企业。如表7-24~表7-27和图7-8~图7-10所示。

表7-24　2014年公益类国有企业和谐财务因子得分排名

因子 排名	F_1	F_2	F_3	F_4	F_5	F_6	F_7	F_8	F_9	F_{10}	F_{11}	F_{12}
1	黔源电力	石化油服	宁波热电	黔源电力	石化油服	祥龙电业	中国石油	创业环保	广州发展	三钢闽光	桂东电力	华银电力
2	文山电力	中国石油	人民网	节能风电	人民网	创业环保	大秦铁路	通宝能源	桂东电力	北新路桥	创业环保	创业环保

续表

因子 排名	F₁	F₂	F₃	F₄	F₅	F₆	F₇	F₈	F₉	F₁₀	F₁₁	F₁₂
3	电广传媒	浙能电力	神州高铁	创业环保	节能风电	甘肃电投	国投电力	龙建股份	兴蓉投资	龙建股份	石化油服	华电能源
4	兴蓉投资	中石油股	海南高速	文山电力	宁波热电	人民网	华能国际	大唐发电	深圳燃气	滨海能源	广州发展	文山电力
5	三峡水利	甘肃电投	广深铁路	福建金森	广深铁路	文山电力	国电电力	滨海能源	节能风电	大连热电	文山电力	黔源电力
6	江西长运	重庆水务	粤传媒	福建高速	桂东电力	宁波热电	海油工程	金山股份	上海电力	中国铁建	三钢闽光	石化油服
7	东方市场	节能风电	东方市场	吉林高速	明星电力	山东路桥	宁沪高速	大连热电	云铝股份	广深铁路	钱江水利	闽东电力
8	广深铁路	建投能源	中山公用	楚天高速	南京中北	山东高速	银星能源	中材节能	葛洲坝	钱江水利	祥龙电业	广州发展
9	吉林高速	福建金森	湖南发展	涪陵电力	山东路桥	深高速	中石油	天富能源	中国铁建	吉电股份	三峡水利	北新路桥
10	中信国安	山东高速	湖南投资	岷江水电	大秦铁路	海油工程	福建高速	吉视传媒	国投电力	华建集团	歌华有线	中油工程

表 7-25　2015 年公益类国有企业和谐财务因子得分排名

因子 排名	F₁	F₂	F₃	F₄	F₅	F₆	F₇	F₈	F₉	F₁₀	F₁₁	F₁₂
1	黔源电力	中国石油	湖南发展	创业环保	华建集团	祥龙电业	大秦铁路	中油工程	广州发展	北新路桥	华建集团	中信国安
2	电广传媒	华建集团	宁波热电	黔源电力	哈投股份	福建高速	华电国际	创业环保	哈投股份	龙建股份	创业环保	创业环保
3	东方市场	甘肃电投	歌华有线	钱江水利	大秦铁路	桂冠电力	华能国际	郴电国际	东方市场	大秦铁路	广州发展	华建集团
4	文山电力	浙能电力	人民网	涪陵电力	山东高速	哈投股份	国投电力	华能国际	中国石油	哈投股份	中闽能源	大唐发电
5	江西长运	石化油服	海南高速	岷江水电	神州高铁	创业环保	桂冠电力	中国中铁	云铝股份	滨海能源	人民网	韶能股份
6	三峡水利	桂冠电力	福建金森	惠天热电	东方市场	山东高速	宁沪高速	哈投股份	国电电力	石化油服	中油工程	天健集团

续表

因子\排名	F_1	F_2	F_3	F_4	F_5	F_6	F_7	F_8	F_9	F_{10}	F_{11}	F_{12}
7	国电电力	建投能源	粤传媒	吉林高速	文山电力	桂东电力	福建高速	甘肃电投	中国铁建	中国铁建	祥龙电业	广州发展
8	中信国安	中国联通	广深铁路	中油工程	中信国安	中国石油	中国铁建	现代投资	大唐发电	申能股份	北新路桥	银星能源
9	申能股份	中海油服	神州高铁	郴电国际	西昌电力	大秦铁路	桂东电力	北巴传媒	兴蓉投资	华电能源	桂东电力	福建金森
10	湖北能源	山东高速	中山公用	桂东电力	北巴传媒	南华生物	哈投股份	内蒙华电	葛洲坝	国电电力	山东路桥	重庆水务

表7-26　2016年公益类国有企业和谐财务因子得分排名

因子\排名	F_1	F_2	F_3	F_4	F_5	F_6	F_7	F_8	F_9	F_{10}	F_{11}	F_{12}
1	文山电力	中油工程	湖南发展	武汉控股	神州高铁	哈投股份	中国铁建	创业环保	神州高铁	中国铁建	中油工程	大连热电
2	黔源电力	中国石油	歌华有线	岷江水电	涪陵电力	创业环保	中油工程	文山电力	武汉控股	中国联通	文山电力	甘肃电投
3	三峡水利	中石油	人民网	文山电力	中油工程	神州高铁	江西长运	通宝能源	中国石油	神州高铁	祥龙电业	文山电力
4	电广传媒	浙能电力	中原环保	中闽能源	武汉控股	祥龙电业	新能泰山	中国联通	中国中铁	上海建工	中闽能源	中闽能源
5	涪陵电力	武汉控股	海南高速	创业环保	哈投股份	中闽能源	中石油股	银星能源	新能泰山	龙建股份	创业环保	石化油服
6	西昌电力	建投能源	宁波热电	华电国际	大连热电	银星能源	大秦铁路	华能国际	江西长运	申能股份	华电能源	创业环保
7	申能股份	上海石化	神州高铁	中国铁建	湖北广电	文山电力	宁沪高速	现代投资	深圳燃气	中油工程	长春燃气	华能国际
8	华电国际	山东高速	粤传媒	楚天高速	甘肃电投	涪陵电力	国投电力	宁波热电	兴蓉投资	北新路桥	桂东电力	中国铁建
9	湖北能源	石化油服	华北高速	黔源电力	明星电力	重庆水务	哈投股份	楚天高速	中国铁建	国电电力	华电国际	岷江水电
10	中信国安	中海油服	广深铁路	重庆水务	宁波热电	南华生物	川投能源	明星电力	粤电力A	涪陵电力	华建集团	吉电股份

表 7-27　2014~2016 年公益类国有企业财务和谐度情况

年份	临界值以上	临界值以下	最高分	最低分	差距	年度均值
2014	62	72	1.4407	-0.6588	2.0995	-0.0199
2015	67	67	1.1629	-0.6509	1.8138	-0.0090
2016	70	64	1.5663	-0.5905	2.0995	0.0208

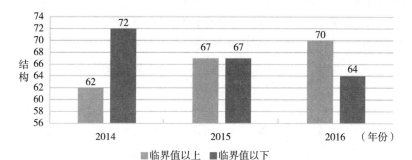

图 7-8　2014~2016 年公益类国有企业财务和谐度结构

图 7-9　2014~2016 年公益类国有企业财务和谐度极值

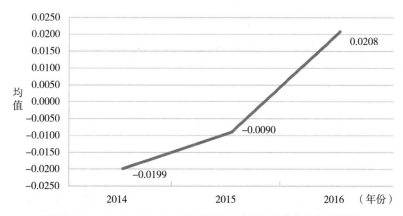

图 7-10　2014~2016 年公益类国有企业财务和谐度均值趋势

3. 特定功能类国有企业

特定功能类国有企业共计 153 家，在 2014~2016 年，财务和谐度达到临界值以上的企业分别有 69 家、73 家、76 家，处于临界值以下的分别是 85 家、81 家、78 家。财务和谐度最高分分别为 0.9090、0.8651、1.5699；最低得分分别为 –0.7272、–0.9790、–0.7056；差距分别为 1.6362、1.8441、2.2755；平均分分别为 –0.0094、–0.0028、0.0393。在三年间，临界值以上的企业未达到半数，说明特定功能类国有企业的财务和谐整体情况尚不如人意，但从发展趋势来看，特定功能类国有企业的临界值不断提高，表明企业的财务和谐度进一步改良。测度结果详见附录 7，通过分析各年度排名靠前的企业发现，2014 年排名前十的企业分别为：中国建筑、上港集团、中国交建、中国化学、陆家嘴、航发动力、宝钛股份、中南传媒、深天马 A、天津港，主要分布于建筑业、制造业（航天）、交通运输业等；2015 年排名前十的企业分别为：中国建筑、上港集团、中国中车、中国化学、机器人、中国交建、航天发展、中信重工、宁波港、营口港，主要分布于建筑业、交通运输业、制造业（军工）；2016 年排名前十的企业分别为：香梨股份、中国建筑、连云港、厦门国贸、上港集团、中国中车、营口港、建发股份、天津港、中原特钢，主要分布于交通运输、建筑业、制造业（航空航天）、批发和零售业（港口）。这说明国有企业在涉及国家战略、重要支柱性产业和专营业务上的综合实力较为突出。然而，在 2014 年，中国建筑在整体和谐度较高的同时，表现出了局部不均衡，例如成分 F_7（企业保值增值能力）、F_8（成本管理能力）、F_9（企业战略规划能力）、F_{10}（企业环境适应力）的得分情况十分不理想。上港集团在 F_2（企业与债权人关系）、F_{10}（企业环境适应力）的成分得分较低，中国交建则在 F_5（股东与管理层关系）成分的得分情况偏低。反过来，某些企业呈现出局部财务和谐度较高，但整体情况不尽如人意的现象。例如，长城电脑的财务和谐度以 0.140632 的得分排名第 65，但是其 F_1（企业社会责任信息披露）成分得分排名第一；大连重工在 F_5（股东与管理层关系）成分的得分位于榜首，但其整体财务和谐度得分为 0.08244，排名第 68；西藏城投的财务整体和谐度得分在临界值以下，排名第 76，但其 F_6（企业价值链管理能力）成分排名得分第一，以此类推，我国特定功能类国有企业财务和谐度同样存在局部与整体和谐不对称的情形。如表 7-28~ 表 7-31 及图 7-11~ 图 7-13 所示。

表 7-28　2014 年特定功能类国有企业和谐财务因子得分排名

因子 排名	F_1	F_2	F_3	F_4	F_5	F_6	F_7	F_8	F_9	F_{10}
1	长城电脑	香梨股份	大地传媒	中国建筑	大连重工	西藏城投	中钢国际	浪潮信息	大连重工	敦煌种业
2	晋西车轴	上海机场	大连重工	中国交建	吉林森工	陆家嘴	营口港	同济科技	吉林森工	陆家嘴
3	机器人	博瑞传播	营口港	上港集团	宝钛股份	外高桥	秦川机床	中船防务	中国化学	深天马 A
4	轴研科技	航天发展	宁波港	中国化学	中材国际	中钢国际	航发动力	四川长虹	云南能投	抚顺特钢
5	航发动力	钢研高纳	北部湾港	长安汽车	海南橡胶	中航高科	连云港	中钢国际	营口港	长城电脑
6	启迪桑德	紫光国芯	中国交建	中国电建	珠海港	湘邮科技	象屿股份	大地传媒	上港集团	新农开发
7	杰赛科技	中兵红箭	凤凰传媒	陆家嘴	湘电股份	轴研科技	大地传媒	大唐电信	浪潮信息	长春一东
8	钢研高纳	航天信息	东方创业	天津港	抚顺特钢	城投控股	湘邮科技	中航重机	宝钛股份	深赛格
9	利达光电	航天电器	鲁信创投	浦东建设	中航飞机	新农开发	西藏城投	苏州高新	中材国际	保税科技
10	华东电脑	中南传媒	际华集团	浪潮信息	钢构工程	上海机场	浪潮信息	航天信息	中航飞机	厦门港务

表 7-29　2015 年特定功能类国有企业和谐财务因子得分排名

因子 排名	F_1	F_2	F_3	F_4	F_5	F_6	F_7	F_8	F_9	F_{10}
1	航天发展	香梨股份	中国船舶	中国建筑	大连重工	鲁信创投	中航高科	中国动力	中国船舶	中国动力
2	机器人	机器人	大连重工	上港集团	长城电脑	航天发展	启迪桑德	四川长虹	中国化学	中航高科
3	晋西车轴	钢研高纳	大地传媒	中国中车	中信重工	城投控股	农发种业	深天马 A	大连重工	中核科技
4	杰赛科技	博瑞传播	营口港	长安汽车	徐工机械	陆家嘴	光电股份	中船防务	中信重工	云南能投
5	启迪桑德	上海机场	宁波港	中国交建	航天动力	启迪桑德	航天发展	航天信息	中国动力	际华集团

续表

因子 排名	F_1	F_2	F_3	F_4	F_5	F_6	F_7	F_8	F_9	F_{10}
6	日照港	航天发展	中国电建	中国化学	湘电股份	中航高科	北方国际	天津港	中船防务	中工国际
7	轴研科技	晋西车轴	中国交建	浦东建设	光电股份	华菱星马	中国中车	博瑞传播	同济科技	机器人
8	徐工机械	深圳机场	中信重工	天津港	宝色股份	农发种业	中国化学	中航重机	博瑞传播	航天晨光
9	利达光电	泰和新材	东方创业	外高桥	吉林森工	东湖高新	机器人	中材国际	山大华特	凌云股份
10	中航光电	航天信息	凤凰传媒	中国电建	中航飞机	西藏城投	中国电建	浙大网新	航天动力	交运股份

表 7-30 2016 年特定功能类国有企业和谐财务因子得分排名

因子 排名	F_1	F_2	F_3	F_4	F_5	F_6	F_7	F_8	F_9	F_{10}
1	航天晨光	香梨股份	营口港	中国建筑	连云港	鲁信创投	航天科技	中航重机	航天信息	香梨股份
2	机器人	博瑞传播	宁波港	上港集团	大连重工	上海机场	中国动力	厦门国贸	连云港	同济科技
3	晋西车轴	机器人	大地传媒	唐山港	洪都航空	中国动力	工大高新	建发股份	大连重工	天津港
4	航发控制	上海机场	中国电建	中国中车	泰和新材	航天晨光	南京港	长江传媒	航天科技	中国动力
5	钢研高纳	晋西车轴	大连重工	长安汽车	徐工机械	陆家嘴	钢构工程	中国动力	浦东建设	中国交建
6	北方股份	泰和新材	凤凰传媒	天津港	湘电股份	同济科技	湖南天雁	四川长虹	上海机场	特发信息
7	中航飞机	深圳机场	上海机场	浦东建设	启明信息	北方股份	中原特钢	同方股份	中船防务	大地传媒
8	利达光电	钢研高纳	东方创业	深天马A	中船防务	东华科技	北方国际	厦门港务	中直股份	际华集团
9	徐工机械	航天科技	厦门港务	外高桥	工大高新	湖南天雁	隆平高科	隧道股份	中国中车	大连港
10	启迪桑德	航天发展	北部湾港	中国化学	宏大爆破	新农开发	香梨股份	航天信息	天津港	苏州高新

表 7-31　2014~2016 年特定功能类国有企业财务和谐度情况

年份	临界值以上	临界值以下	最高分	最低分	差距	年度均值
2014	69	85	0.909001	−0.72720	1.63620	−0.0094
2015	73	81	0.86512	−0.97901	1.84413	−0.0028
2016	76	78	1.56993	−0.70555	2.27548	0.0393

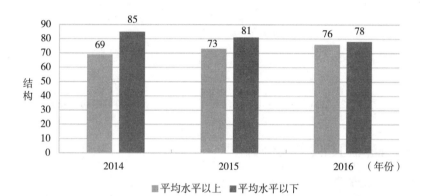

图 7-11　2014~2016 年特定功能类国有企业财务和谐度结构

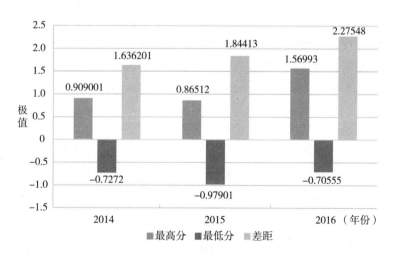

图 7-12　2014~2016 年特定功能类国有企业财务和谐度极值

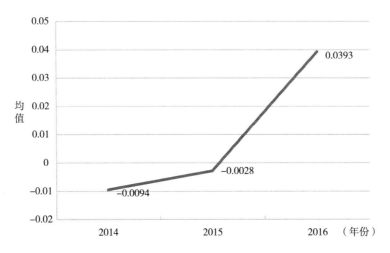

图 7-13 2014~2016 年特定功能类国有企业财务和谐度均值趋势

三、横向和谐度对比分析

1. 商业竞争类

商业竞争类国有企业具有一般企业的特征，以完全商业化的运作模式，独立自主开展生产经营活动，充分参与市场竞争，从而增强国有经济活力、放大国有资本功能等。从布局上看，商业竞争类国有企业分布到 11 大行业，涵盖 593 家企业，占比 67.31%。其中，占规模优势的行业分别是：制造业、房地产业、批发和零售业。连续三年财务和谐度均值处于临界值以上的行业仅有交通运输，仓储和邮政业，采矿业；连续三年财务和谐度处于临界值以下的行业有住宿和餐饮业，租赁和商务服务业，教育，农、林、牧、渔业。此外，批发和零售业、房地产业、制造业具有较强的波动性。信息传输、软件和信息技术服务业，金融业呈现不断改良的发展趋势。总体来看，我国商业竞争类国有企业各行业和谐度不容乐观，行业间的财务和谐度有较大差距，故应该进一步加大改进力度，提升商业竞争类国有企业的市场适应力、企业价值创造能力及财务关系处理能力。如表 7-32、图 7-14 和图 7-15 所示。

表 7-32 商业竞争类国有企业行业财务和谐度

行业	数量	2014 年均分	2015 年均分	2016 年均分	三年均分
交通运输、仓储和邮政业	21	0.1375	0.0744	0.1398	0.117233
批发和零售业	47	0.0734	−0.0512	−0.0274	−0.00173

续表

行业	数量	2014 年均分	2015 年均分	2016 年均分	三年均分
信息传输、软件和信息技术服务业	17	−0.1029	−0.0856	0.0486	−0.04663
住宿和餐饮业	9	−0.1744	−0.1752	−0.0894	−0.14633
租赁和商务服务业	26	−0.0772	−0.0102	−0.0091	−0.03217
采矿业	35	0.162	0.1672	0.2163	0.181833
房地产业	53	−0.0139	0.0055	−0.0013	−0.00323
教育	1	−0.40316	−1.17512	−0.40487	−0.66105
金融业	6	−0.2233	−0.2099	0.1144	−0.10627
农、林、牧、渔业	14	−0.2115	−0.2277	−0.2347	−0.22463
制造业	364	−0.0013	−0.0056	0.0149	0.002667
合计	593				

注：行业分类标准参照《中华人民共和国国家标准（GB/T 4754—2017）国民经济行业分类》，下同。

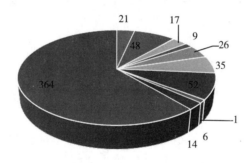

■ 交通运输、仓储和邮政业　　　　■ 批发和零售业
■ 信息传输、软件和信息技术服务业　■ 住宿和餐饮业
■ 租赁和商务服务业　　　　　　　■ 采矿业
■ 房地产业　　　　　　　　　　　■ 教育
■ 金融业　　　　　　　　　　　　■ 农、林、牧、渔业
■ 制造业

图 7-14　商业竞争类国有企业行业分布

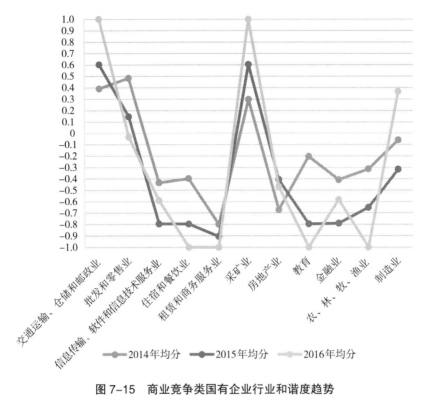

图 7-15　商业竞争类国有企业行业和谐度趋势

2. 公益类国有企业

公益类国有企业主要承担提供公共产品和服务保障国民经济运行、在市场竞争中存在不同程度的垄断或寡头竞争、产品或劳务的定价由政府控制，其社会效益高于经济效益。根据国有企业分类标准，结果显示：公益类国有上市公司共计 134 家，在国有企业中占比 15.21%，主要分布于电力、热力、燃气及水生产和供应业，交通运输、仓储和邮政业，水利、环境和公共设施管理业，信息传输、软件和信息技术服务业，采矿业等十大行业。从行业比较分析，连续三年财务和谐度高于临界值以上的有六大行业，分别是：交通运输、仓储和邮政业，文化、体育和娱乐业，信息传输、软件和信息技术服务业，采矿业，建筑业，制造业。连续三年财务和谐度处于临界值以下的有电力、热力、燃气及水生产和供应业，科学研究和技术服务业，水利、环境和公共设施管理业，农、林、牧、渔业四大行业，在总体来看，各行业的财务和谐度趋势向好，说明我国公益类国有企业行业和谐度较好。如表 7-33、图 7-16 和图 7-17 所示。

表 7-33 公益类国有企业行业财务和谐度

行业	数量	2014年均分	2015年均分	2016年均分	三年均分
电力、热力、燃气及水生产和供应业	75	-0.0607	-0.0542	-0.0141	-0.043
交通运输、仓储和邮政业	20	0.0983	0.0696	0.0538	0.0739
科学研究和技术服务业	3	-0.4573	-0.4556	-0.4269	-0.4466
水利、环境和公共设施管理业	7	-0.2615	-0.153	-0.1489	-0.1878
文化、体育和娱乐业	2	0.1457	0.2152	0.1088	0.156567
信息传输、软件和信息技术服务业	9	0.0686	0.0206	0.0256	0.038267
采矿业	4	0.1181	0.2716	0.3605	0.250067
建筑业	9	0.0229	0.0507	0.2094	0.094333
农、林、牧、渔业	1	-0.18892	-0.11665	-0.16388	-0.15648
制造业	4	0.4041	0.404	0.3307	0.3796
合计	134				

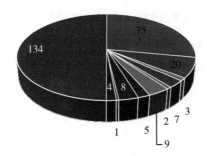

■ 电力、热力、燃气及水生产和供应业　　■ 交通运输、仓储和邮政业
■ 科学研究和技术服务业　　　　　　　■ 水利、环境和公共设施管理业
■ 文化、体育和娱乐业　　　　　　　　■ 信息传输、软件和信息技术服务业
■ 采矿业　　　　　　　　　　　　　　■ 建筑业
■ 农、林、牧、渔业　　　　　　　　　■ 制造业

图 7-16 公益类国有企业行业分布

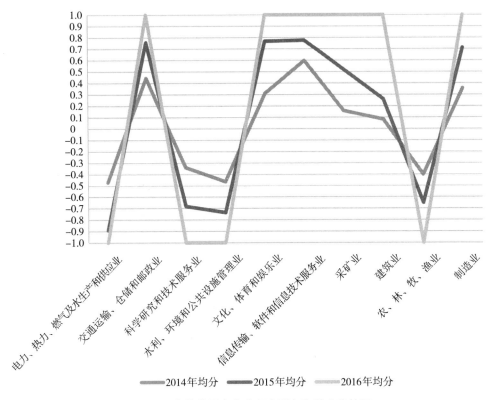

图 7-17 公益类国有企业行业财务和谐度趋势图

3. 特定功能类

特定功能类企业介于公益类和商业竞争类国有企业之间，具有特定的功能和发展目标，呈半营利导向。特定功能类国有企业主要涉及国家安全、国民经济命脉的重要行业、承担重大专项任务的关键领域等。特定功能类国有企业分布于十大行业，其中制造业主要为军工企业、科研院所及专营业务，建筑业以军工企业和政府投融资平台为主，文化、体育和娱乐业则主要为各大传媒企业，交通运输、仓储和邮政业则由港口和政府投融资平台构成，农、林、牧、渔业则由具有营利性的农、林、牧、渔业组成，信息传输、软件和信息技术服务业主要提供卫星导航服务，建筑业由军工、港口和政府投融资平台组成，批发和零售业则为政府投融资平台。特定功能类国有企业总量为 154 家，占比 17.48%，文化、体育和娱乐业，批发和零售业，房地产业，建筑业四大行业连续三年财务和谐度达到临界值以上，信息传输、软件和信息技术服务业，农、林、牧、渔业，采矿业则一直处于临界值以下，交通运输、仓储和邮政业，租赁和商务服务业则由 2014 年的临界值以下发展到临界值以上。如表 7-34、图 7-18 和图 7-19 所示。

表 7-34　特定功能类国有企业行业财务和谐度

行业	数量	2014 年均分	2015 年均分	2016 年均分	三年均分
文化、体育和娱乐业	8	0.1485	0.2727	0.2057	0.208967
信息传输、软件和信息技术服务业	11	−0.1418	−0.1496	−0.9128	−0.4014
交通运输、仓储和邮政业	21	−0.011	0.0744	0.111	0.058133
农、林、牧、渔业	8	−0.205	−0.26	−0.0896	−0.18487
批发和零售业	3	0.1729	0.1108	0.379	0.2209
采矿业	1	−0.35011	−0.4177	−0.3639	−0.37724
房地产业	4	0.2741	0.215	0.1856	0.2249
建筑业	13	0.202	0.1652	0.1728	0.18
制造业	84	−0.0479	−0.0364	−0.00587	−0.03006
租赁和商务服务业	1	−0.41986	−0.31784	0.530947	−0.06892
合计	154				

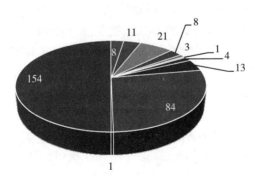

■ 文化、体育和娱乐业　　　　　■ 信息传输、软件和信息技术服务业
■ 交通运输、仓储和邮政业　　　■ 农、林、牧、渔业
■ 批发和零售业　　　　　　　　■ 采矿业
■ 房地产业　　　　　　　　　　■ 建筑业
■ 制造业　　　　　　　　　　　■ 租赁和商务服务业

图 7-18　特定功能类国有企业行业分布

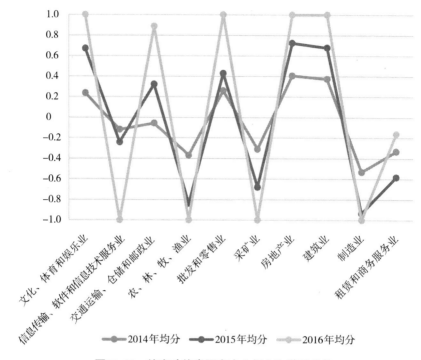

图 7-19　特定功能类国有企业行业和谐度趋势

　　分类评价国有企业和谐财务有助于突出国有企业的功能定位,加强分类监管,实现促进国有企业持续、和谐、健康发展。我国商业竞争类国有企业分布于十一大行业,占比 67.31%,其整体和谐度及分行业和谐度不容乐观;公益类国有企业分布于十大行业,规模占比 15.21%,其财务和谐度较好,且公益类国有企业在关系国计民生的基础性行业中贡献显著,在提供公共产品和服务,保障民生等方面做出了突出的贡献;特定功能类国有企业分布于十大行业,占比 17.48%,其整体情况介于商业竞争类国企与公益类国企之间,仍需要在各方面加大投入,提高企业的综合实力。实证结果表明:国有企业财务和谐度呈现出结构性失衡的状况,存在一些财务整体和谐,但是局部不和谐或者局部和谐但整体不够和谐的情形。总体来看,公益类国有企业的财务整体和谐度与各因子整体和谐度的匹配程度优于商业竞争类国有企业与特定功能类国有企业。可结合国有企业和谐评价结果,定位于企业财务非和谐的驱动因子,对症下药。

第八章

研究结论与政策建议

第一节　研究结论

　　全书定位于国有企业的发展背景，深入分析国有企业改革中的和谐问题的异质性，遵循从理论研究到实证研究的分析逻辑，通过分析相关理论，界定了国有企业和谐财务的概念，梳理了国有企业和谐财务形成机理。据此，设计了国有企业和谐财务的评价指标。依据国有企业的异质性，选择了三分法，结合企业主营业务属性和行业分类，得出了国有上市公司分类结果，基于此，选取主成分分析法，对三类国有企业和谐财务进行测度和分析。

　　（1）国有企业和谐财务研究是建立在前人研究成果的基础上的，研究表明国内外学者对和谐财务进行了一定的研究，但尚不系统，研究成果较为零散，尚未发现有关国有企业和谐财务系统的理论及实证分析。国有企业和谐财务不仅包含良好的业绩，还涉及企业内部的组织稳态、企业的社会形象、客户关系等，故国有企业和谐财务评价是一个系统性评价。

　　（2）国有企业和谐财务具有深厚的理论渊源，在国有企业改革的不同发展阶段，暴露了种种财务冲突，进一步印证了国有企业和谐财务研究的必要性。国有企业的和谐财务理论框架包括和谐财务资本、和谐财务价值观、和谐财务目标、和谐财务状态、和谐财务结果。财务活动与财务关系的和谐离不开良好的内外部环境，三者共同作用，维持了和谐财务状态，形成和谐财务结果，并与国有企业和谐财务资本、价值观和目标契合。

　　（3）国有企业财务评价经历了三大发展阶段，但总体上都表现为以数量化的、业绩化的评价内容为主导，不符合社会主义市场经济对国有企业的全面性要求，故重构国有企业和谐财务评价指标，遵循指标评价的相关原则，设计了包含定性指标、定量指标、正指标和逆指标在内的国有企业和谐财务评价指标体系。

　　（4）分类是国企评价的前提，经过文献梳理了解到学术界关注的国企分类改革情况、掌握国有企业的异质性，以及基于异质性的国有企业分类方法的理论与实践成果。国有企业分类需要把握好企业属性、区分企业的主要功能、把握国有资本考评的差异性、兼顾国情等，采用三分法对国有上市公司进行分类，形成了商业竞争类、公益类和特定功能类国有企业的分类结果。

（5）国有企业和谐财务评价工作较为复杂，指标多，企业类别多，为了全面客观地反映国有企业和谐财务的真实情况，选取主成分分析法，采用SPSS分析工具，得出了商业竞争类国有企业的 12 个主成分，公益类国有企业的 12 个主成分，特定功能类国有企业的 10 个主成分。经过纵向分析发现，在分析期内，商业类国有企业财务和谐度呈现波动，且各个成分得分排名情况也呈现了波动，商业类国有企业财务和谐度偏低；公益类国有企业财务和谐度较高，且在关系国计民生的基础性行业中贡献显著，在保障民生等方面做出了突出的贡献。特定功能类国有企业财务和谐整体情况尚不如人意，但临界值不断提高，说明财务和谐度不断改良。纵向分析表明，商业竞争类国有企业分布于 11 大行业，占比 67.31%，各行业的财务和谐度不容乐观，需要在市场适应力、企业价值创造能力上下功夫；公益类国有企业分布于 10 大行业，占比 15.21%，公益类国有企业财务和谐度趋势向好；特定功能类国有企业分布于 10 大行业，占比 17.48%，其财务和谐度需要进一步改良。总的来说，国有企业的财务存在整体上和谐，但是局部不和谐的情况，以及局部和谐，但是整体财务和谐度偏低的面貌。

建设国有企业和谐财务是一个复杂的系统工程，仅仅依靠某一方很难实现，需要依靠企业内外部多重力量协力创造和谐财务建设环境和条件。因为建设国有企业和谐财务所产生的效益是有利于企业内外部各方的，因此，调动多方建设主体，共同建设，为创建和谐社会之和谐国有企业群策群力，进一步发挥国有企业在社会主义市场经济中的地位和作用。

改革开放之前，我国的国有企业实行的是计划经济时期的强有力的中央集权计划管理模式。改革开放之后，先后采取了自主经营管理、现代市场主体的公司制管理，以及现在的国资委监管下的自主经营模式。政府是国有企业的引导者，在制度建设方面起着关键作用。

第二节 国有企业和谐治理路径

一、清晰国有企业分类标准

2015 年 9 月，中共中央、国务院从顶层设计上将国有企业分类改革纳入制度设计范畴，发布了《关于深化国有企业改革的指导意见》（以下简称《意见》），《意见》从分类改革要求、完善现代企业制度和国资监管等方面提出了国企改革的目标和举措。但《意见》中针对国有企业的分类仅提供了指导性的条款，根据企业的经营目标将国有企业划分为商业类和公益类，同时强调分类改革、分类发展、分类定则、分类考核。在中央的指导精神下，各省市国资委分别制定省属企业功能与分类实施方案。然而，由于国有企业缺乏实际可操作的分类标准，国有企业实际承担了商业性和公益性之外的更多职能，例如，公益性国有企业的布局必须把"服务于国家战略目标"和"关系国家安全和国民经济命脉的重要行业和关键领域"作为重点。这类企业业务十分综合、复杂，在证券市场上多模块上市，企业的目标多元化，很难准确划分企业的类别归属，需要在集团公司进一步细化，辅之以企业组织结构的变革。因此，各省市国资委对本地国有企业的划分不统一，类别名称各异。鉴于此，建议在《意见》的基础上，进一步制定国有企业的实际分类标准，形成中央企业和省属国有上市公司的分类结果，各省国资委负责发布本省国有非上市公司分类情况，对应配套国有企业分类的动态调整机制，为进一步深化国有企业改革、分类考核和分类监管等引航。

二、分层管理国有企业负责人

按照公司治理理论，将国有企业负责人进行分层，不是把负责人按行政级别分类，而是指统一企业的不同负责人具有不同的来源和职责。当前，针对三类垄断性国有企业，企业负责人没有进行分层，均由政府委派，具有相同的职责，只是职责分工不同。对于国有企业，尤其是国有控股的混合所有制企业，企业负责人可以进行如下分层：第一层是政府董事，即政府委派的代表国资委行使监督责任的外部非独立董事；第二层是企业聘请的独立董事；第三层是高管董事；第四层是非董事的高管人员。第一、第二层是外部董事和非执行董事，第三层是内部董事和执行董事。而企业集团的子公司，也可以依据来源和职责差异进行分层，但不存在政府委派董事，而是由母公司委派为独立性的外部董事。

三、重构国有企业分类治理模式

国有企业分类改革势必要求分类治理，国有企业的治理模式不可同日而语。应根据国有企业的分类进行分析，选择不同的治理模式。结合本书的分类结果，认为宜将国有企业分为三个领域：商业竞争类国有企业、公益类国有企业和特定功能类国有企业。明确三类国有企业的目标界限，商业竞争类国有企业以盈利为主要目的、公益类国有企业以提供公共产品和公共服务为目标、特定功能类国有企业以实现政府战略规划为目标。对商业竞争类国有企业，可借鉴市场一般企业的经营模式，深化公司制改造，采取承包、转包、租赁或完全放开的业务经营方式，鼓励私人资本进入商业竞争类国有企业。而公益类国有企业的非营利性难以引入私人企业，政府需进一步加大支持和投入力度，强化政府政策性安排，以兼顾企业的社会服务和企业持续发展的双重目标，即采取以国有国营为主、私人经营为辅的治理模式。特定功能类国有企业主要定位于基础产业、支柱产业和政策性发展产业等，不能完全按照市场化的经营标准，需要政府加大控制，优化资本结构，形成国有控股、其他经济成分参股的混合经济模式，同时辅助政策倾斜，除了满足公司法的基本要求，可针对所处的行业进行专门立法来管理。

四、建立差异化的考评机制

国有企业的分类和负责人的分层，意味着对国有企业监管和考评方式的差异化。差异化的考评方式，是为了督促相应的企业主体建立对自己的行为负责的运营机制。从我国国有企业考评体系发展历史来看，1997~1991年，改革开放初期，国有企业构建了16项指标用以考核企业经济效益；1992年，构建了工业企业6项经济效益考核指标；1993~1994年，财政部发布《企业财务通则》，建立了8项考核指标；1995~1996年，财政部制定了企业经济效益评价指标体系；1997~1998年，国家统计局、国家计委、国家经贸委进一步调整工业经济效益评价体系；1999~2001年，颁布《国有资本金绩效评价规则》，包含了绩效评价的8项基本指标和16项修正指标以及8项评议指标；2002~2005年，修订《企业绩效评价操作细则》，将原来的32项指标降为28项；2006年至今，国务院国资委出台《中央企业综合绩效评价实施细则》，由22个财务绩效定量评价指标和8个管理绩效定性评价指标组成。可见，我国国有企业绩效评价制度不断得到发展和完善，由最初的定量绩效评价指标到如今的定量定性相结合，体现了主管部门对企业发展导向的不断更新。但国有企业评价制度仍存在较为突出的问题：①现有的制度只适用于中央企业，各省市企业的考评缺乏制度参考。②评价内容偏重定量的绩效指标，忽略了国有企业本身的双重属性：经济性和社会性，社会性是国有企业不容忽视的特质。③考评体系同质化，没有构建分类评价的指标体系，不利于国有企业分类改革和分类监管。④没有强调和谐财务的内容、指标。因此，建立差异化的评价机制，了解不同类别国有企业和谐财务发展的着重点，显得十分必要。针对商业竞争类国有企业，一般分布于竞争性强、以盈利为目的的行业，主要考虑和谐财务的经济效率、价值创造能力，兼顾处理好财务关系公平，接受市场优胜劣汰的机制，与其他企业公平竞争，从而实现国有资产的保值增值，最终实现企业价值最大化。针对公益类国有企业，以满足社会效益为目的，需要继续发展完善，在评价上主要考虑国有企业和谐财务之财务关系公平，或者说着重强调社会效益维度。针对特定功能类国有企业，带有一定的经济性和社会功能性，需要处理好和谐财务的物质基础维度和财务关系公平维度，建议持续完善发展，可适当放宽进入壁垒（这类企业往往存在国家政策壁垒），为企业注入新鲜血液，评价上坚持经济效率与社会效率相结合的办法。

五、重塑国有企业财务与会计目标

企业的财务目标与会计目标是两个不同的概念。企业财务目标是企业财务活动所追寻的目的，指引着企业财务管理活动的方向；企业会计目标则是会计工作应该达到的要求和目的。在会计理论史上，仍然是传统的财务目标和会计目标占主流地位。就财务目标而言，主要以企业价值最大化、股东权益最大化、企业利润最大化为主，主要强调企业的财务活动效率，2003 年，李心合提出了利益相关者价值最大化，但是在会计实务界并未产生实质的影响。而公认的会计目标主要是受托责任论和决策有用论，主要考核企业经理人经营管理的结果和企业提供决策者需要的信息质量。众所周知，目标就是企业追求的方向和考核的指挥棒，现有的财务目标和会计目标都是财务活动与财务结果的表现，主要通过三大财务报表中的数字关系进行描述，未体现和谐财务的内容。企业财务管理是财务活动与财务关系的综合，国有企业与各资本主体的关系如何？企业履行的社会责任怎样？各类国有企业的功能发挥如何？以上问题的解决很大程度上取决于企业财务目标和会计目标的定位。重构国有企业和谐财务管理与和谐会计目标，在开展企业财务活动的同时，注重企业财务关系发展，增设反映财务关系的报表，将财务报表体系调整为四大财务报表，即三大财务活动表（资产负债表＋利润表＋现金流量表）和财务关系表（增值分配表）。

在研究过程中，受多方因素限制，文章仍存在一些不足，笔者将在未来做进一步深入研究。

（1）由于国有企业的双重目标以及企业业务的复杂性，很多企业的主营业务多元化，在证券市场上多个板块上市，导致分类标准不够清晰，难免出现个别企业分类结果不是很准确，特别容易将某些商业竞争类国企与特定功能类国企混淆，但不会对统计分析的结论形成显著性影响。未来，可进一步细化国有企业分类标准，为非上市国有企业分类提供可复制的参考模式。

（2）设计的国有企业和谐财务评价指标，是建立在理论分析与文献推导及调查分析的基础上，笔者的理论深度和思维广度一定程度上影响指标设计和选取的周密性。另外，企业开展财务活动的同时，本身也体现了各种关系的协调，在构建指标体系时，很难将两者划清界限。故在某种程度上财务活动效率表达因子与财务关系公平的评价内容不能绝对分开。

（3）国有企业和谐财务的实证研究部分，通过宏观纵向分析及横向行业分析，得出来差异性的分析结果。由于国有企业的研究样本较多，无法做到对每一个国有企业和谐财务的影响成分及行业财务和谐度影响成分进行针对性的具体分析，一定程度上限制了本研究的深度和广度。后续研究可逐步推进，比如按照类别进行研究，或按照行业进行研究，精准定位到财务和谐度较差的企业的影响因素，为国有企业的和谐发展把脉问诊。

参考文献

[1] Abuya Willice O. Mining Conflicts and Corporate Social Responsibility: Titanium Mining in Kwale, Kenya[J]. The Extractive Industries and Society, 2016, 3 (2): 493–495.

[2] Admati A. P. P. Beiderer, Zechner J. Large Shareholder Activism, Risk Sharing, and Financial Market Equilibrium [J]. Public Economics, 2005, 102 (6): 1097–1130.

[3] Aghion P., Hart O., Moore J. The Economics of Bankruptcy Reform (Now Published in Journal of Law, Economics and Organization) [J]. Sticerd–Theoretical Economics Paper Series, 1992, 8 (3): 523–546.

[4] Amoroso B. Industrial Relations in Europe in the 1990s: New Business Strategies and the Challenge to Organised Labour [J]. Management Research News, 1991, 14 (10): 24.

[5] Bacon N., Storey J. New Employee Relations Strategies in Britain: Towards Individualism or Partnership? [J]. British Journal of Industrial Relations, 2000, 38 (3): 407–427.

[6] Berle A. A., Means G. C. The Modern Corporation and Private Property [M]. New York: Macmillan, 1932.

[7] Berry A. J., Faulkner S., Hughes M., et al. Financial Information, The Banker and the Small Business [J]. British Accounting Review, 1993, 25 (2): 1–150.

[8] Blyton P., Turnbull P. The Dynamics of Employee Relations [M]. Basingstoke: Macmillan, 1998.

[9] Boatright J. R. The Firm Divided: Manager–Shareholder Conflict in the Fight for Control of the Modern Corporation[J]. Business Ethics Quarterly, 2018, 28 (4): 497–500.

[10] Bowen Howard R. Social Responsibilities of the Businessman [M]. New York: Harper & Row, 1953.

[11] Bozec Richard. L'impact de la Commercialisation et de la Privatisation sur l'efficacité Technique des Sociétés d'Eacute; Tat Au Canada [J]. Canadian

Journal of Administrative Sciences（Canadian Journal of Administrative Sciences），2003, 20（4）：291–309.

［12］Brown T. J., Dacin P. A. The Company and the Product：Corporate Associations and Consumer Product Responses［J］. Journal of Marketing, 1997, 61（1）：68–84.

［13］Campello M., Gao J. Customer Concentration and Loan Contract Terms［J］. Journal of Financial Economics, 2017, 123（1）：108–136.

［14］Carroll Archie B. Corporate Social Responsibility：Evolution of a Definition Construct［J］. Business & Society, 1999, 38（3）：268–295.

［15］Carroll A. B. Ethics and Stakeholder Management（2nd）［M］. Cincinnati：South–Western, 1993.

［16］Carroll Archie B. A Three–Dimensional Conceptual Model of Corporate Performance［J］. Academy of Management Review, 1979, 4（4）：497–505.

［17］Cen L., Maydew E. L., Zhang L., et al. Customer–supplier Relationships and Corporate Tax Avoidance［J］. Journal of Financial Economics, 2017, 123（2）：377–394.

［18］Charumiln C., Kall R., Whattanatatang Y. Connected Lending：Thailand Before the Financial Crisis［J］. Journal of Business, 2006, 71（1）：181–217.

［19］Chi–Wen Jevons Lee. Financial Restructuring of State Owned Enterprises in China：The Case of Shanghai Sunve Pharmaceutical Corporation［J］. Accounting, Organizations & Society, 2001, 10（26）：673–689.

［20］Chris Brewster. Employee Relations［M］. British：Pan Books Ltd., 1984.

［21］Clarkson M. E. A Stakeholder Framework for Analyzing and Evaluating Corporate Social Performance［J］. Academy of Management Review, 1995, 20（1）：92–117.

［22］Cui A. S., Wu F. Utilizing Customer Knowledge in Innovation：Antecedents and Impact of Customer Involvement on New Product Performance［J］. Journal of the Academy of Marketing Science, 2016, 44（4）：516–538.

［23］Cui T. H., Raju J. S., Zhang Z. J. Fairness and Channel Coordination［J］. Management Science, 2007, 53（8）：1303–1314.

［24］Dashwood H. S. Towards Sustainable Mining：The Corporate Role in the Construction of Global Standards［J］. Multinational Business Review, 2007, 15（1）：47–66.

［25］Davis Keith. Can Business Afford to Ignore Social Responsibilities［J］.

California Management Review, 1960（2）：70–76.

［26］ Deborah Vidaver　Cohen, Altman B. W. Corporate Citizenship in the New Millennium：Foundation for an Architecture of Excellence［J］. Business & Society Review, 2010, 105（1）：145–168.

［27］ Dennis Diane, John Mcconnell. International Corporate Governance［J］. Journal of Financial and Quantitative Analysis, 2003, 38（3）：1–36.

［28］ Dhaliwal D., Scoh J. J., Serflin G. M., et al. Customer Concentration Risk and the Cost of Equity Capital［J］. Journal of Accounting and Economics, 2016, 61（1）：23–48.

［29］ Djankov S. D.,Shleifer A., Mcliesh C. Private Credit in 129 Countries［J］. Journal of Financial Economics, 2007, 84（2）：299–329.

［30］ Dodd E. M. Jr. For Whom are Corporate Managers Trustees?［J］. Harvard Law Review, 1932, 45（7）：1145–1163.

［31］ Farnham D., Pimlott J. Understanding Industrial Relations（4th Edition）［M］. London：Casslell, 1990.

［32］ Fei Du, Guliang Tang, Young S. Mark. Influence Activities and Favoritism in Subjective Performance Evaluation：Evidence from Chinese State–Owned Enterprises［J］. Accounting Review, 2012, 87（5）：1555–1588.

［33］ Ferguson Michael J. The Ownership Structure of Listed Chinese State–owned Enterprises and its Relation to Corporate Performance［J］. Applied Financial Economics, 2005, 15（4）：231–246.

［34］ Freeman R. E. Strategic Management：A Stakeholder Approach［M］. Boston：Pitman, 1984.

［35］ Freeman Joshua B. Militarism, Empire, and Labor Relations：The Case of Brice P. Disque［J］. International Labor and Working–class History, 2011, 80（1）：103–121.

［36］ Gao L., Kling G. Corporate Governance and Tunneling：Empirical Evidence from China［J］. Pacific Basin Financial Journal, 2008, 16（5）：591–605.

［37］ ［美］H. 伊戈尔·安索夫（H. Igor Ansoff）. 华章经典·管理：战略管理［M］. 邵冲译. 北京：机械工业出版社, 2014.

［38］ Hanlon R. J. Engineering Corporate Social Responsibility：Elite Stakeholders, States and the Resilience of Neoliberalism［J］. Contemporary Politics, 2011, 17（1）：71–87.

［39］ Haselmann R., Wachtel P. Institutions and Bank Behavior：Legal Environment,

Legal Perception, and the Composition of Bank Lending [J]. Journal of Money, Credit and Banking, 2010, 42 (5)：965–984.

[40] Hillman A. J., Keim G. D. Shareholder Value, Stakeholder Management and Social Issues: What's the Bottom Line? [J]. Strategic Management Journal, 2001 (22)：125–139.

[41] Hobday M., Rush H., Tidd J. Innovation in Complex Products and System [J]. Research Policy, 2000, 29 (7)：793–804.

[42] Holz Carsten A. The Impact of Competition and Labor Remuneration on Profitability in China's Industrial State–owned Enterprises [J]. Journal of Contemporary China, 2002, 11 (32)：515–538.

[43] Hopkins M. The Planetary Bargain: Corporate Social Responsibility Comes of Age [J]. Long Range Planning, 1999, 33 (4)：602–605.

[44] Husted Bryan W. A Contingency Theory of Corporate Social Performance [J]. Business & Society, 2000, 39 (1)：24–28.

[45] Idemudia U. Assessing Corporate–Community Involvement Strategies in the Nigerian Oil Industry: An Empirical Analysis [J]. Resources Policy, 2009, 34 (3)：133–141.

[46] Jenkins H., Obara L. Corporate Social Responsibility (CSR) in the Mining Industry: The Risk of Community Dependency [R]. Queen's University Belfast, 2006.

[47] Jensen M. C., Murphy K. J. Performance Pay and Top–management Incentives [J]. Journal of Political Economy, 1988, 98 (2)：225–264.

[48] Jensen M., Meckling W. Specific Knowledge and Divisional Performance Measurement [J]. Journal of Applied Corporate Finance, 2009, 21 (2)：49–57.

[49] Jensen M., W. Meckling. Theory of the Firm: Managerial Behavior, Agency Costs and Ownership Structure [J]. Journal of Financial Economics, 1976, 10 (3)：305–360.

[50] Keay A. Directors' Duties to Creditors: Contractarian Concerns Relating to Efficiency and Over–protection of Creditors [J]. Modern Law Review, 2010, 66 (5)：665–699.

[51] Khajar Ibnu. Model of State–owned Enterprise (SOES) Privatisation Through New Common Stock and its Implication Towards Financial Performance Period 2005–2012[J]. International Journal of Organizational Innovation, 2014, 7 (2)：

27–37.

[52] Kim Y. H., Henderson D. Financial Benefits and Risks of Dependency in Triadic Supply Chain Relationships [J]. Journal of Operations Management, 2015, 36 (5): 115–129.

[53] Klein J., Dawar N. Corporate Social Responsibility and Consumers' Attributions and Brand Evaluations in a Product–harm Crisis [J]. International Journal of Research in Marketing, 2004, 21 (3): 203–217.

[54] Korschun D., Bhattacharya C. B., Swain S. D. Corporate Social Responsibility, Customer Orientation, and the Job Performance of Frontline Employees [J]. Esmt Research Working Papers, 2013, 78 (3): 20–37.

[55] La Porta R., Lopez–de–Silanes F., Shleifer A., et al. Corporate Ownership Around the World [J]. Journal of Finance, 1999, 54 (2): 471–517.

[56] Logsdon, Jeanne M. Wood, Donna J. Business Citizenship: From Domestic to Global Level of Analysis [J]. Business Ethics Quarterly, 2002, 12 (2): 155–187.

[57] Mac Carthaigh, Muiris. Managing State–owned Enterprises in an Age of Crisis: An Analysis of Irish Experience [J]. Policy Studies, 2011, 32 (3): 215–230.

[58] Matten Dirk, Crane Andrew. Corporate Citizenship: Toward an Extended Theoretical Conceptualization [J]. A Cade My of Management Review, 2005, 30 (1): 166–179.

[59] Mc Williams A., Siegel D. Corporate Social Responsibility: A Theory of the Firm Perspective [J]. Academy of Management Review, 2001, 26 (1): 117–127.

[60] Mcconnell J. J., Servaes H. Additional Evidence on Equity Ownership and Corporate Value [J]. Journal of Financial Economics, 1990, 27 (2): 595–612.

[61] Melitz Marc J. The Impact of Trade on Intra–industry Reallocation and Aggregate Industry Productivity [J]. Econometrica, 2003 (71): 1695–1725.

[62] Merrin R. P., Hoffmann A. O. I., Pennings J. M. E. Customer Satisfaction as a Buffer Against Sentimental Stock–price Corrections [J]. Marketing Letters, 2013, 24 (1): 13–27.

[63] Merva M. James Laurenceson, Joseph C. H. Chai. Financial Reform and Economic Development in China[J]. Journal of Asian Economics, 2005, 16(2): 341–342.

［64］Mirvis P., Googins B. Stages of Corporate Citizenship［J］. California Management Review, 2006, 48（2）：104-126.

［65］Mirza, Sultan Sikandar, Rehman, Ajid ur, Zhang Xianzhi. Adjustment Behavior of Leverage in Chinese Firms: An Empirical Anlysis of Overall Firms, Stated-Owned and non Stated-Owned Enterprises［J］. Asian Academy of Management Journal of Accounting and Finance, 2016, 12（2）：32+95-126.

［66］Oviatt B. M. Agency and Transaction Cost Perspectives on the Manager-Shareholder Relationship: Incentives for Congruent Interests［J］. The Academy of Management Review, 1988, 13（2）：214-225.

［67］Patatoukas P. N. Customer-base Concentration: Implications for Firm Performance and Capital Markets［J］. The Accounting Review, 2012, 87（2）：363-392.

［68］Porta R. L., Lopez-De-Silanes F., Shleifer A., et al. Agency Problems and Dividend Policies Around the World［J］. The Journal of Finance, 2000, 55（1）：1-33.

［69］Qin Charles. Measures for the Transfer of State-owned Assets of Financial Enterprises［J］. China Law & Practice（Euromoney Institutional Investor PLC）, 2009（5）：16.

［70］Rafiq S. Corporate Citizenship and its Impact upon Consumer Moralization, Decision-making and Choice［J］. Journal of Marketing Management, 2015, 31（3-4）：430-452.

［71］Rutledge Robert W. An Examination of the Relationship Between Corporate Social Responsibility and Financial Performance: The Case of Chinese State-owned Enterprises［J］. Advances in Environmental Accounting & Management, 2011（5）：1-22.

［72］Saboo A. R., Kumar V., Anand A., et al. Assessing the Impact of Customer Concentration on IPO and Balance-sheet Based Outcomes［J］. Journal of Marketing, 2017, 81（11）：42-61.

［73］Sanusi H. Anwar. State Owned Enterprises（SOES）, The Problems and Solutions in Financial and Asset Management［J］. Scholedge International Journal of Multidisciplinary& Allied Studies, 2016, 3（2）：19-33.

［74］Say J. B., Prinsep Robert C., et al. A Treatise on Political Economy［J］. A Treatise on Political Economy, 2012：288.

［75］Sen S., Bhattacharya C. B. Does Doing Good Always Lead to Doing Better?

Consumer Reactions to Corporate Social Responsibility [J]. Journal of Marketing Research, 2001, 38 (2): 225–243.

[76] Sen S., Bhattacharya C. B. The Role of Corporate Social Responsibility in Strengthening Multiple Stakeholder Relationships: A Field Experiment [J]. Journal of Academy Market Science, 2006, 34 (2): 158–166.

[77] Shibata T., Nishihara M. Dynamic Investment and Capital Structure under Manager–shareholder Conflict [J]. Journal of Economic Dynamics and Control, 2010, 34 (2): 158–178.

[78] Shleifer A., Vishny R. W. A Survey of Corporate Governance [J]. Journal of Finance, 1997, 52 (2): 737–784.

[79] Standifird S., Marshall R. S. The Transaction Cost Advantage of Guanxi Based Business Practices [J]. Journal of World Business, 2000, 35 (1): 21–42.

[80] Sullivan H. Modernisation, Democratisation and Community Governance [J]. Local Government Studies, 2001, 27 (3): 1–24.

[81] Vidaver–Cohen D., Altman B. W. Corporate Citizenship in the New Millennium: Foundation for an Architecture of Excellence [J]. Business & Society Review, 2010, 105(1): 145–168.

[82] Wagner T., Lutz R. J., Weitz B. A. Corporate Hypocrisy: Overcoming the Threat of Inconsistent Corporate Social Responsibility Perceptions [J]. Journal of Marketing, 2009, 73 (6): 77–91.

[83] Webb D. J., Mohr L. A. A Typology of Consumer Responses to Cause–Related Marketing: From Skeptics to Socially Concerned [J]. Journal of Public Policy & Marketing, 1998, 17 (2): 226–238.

[84] Wood D. J., Logsdon J. M. Business Citizenship as Metaphor and Reality [J]. Business Ethics Quarterly, 2008, 18 (1): 51–59.

[85] Wood Donna J. Corporate Social Performance Revisited [J]. Academy of Management Review, 1991, 16 (4): 691–718.

[86] Yi Z., Wang Y., Liu Y., et al. The Impact of Consumer Fairness Seeking on Distribution Channel Selection: Direct Selling vs. Agent Selling [J]. Production and Operations Management, 2018, 27 (6): 1148–1167.

[87] Yli–Renko H., Autio E., Tontti V. Social Capital, Knowledge, and the International Growth of Technology–based New Firms [J]. International Business Review, 2002, 11 (3): 279–304.

[88] Zhang M., Gao S., Guan X., et al. Controlling Shareholder–manager Collusion

and Tunneling：Evidence from China［J］．Corporate Governance：An International Review, 2014, 22（6）：440–459.

［89］Zimmerman M. A., Zeitz G. J. Beyond Survival：Achieving New Venture Growth by Building Legitimacy［J］．Academy of Management Review, 2002, 27（3）：414–431.

［90］Zvika Afik, Roi Haim, Yaron Lahav. Advance Notice Labor Conflicts and Firm Value—An Event Study Analysis on Israeli Companies［J］．Finance Research Letters, 2018（12）：1–5.

［91］［法］奥古斯特·孔德．论实证精神［M］．黄建华译．北京：商务印书馆，1995.

［92］［英］庇古．福利经济学［M］．金镝译．北京：华夏出版社，2007.

［93］本书编写组．党的十九大报告辅导读本［M］．北京：人民出版社，2017.

［94］蔡维灿．企业财务创新、动态财务能力和可持续发展能力的关系研究［J］．东南学术，2012（5）：106–115.

［95］陈建军，袁凯．企业异质性视角下产业空间分布的"二重性"：基于前沿文献的讨论［J］．浙江大学学报（人文社会科学版），2013, 43（6）：95–108.

［96］陈俊龙，汤吉军．国有企业混合所有制分类改革与国有股最优比例——基于双寡头垄断竞争模型［J］．广东财经大学学报，2016, 31（1）：36–44.

［97］陈旭，熊小舟．中国上市公司大股东与中小股东利益关系分析［J］．经济研究导刊，2009（21）：71–72.

［98］陈志标．分类改革后国有企业治理机制与国资监管体制的完善［J］．经济研究导刊，2014（33）：17–19.

［99］陈志标．国有企业分类及其治理机制的法律保障［J］．牡丹江大学学报，2015, 186（2）：123–126.

［100］程民选，罗后清．企业和谐的实质及其文化支撑［J］．当代经济研究，2010（11）：35–39.

［101］单锋．传统文化视域下的企业和谐管理研究［J］．管理世界，2015（7）：182–183.

［102］邓思捷，干胜道．基于和谐财务关系的增值分配表研究［J］．财会月刊，2013（16）：111–112.

［103］邓小军，刘娅，干胜道．财务公平视角下的财务管理目标重构［J］．财会月刊，2015（4）：3–4.

［104］邓振平.国有企业劳资关系走向分析［J］.广西师范学院学报（哲学社会科学版），2011，32（3）：123-125.

［105］董辅礽.从企业功能着眼分类改革国有企业［J］.改革，1995（4）：40-47.

［106］董有德.美国国有企业之路［M］.兰州：兰州大学出版社，1999.

［107］杜国用.中国国有企业分类改革的理论与实践［J］.改革与战略，2014，30（1）：24-29.

［108］杜兴强，周泽将.会计信息质量与公司治理：基于中国资本市场的进一步经验证据［J］.财经论丛，2007（3）：71-79.

［109］杜勇，陈建英，权小锋，张欢.第一大股东特征、影响力异质与公司亏损逆转性［J］.审计与经济研究，2015，30（6）：69-79.

［110］杜勇.亏损异质性研究：概念、特征及维度［J］.经济管理，2011，33（7）：182-192.

［111］范阳东.自组织视野下的企业社会责任［J］.企业经济，2013（9）：37-43.

［112］冯素珍.浅议和谐会计的内涵及其构建［J］.商业时代，2007（26）：82-83.

［113］［法］弗雷德里克·巴斯夏.和谐经济论（下）［M］.章爱民译.北京：机械工业出版社，2010.

［114］［美］弗里曼.战略管理利益相关者方法（当代经济伦理学名著新译丛）［M］.王彦华，梁豪译.上海：上海译文出版社，2006.

［115］傅尔基.混合化与国有企业改革全面深化——以上海国有企业深化改革为例［J］.毛泽东邓小平理论研究，2015（10）：11-16,91.

［116］傅泽风.马克思对魁奈《经济表》的解读与重构［J］.当代经济研究，2011（1）：22-27.

［117］干胜道，邓小军.论公平效率导向的财务目标［J］.财会学习，2014（6）：13-15.

［118］干胜道，刘庆龄.嵌入公平的企业财务目标新思考——来自2007~2013年中国资本市场经验数据［J］.财经问题研究，2015（1）：72-79.

［119］干胜道.企业财务分配理论创建研究［J］.会计之友，2014（20）：2-6.

［120］干胜道.财务分层理论发展述评［J］.会计之友，2005（4）：4-5.

［121］干胜道.财务理论研究［M］.大连：东北财经大学出版社，2011.

［122］高冬秀.广义财务管理目标构建探析［J］.会计之友（中旬刊），2007（5）：15.

［123］高方露.基于企业财务和谐治理的财务标准系统［J］.财会月刊，2007

（26）：93-94.

［124］高明华，杨丹，杜雯翠，焦豪，谭玥宁，苏然，方芳，黄晓丰.国有企业分类改革与分类治理——基于七家国有企业的调研［J］.经济社会体制比较，2014（2）：19-34.

［125］高明华等.中国国有企业公司治理分类指引［M］.上海：东方出版中心，2016.

［126］高学栋，董蕾，陈立杰.和谐企业的特征与建设和谐企业的内容探析［J］.华东经济管理，2006（3）：34-38.

［127］龚丽.利益相关者参与企业剩余分配的理论基础［J］.财会研究，2011（4）：62-65.

［128］顾飞.企业和谐信息化体系构建研究［D］.山东大学，2012.

［129］关怀，林嘉.劳动法［M］.北京：中国人民出版社，2016.

［130］郭崇罡.对实现企业总体价值最大化的思考［J］.西安财经学院学报，2005（1）：42-45.

［131］郭砚君，祁大伟.基于自组织理论的企业领导模式创新研究［J］.现代管理科学，2016（7）：103-105.

［132］郭扬，侯渡舟，杨海珍.企业和谐管理的内涵及要素分析［J］.技术与创新管理，2008（2）：135-136，140.

［133］国家经济贸易委员会.中国工业五十年（1985~1992）［M］.北京：中国经济出版社，2000：18-19.

［134］国家统计局.中国经济年鉴（1998）［M］.北京：中国经济年鉴社，1998.

［135］韩巍，席酉民.不确定性—支配权—本土化领导理论：和谐管理理论的视角［J］.西安交通大学学报（社会科学版），2009，29（5）：7-17，27.

［136］韩旭红.国有企业财务目标的定位与选择［J］.经济师，2010，255（5）：181-182.

［137］韩勇，干胜道，张伊.机构投资者异质性的上市公司股利政策研究［J］.统计研究，2013，30（5）：71-75.

［138］何富强.新加坡国有企业的探析［J］.亚太经济，1997（2）：60-62.

［139］胡如愿，孙文杰，张继军.利益相关者能否推动生产者承担环境延伸责任——以小米与苹果供应链污染为例［J］.财会月刊，2018（23）：88-94.

［140］胡盛昌，干胜道，李万福.机构投资者会影响企业税务激进行为

吗？——基于地缘优势和投资期限异质性角度［J］.中央财经大学学报，2015（12）：76-84.

［141］胡晓鹏，李庆科.生产性服务业与制造业共生关系研究——对苏、浙、沪投入产出表的动态比较［J］.数量经济技术经济研究，2009，26（2）：33-46.

［142］黄丹，席酉民.和谐管理理论基础：和谐的诠释［J］.管理工程学报，2001（3）：69-72.

［143］黄国辉.创造条件建设和谐财务［A］// 2004~2005年福建省会计学会理论研讨会论文集［C］.福建省会计学会，2005.

［144］黄群慧，余菁.新时期的新思路：国有企业分类改革与治理［J］.中国工业经济，2013（11）：5-17.

［145］黄容，蒋水全，王艳瑾.人力资本财务和谐度评价体系研究［J］.财会通讯，2010（26）：104-105.

［146］黄晓波.基于广义资本的财务报告［J］.会计研究，2007（10）：3-10，95.

［147］姜树蔚.国有企业改革的理论与途径［J］.经济学动态，1996（4）：33-36.

［148］蒋苏娅.论和谐财务［J］.财会通讯（学术版），2007（8）：45-47.

［149］蒋一苇.企业本位论［J］.中国社会科学，1980（1）：21-36.

［150］交通银行国企改革课题组.国企改革：功能分类是前置性条件［N］.人民政协报，2015-02-03（007）.

［151］［英］杰里米·边沁.政府片论［M］.北京：台海出版社，2016.

［152］金碚.国有企业渐进式改革的历史轨迹［J］.南京师范大学学报（社会科学版），2002（1）：5-12.

［153］敬永春.中国国有企业集团管理的自组织优化理论研究［J］.现代管理科学，2009（7）：93-95.

［154］［美］卡罗尔，布克霍尔茨.企业与社会：伦理与利益相关者管理（管理教材译丛）［M］.黄煜平译.北京：机械工业出版社，2004.

［155］［英］凯恩斯.就业利息和货币通论［M］.宋韵声译.北京：华夏出版社，2005.

［156］康艳.浅析当前企业如何构建和谐财务［J］.经济研究导刊，2012（1）：105-106.

［157］［英］克拉克.财富的分配［M］.王翼龙译.北京：华夏出版社，2013.

［158］孔子.论语［M］.李择非编.沈阳：万卷出版公司，2009.

［159］黎毅，刘美.利益相关者利益保护效果评价体系研究——以有色金属类

企业为例 [J].江西财经大学学报，2010（3）：16-21.

［160］李耳.道德经：老子 [M].邱岳注.北京：金盾出版社，2009.

［161］李桂华.企业和谐管理的特征与性质 [J].商业经济与管理，2007（4）：43-48.

［162］李丽琴，陈少晖.国有企业分类改革的理论依据与现实推进 [J].现代经济探讨，2016（4）：25-29，82.

［163］李荣融.国有企业改革的几个重点难点问题 [J].宏观经济研究，2005（11）：5-12.

［164］李小华，干胜道.利益相关者财务分配博弈分析及财务和谐分配模型构建 [J].新疆社会科学，2017（1）：33-39.

［165］李心合.关于财务理论若干问题研究 [J].财经研究，2001（1）：46-51.

［166］李心合.利益相关者财务论 [J].会计研究，2003（10）：10-15.

［167］李心合.中美企业财务控制权配置模式比较研究 [J].财经科学，2001（2）：103-107.

［168］李芸，朱明伟.零售商和供应商界面失调及界面再造 [J].科技进步与对策，2006（8）：117-119.

［169］李长丰.企业劳动关系和谐度测评及预警机制研究 [D].上海工程技术大学，2015.

［170］李子叶，席酉民，尚玉钒，杨乐.提高员工工作满意度机制的系统分析：和谐管理理论的启示与价值 [J].南开管理评论，2008（4）：70-77，96.

［171］林斌，蔡世杰，王文冠.企业社会责任评价研究中的变量定义剖析 [J].财会月刊，2017（32）：90-92.

［172］刘彬，朱庆华，蓝英.绿色采购下供应商评价指标体系研究 [J].管理评论，2008（9）：20-25，32，63.

［173］刘纪鹏.深化国资监管体制改革应从三方面入手 [N].证券日报，2013-11-14（A03）.

［174］刘庆龄，干胜道，宋慧.股东特质与劳资财务公平测度 [J].财经问题研究，2018（6）：73-80.

［175］刘涛.劳资两利思想的启示以及构建和谐劳资关系的途径 [J].改革与战略，2017，33（2）：17-20.

［176］刘婷.中国国有企业财务治理模式的演化与改进 [J].经济体制改革，2010（1）：75-80.

［177］刘旺生.论构建企业和谐管理制度 [J].当代经济管理，2005（6）：

76-78.

[178] 刘相林.约翰·贝茨·克拉克分配理论述评 [J].金融理论与教学,
1994（2）: 50-54.

[179] 刘志远.企业财务战略 [M].大连: 东北财经大学出版社, 1997.

[180] 卢代富.公司社会责任的经济学与法学分析 [M].北京: 法律出版社,
2002.

[181] 卢秋声, 干胜道.企业和谐财务关系评价指标体系构建研究 [J].财会
通讯, 2015, 661（5）: 65-68, 129.

[182] 鲁丽萍, 石友蓉.共生视角下企业碳财务战略体系的构建 [J].财会月
刊, 2017（10）: 20-24.

[183] 陆庆平.以企业价值最大化为导向的企业绩效评价体系——基于利益相
关者理论 [J].会计研究, 2006（3）: 56-62, 96.

[184] 陆正飞.关于财务管理专业建设的若干问题 [J].会计研究, 1999（3）:
34-39.

[185] [西德] 路德维希·艾哈德.来自竞争的繁荣 [M].北京: 商务印书馆,
1983.

[186] 罗本德.论大股东与中小股东的利益冲突 [J].社会科学研究, 2007（3）:
90-94.

[187] 罗飞, 王竹泉, 黄本尧.论国有企业财务管理的环境与财务关系 [J].
会计论坛, 2002（1）: 65-75.

[188] 罗飞, 王竹泉.论国家作为出资者对国有企业的财务管理 [J].会计研
究, 2001（4）: 3-9, 65.

[189] 罗福凯, 舒展, 郑晓琳.宏观公平、微观效率: 财务管理目标的追求
[J].财经理论与实践, 2002（s1）: 94-97.

[190] 罗新宇, 上海国有资本运营研究所.国有企业分类与分类监管 [M].上
海: 上海交通大学出版社, 2014.

[191] 吕婧.和谐发展视角下的我国企业绩效评价探究 [J].生产力研究,
2010（7）: 212-214.

[192] 吕长江, 赵宇恒.国有企业管理者激励效应研究——基于管理者权力的
解释 [J].管理世界, 2008（11）: 99-109, 188.

[193] [德] 马克思, 恩格斯.德意志意识形态（节选本）[M].中央编译局
编.北京: 人民出版社, 2003.

[194] [英] 马歇尔.经济学原理 [M].宇琦译.长沙: 湖南文艺出版社,
2012.

［195］马元驹.和谐会计价值取向的探讨［J］.上海立信会计学院学报，2007（2）：10-14.

［196］马志彤.加强成本控制　提升国有企业财务管理水平［J］.财会研究，2007（7）：46-47.

［197］苗成林，冯俊文，孙丽艳，马蕾.基于协同理论和自组织理论的企业能力系统演化模型［J］.南京理工大学学报，2013，37（1）：192-198.

［198］潘胜文，蔡超.政府管制视角下的国有企业分类改革［J］.湖北社会科学，2017（4）：64-70.

［199］彭秋莲，尹北晖.高等学校和谐财务的运行机制及其构建［J］.经济研究导刊，2010（9）：66-67.

［200］戚桂杰，顾飞.基于和谐管理理论的提升业务与IT融合研究［J］.山东大学学报（哲学社会科学版），2012（2）：53-59.

［201］戚聿东，刘健.中国国有企业改革的未竟使命与战略设计［J］.中州学刊，2015（2）：24-29.

［202］冉光圭.企业理论演变与财务管理目标的选择［J］.财会通讯（学术版），2005（4）：24-26.

［203］任蔼堂，雷光勇.效率与公平：企业财务目标的归属［J］.财经理论与实践，2000（1）：65-68.

［204］任蔼堂.再论效率与公平：企业财务目标的归属［J］.财经理论与实践，2001（6）：72-76.

［205］盛毅.新一轮国有企业分类改革思路发凡［J］.改革，2014（12）：44-51.

［206］舒霄虹.供应链管理中供应商评价选择指标体系的设计［D］.上海交通大学，2008.

［207］束克东，张斌，戴明曦.亨利·凯里的经济学说及其对我国产业政策的启示［J］.郑州大学学报（哲学社会科学版），2012，45（6）：75-81.

［208］汤谷良，戴璐.国有上市公司部分民营化的经济后果——基于"武昌鱼"的案例分析［J］.会计研究，2006（9）：48-55，96.

［209］陶莉.论财务管理环境问题［A］//全国高等财经院校《资本论》研究会第24届学术年会论文集［C］.中国《资本论》研究会，2007.

［210］汪洁.现代企业和谐管理的价值探析［J］.生产力研究，2007（21）：125-126，133.

［211］汪宗田，王元璋.公平、效率与社会主义和谐社会［J］.云南社会科学，2007（1）：9-11.

［212］王棣华.构建三位一体企业财务管理理论框架［J］.会计之友,2015（7）:8-11.

［213］王棣华.企业和谐财务管理的基本特征与原则［J］.财会通讯,2012（5）:157.

［214］王棣华.企业和谐财务管理基本理论问题研究［J］.新会计,2009（12）:2-4.

［215］王棣华.企业和谐财务管理之道:兼顾效率与公平［N］.财会信报,2017-12-25（D02）.

［216］王棣华.企业如何构建内部和谐财务关系［N］.财会信报,2011-01-17（C05）.

［217］王锋.论企业和谐管理［J］.现代财经（天津财经大学学报）,2007（9）:39-43.

［218］王海兵.人本财务的若干基础理论问题研究［A］//中国会计学会财务管理专业委员会2012年学术年会暨第十八届中国财务学年会论文集［C］.中国会计学会财务管理专业委员会,中国财务学年会组委会,2012.

［219］王海霞.如何构建和谐的企业劳资关系［J］.人民论坛,2018（20）:88-89.

［220］王化成,张伟华,佟岩.广义财务管理理论结构研究——以财务管理环境为起点的研究框架回顾与拓展［J］.科学决策,2011（6）:1-32.

［221］王济民,邵应倩.国有企业分类绩效评价体系的构建［J］.财会月刊,2016（25）:21-25.

［222］王建,黄煦,胡克,崔周全,栗欣.企业社区关系与企业社区参与研究——以"汉营模式"为例［J］.管理案例研究与评论,2017,10（3）:247-261.

［223］王立胜.发展中国特色社会主义政治经济学［N］.中国社会科学报,2016-07-06（004）.

［224］王林.论企业财务环境［J］.会计研究,1995（6）:22-25.

［225］王朋才.和谐财务:当今我国企业理财的必然选择［J］.会计之友,2012（19）:33-34.

［226］王鹏飞.DY外贸商务有限公司财务环境研究［D］.天津商业大学,2014.

［227］王琦,席酉民,尚玉钒.和谐管理理论核心:和谐主题的诠释［J］.管理评论,2003（9）:24-30.

［228］王琦，席酉民，汪莹．和谐主题漂移的含义及其过程描述［J］.管理科学，2004（6）：10-17.

［229］王胜利．深化国有企业改革的本源和路径选择［J］.现代经济探讨，2014（5）：53-57.

［230］王文兵，干胜道，段华友．企业财务保守、财务冗余与财务弹性的比较研究［J］.华东经济管理，2013，27（7）：139-143.

［231］王晓灵，雷妮，李雪．社会责任、企业组织与可持续经营绩效评价体系［J］.江汉论坛，2018（10）：33-38.

［232］王洋帅，陈琳，童纪新．客户集中度与制度环境对现金持有水平影响的实证检验［J］.财会月刊，2017（15）：51-61.

［233］王宇亮．基于国有企业分类改革下的职能与组织机构研究［J］.经济体制改革，2016（4）：37-42.

［234］王珍珍，鲍星华．产业共生理论发展现状及应用研究［J］.华东经济管理，2012，26（10）：131-136.

［235］王治，张多蕾，卢太平．和谐财务论［J］.西安财经学院学报，2010，23（1）：45-51.

［236］王治．和谐财务主体论［J］.合作经济与科技，2008，338（3）：91.

［237］王竹泉，杜媛．利益相关者视角的企业形成逻辑与企业边界分析［J］.中国工业经济，2012（3）：108-120.

［238］韦德洪，杨海燕，徐全华．中国财务与会计和谐发展研究——中国会计学会财务管理专业委员会2012年学术年会暨第18届中国财务学年会综述［J］.会计研究，2012，302（12）：87-90.

［239］魏建中，段兴民．企业和谐态多级聚类测度模型研究［J］.预测，2005（2）：68-72.

［240］温素彬，黄浩岚．利益相关者价值取向的企业绩效评价——绩效三棱镜的应用案例［J］.会计研究，2009（4）：62-68，97.

［241］温素彬．和谐财务评价体系研究［A］//中国会计学会财务成本分会2006年年会暨第19次理论研讨会论文集（上）［C］.中国会计学会财务成本分会，中国海洋大学管理学院，2006.

［242］温素彬．基于可持续发展的企业绩效评价理论与方法研究［D］.南京理工大学，2005.

［243］温素彬．利益相关者价值导向的和谐财务理念研究［J］.南京理工大学学报（社会科学版），2007（4）：40-45.

［244］文胜泽，黄廷政．财务管理目标浅析［J］.湖北社会科学，2002（9）：

103–105.

［245］吴君民，张璐，魏晓卓，宁宣熙．大型单件小批制造企业和谐成本管理问题［J］．系统工程理论与实践，2010，30（6）：971–980.

［246］吴林江．内部人控制、外部监控与国有企业经济绩效［J］．当代经济科学，2000（3）：60–66，106.

［247］吴玲，陈维政．企业对利益相关者实施分类管理的定量模式研究［J］．中国工业经济，2003（6）：70–76.

［248］吴书瑶．基于异质性企业理论的中国对外直接投资研究［D］．天津外国语大学，2015.

［249］吴涛．基于实现企业组织和谐的治理研究［M］．成都：西南财经大学出版社，2012.

［250］吴应宇，路云．论企业可持续竞争能力［M］．南京：东南大学出版社，2003.

［251］席西民，曾宪聚，唐方成．复杂问题求解：和谐管理的大脑耦合模式［J］．管理科学学报，2006（3）：88–96.

［252］席西民，葛京，韩巍，陈健．和谐管理理论的意义与价值［J］．管理学报，2005（4）：397–405.

［253］席西民，韩巍，尚玉钒．面向复杂性：和谐管理理论的概念、原则及框架［J］．管理科学学报，2003（4）：1–8.

［254］席西民，井辉，曾宪聚，肖宏文．和谐管理双规则机制的探索性分析与验证［J］．管理学报，2006（5）：505–510.

［255］席西民，井辉，肖宏文，曾宪聚．和谐主题与和谐机制一致性关系的实证研究［J］．管理科学学报，2008，11（5）：94–101.

［256］席西民，刘鹏，孔芳，葛京．和谐管理理论：起源、启示与前景［J］．管理工程学报，2013，27（2）：1–8.

［257］席西民，尚玉钒，井辉，韩巍．和谐管理理论及其应用思考［J］．管理学报，2009，6（1）：12–18.

［258］席西民，尚玉钒．和谐管理思想与当代和谐管理理论［J］．西安交通大学学报（社会科学版），2001（3）：23–26.

［259］席西民，唐方成．不确定性环境下无形资产的和谐管理模式［J］．西安交通大学学报（社会科学版），2004（2）：6–12.

［260］席西民，唐方成．和谐管理理论的数理表述及主要科学问题［J］．管理学报，2005（3）：268–276.

［261］席西民，汪应洛，李怀祖．系统和谐理论［J］．系统工程学报，1989（2）：

79-89.

[262] 席酉民, 汪应洛, 李怀祖. 系统状态和谐性诊断模型 [J]. 管理工程学报, 1989 (Z1): 1-10, 26.

[263] 席酉民, 王洪涛, 唐方成. 管理控制与和谐管理研究 [J]. 管理学报, 2004 (1): 1, 4-9.

[264] 席酉民, 王亚刚. 和谐社会秩序形成机制的系统分析: 和谐管理理论的启示和价值 [J]. 系统工程理论与实践, 2007 (3): 12-20.

[265] 席酉民, 肖宏文, 郎淳刚. 管理学术与实践隔阂: 和谐管理的桥梁作用 [J]. 管理科学学报, 2008, 11 (2): 1-11.

[266] 席酉民, 肖宏文, 王洪涛. 和谐管理理论的提出及其原理的新发展 [J]. 管理学报, 2005 (1): 23-32.

[267] 席酉民, 姚小涛. 复杂多变环境下和谐管理理论与企业战略分析框架 [J]. 管理科学, 2003 (4): 2-6.

[268] 席酉民, 张华, 马骏. 成员间互动对团队绩效影响研究: 基于和谐管理理论的视角 [J]. 运筹与管理, 2008, 17 (6): 134-139.

[269] 席酉民, 张晓军. 从不确定性看管理研究逻辑及和谐管理理论的启示 [J]. 管理学报, 2010, 7 (1): 1-6.

[270] 席酉民, 张晓军. 社会治理视角下的和谐社会形成机制及策略 [J]. 系统工程理论与实践, 2013, 33 (12): 3001-3008.

[271] 席酉民, 张晓军. 挑战与出路: 东西方管理智慧整合的方法论探索 [J]. 管理学报, 2012, 9 (1): 5-11, 26.

[272] 席酉民. 和谐社会秩序形成机制的系统分析——和谐管理理论的启示和价值 [A] // 2006 中国管理学家论坛暨第八届中国管理创新大会论文集 [C]. 中国管理科学研究院, 全国科技振兴城市经济研究会, 发现杂志社, 2006.

[273] 席酉民. "和谐管理理论" 决胜未来 [J]. 人民论坛, 2011 (17): 250-251.

[274] 席酉民. 和谐社会秩序形成机制的系统分析: 和谐管理理论的启示和价值 [A] // 科学发展观与系统工程——中国系统工程学会第十四届学术年会论文集 [C]. 中国系统工程学会, 2006.

[275] 夏宁. 基于和谐管理理论的企业内部控制框架研究 [J]. 理论学刊, 2013 (7): 56-59.

[276] 辛本禄, 高和荣. 企业和谐劳动关系指标体系的构建 [J]. 南京师范大学学报 (社会科学版), 2013 (4): 42-48.

［277］徐传谌，陈黎黎．中国国有企业特殊社会责任评价体系研究——一个分类推进改革的新标准［J］．当代经济管理，2016，38（9）：26-29.

［278］徐传谌，翟绪权．国有企业分类视角下中国国有资产管理体制改革研究［J］．理论学刊，2016（5）：46-53.

［279］徐丹丹，曾章备，董莹．基于效率评价视角的国有企业分类改革实现路径研究——以高端装备制造业为例［J］．中国软科学，2017（7）：182-192.

［280］徐丹丹，曾章备．国企分类改革的实现路径研究现状与展望［J］．财会月刊，2016（22）：87-89.

［281］徐光华，沈弋．企业共生财务战略及其实现路径［J］．会计研究，2011（2）：52-58，96.

［282］徐佳，陈艳．利益相关者对国有企业绩效评价影响程度的研究［J］．宏观经济研究，2016（7）：122-128，159.

［283］许浩，于珍．基于自组织理论的企业创新系统演化研究［J］．组合机床与自动化加工技术，2018（11）：137-140.

［284］薛镭，杨艳，朱恒源．战略导向对我国企业产品创新绩效的影响——一个高科技行业非高科技行业企业的比较［J］．科研管理，2011，32（12）：1-8，16.

［285］［英］亚当·斯密．国民财富的性质和原因的研究（上卷）［M］．郭大力，王亚南译．北京：商务印书馆，1972.

［286］闫华红，邵应情．完善国有企业分类绩效评价　提升国有资本运行效率［J］．财务与会计，2016（18）：30-32.

［287］阎照志．企业社会责任与企业和谐价值链构建［J］．山东社会科学，2010（7）：170-172.

［288］杨清涛．我国劳资矛盾的现状及和谐劳资关系构建［J］．中州学刊，2017（1）：72-75.

［289］杨瑞龙．国有企业分类改革的战略选择［J］．中国工业经济，1999（8）：9-11.

［290］杨松令，李丽莎．建立和谐共生的股东关系初探［J］．会计之友，2010（6）：12-14.

［291］杨咸月，何光辉．从"中关村"论我国管理层收购"做亏模式"的控制［J］．中国工业经济，2006（7）：28-35.

［292］杨轶．三维财务竞争力指数评价研究［D］．武汉理工大学，2009.

［293］姚宏彦，惠宁．资源型企业和谐创新发展路径探析［J］．科技进步与对

策，2009，26（8）：77-80.

［294］姚先国，郭东杰.改制企业劳动关系的实证分析［J］.管理世界，2004（5）：97-107.

［295］于桂兰，梁潇杰，孙瑜.基于扎根理论的企业和谐劳动关系质性研究［J］.管理学报，2016，13（10）：1446-1455，1533.

［296］于玉林.会计发展的和谐：建立广义会计学的探索［J］.上海立信会计学院学报，2007（2）：3-9.

［297］于长春，伍中信.弥补国有企业出资人财务监督缺位的几个问题［J］.会计研究，2000（6）：2-7.

［298］禹波.和谐财务评价指标体系构建研究［D］.沈阳理工大学，2013.

［299］袁纯清.和谐与共生［M］.北京：社会科学文献出版社，2008.

［300］袁吉富.和谐发展哲学初探［M］.北京：人民出版社，2016.

［301］［美］约翰·罗尔斯.正义论［M］.何怀宏，何包钢，廖申白译.北京：中国社会科学出版社，2017.

［302］詹婧.模糊综合评价法在企业劳动关系计量中的应用［J］.首都经济贸易大学学报，2006（4）：57-62.

［303］张晨，梁宏莉.关键利益相关者视角下的上市银行社会责任履行问题研究［J］.财会通讯，2011（18）：129-131.

［304］张桂蓉.企业社区参与的评价模型［J］.中国公共政策评论，2016，10（1）：132-151.

［305］张航燕.中国国有经济现状及改革的方向［J］.经济与管理研究，2014（12）：34-39.

［306］张立文.中国文化的精髓——和合学源流的考察［J］.中国哲学史，1996（z1）：43-57.

［307］张连起.和谐会计论纲［J］.财务与会计，2005（5）：36-37.

［308］张琦，刘克.基于利益相关者理论的企业绩效评价指标体系［J］.系统工程，2016，34（6）：155-158.

［309］张淑敏.国有企业分类改革的目标模式探讨［J］.财经问题研究，2000（8）：40-43.

［310］张文华.企业价值创造与分享的财务报告研究——基于利益相关者视角［J］.财会通讯，2015（10）：4，106-108.

［311］张晓军，席西民，葛京.基于核心要素创造视角的组织演化动力研究［J］.管理科学学报，2013，16（1）：22-35.

［312］张晓军，席西民，毛景立.基于和谐管理理论的武器装备采购质量管理

研究 ［J］. 管理工程学报，2012，26（2）：48–57.

［313］张晓军，席酉民，谢言，韩巍. 基于和谐管理理论的企业动态能力研究 ［J］. 管理科学学报，2010，13（4）：1–11.

［314］张晓军，席酉民. 基于和谐管理理论的组织演化研究［J］. 科学学与科学技术管理，2009，30（2）：129–136.

［315］张晓军，席酉民. 组织内部危机源：基于和谐管理理论的分析［J］. 西安交通大学学报（社会科学版），2011，31（5）：55–61.

［316］张以宽. 会计和谐发展研究［J］. 会计之友（上旬刊），2008（3）：9–10.

［317］张仲秋. 摒弃单一改革模式，分类进行国有企业改革［J］. 社会科学战线，1998（4）：33–37.

［318］赵驰，周勤. 基于自组织视角的科技型中小企业成长研究［J］. 软科学，2011，25（10）：94–100.

［319］赵尔军. 利益相关者视角的国有企业业绩评价研究［D］. 中国海洋大学，2014.

［320］赵俊康. 我国劳资分配比例分析［J］. 统计研究，2006，23（12）：7–12.

［321］赵喜仓，周蔓，王志芳. 企业和谐绩效及其评价指标体系研究［J］. 江苏大学学报（社会科学版），2008（5）：83–88.

［322］赵永亮，朱英杰. 企业异质性、贸易理论与经验研究：综述［J］. 经济学家，2011（9）：95–102.

［323］中共中央马克思　恩格斯　列宁　斯大林著作编译局. 马克思1844年经济学哲学手稿［M］. 北京：人民出版社，2000.

［324］中国宏观经济分析与预测课题组，杨瑞龙. 新时期新国企的新改革思路——国有企业分类改革的逻辑、路径与实施［J］. 经济理论与经济管理，2017（5）：5–24.

［325］中国会计年鉴编辑委员会. 中国会计年——2016年［M］. 北京：中国财政经济出版社，2016.

［326］周佰成，邵振文，焦娇. 中国国有企业分层分类管理研究［J］. 社会科学战线，2015（6）：62–67.

［327］周娜，庄玲玲. 分类推进国有企业改革研究［J］. 财会月刊，2016（31）：36–39.

［328］周叔莲，周绍朋，高自民. 转换国有企业经营机制的宏观配套改革［J］. 中国工业经济研究，1992（8）：3–11.

［329］周泽将. 产权性质、第一大股东与代理成本［J］. 云南财经大学学报，2008（3）：102–109.

［330］朱红军，陈继云，喻立勇．中央政府、地方政府和国有企业利益分歧下的多重博弈与管制失效——宇通客车管理层收购案例研究［J］．管理世界，2006（4）：115-129，172.

［331］朱可人，伍敏．财务主体理论研究综述［J］．商业时代，2006（19）：65，93.

［332］朱晓旸．基于多重目标的国有企业绩效评价体系研究［D］．天津大学，2014.

［333］朱玉强，齐振宏，方丽丽．工业共生理论的研究述评［J］．工业技术经济，2007（12）：91-94.

附录 1

国有企业和谐财务评价指标框架体系筛选调查问卷

尊敬的专家:

您好!

本问卷调查是和谐财务课题研究的一部分,为综合评价国有企业财务和谐度,拟设计了如下评价指标体系,请您结合自身的理论与实务工作经验,对以下指标进行筛选,您的意见对本研究的价值至关重要。非常感谢您的参与和帮助!

本研究从国有企业财务环境适应能力、财务活动效率、财务关系公平三个方面初步构建了如下指标体系,请您从附表 1 中选出认为可行的评价指标,用"√"表示,相关指标计算方式如附表 2 所示。

附表 1   国有企业和谐财务评价指标体系

评价内容	一级指标	二级指标	三级指标	是否可行
财务和谐度	环境适应能力	市场环境适应力	市场环境适应度	
		投资环境适应力	投资环境适应度	
		行业竞争力	行业竞争地位显示度	
			行业竞争成本显示度	
			行业竞争利润显示度	
	财务活动效率	企业盈利能力	经济增加值(EVA)	
		保值增值情况	保值增值率	
		成本获利能力	成本利润率	
	财务关系公平	股东与管理层关系公平	控股股东持股比例	
			掏空或做亏行为	
			财务杠杆率	
			现金股利发放率	

续表

评价内容	一级指标	二级指标	三级指标	是否可行
财务和谐度	财务关系公平	大小股东关系公平	累积投票制	
			中小股东占监事会成员的比例	
			股权集中度	
		企业劳资关系公平	工资增长率	
			监事会中职工代表参与率	
			工会组织设置情况	
		企业与债权人关系公平	流动比率	
			资产负债率	
			利息保障倍数	
			应付账款周转率	
		企业与客户关系公平	顾客满意率	
			售后服务水平	
			存货周转率	
			销售收入成本率	
			客户投诉率	
			准时交货率	
		企业与供应商关系公平	产品质量	
			供应商售后服务水平	
			订货周期	
		企业与社区关系公平	税金缴纳率	
			就业贡献率	
			社会捐助率	
			节能减排率	

您认为本研究还可以增设哪些评价指标？您的依据是什么？

附表2　国有企业和谐财务评价指标解释一览

指标名称	指标计算公式
市场环境适应度	（Δ经营活动现金流入量 × 营业总收入）/（本期经营活动现金流入量 ×Δ营业总收入）
投资环境适应度	（Δ经营活动现金流量净额 × 本期构建固定资产、无形资产和其他长期资产支付的现金）/ 经营活动现金流量净额 ×（Δ本期构建固定资产、无形资产和其他长期资产支付的现金）
行业竞争地位显示度	（Δ企业经营活动现金流入量 × 本期行业平均经营活动现金流入量）/ 本期企业经营活动现金流入量 ×Δ行业平均经营活动现金流入量
行业竞争成本显示度	（Δ本期企业营业成本现金支付比 × 本期行业平均经营现金毛利率）/（Δ本期行业每个企业平均营业成本现金支付比 × 本期行业平均经营现金毛利率）×100%
行业竞争利润显示度	Δ企业经营现金毛利率 / 本期行业经营现金毛利率
经济增加值（EVA）	税后净营业利润 – 资本成本
资本保值增值率	期末所有者权益 ÷ 期初所有者权益 ×100%
成本费用利润率	利润总额 / 成本费用总额 ×100%
控股股东持股比例	控股股东权益 / 期末所有者权益 ×100%
掏空或做亏行为	（调查分析）
财务杠杆率	普通股每股收益变动率 / 息税前利润变动率 ×100%
现金股利发放率	每股现金股利 / 每股收益 ×100%
累积投票制	（是否建立累积投票制）
中小股东占监事会成员比	中小股东人数 / 监事会总人数 ×100%
股权集中度	Σ前3位大股东的持股份额 / 企业股票总份额 ×100%
监事会中职工代表人数	（调查分析）
工资增长率	（本年度工资收入 – 上年度工资收入）/ 上年度工资收入 ×100%
工会组织设置情况	（调查分析）
流动比率	流动资产 / 流动负债 ×100%
资产负债率	总负债 / 总资产 ×100%
利息保障倍数	息税前利润 / 利息费用 ×100%

续表

指标名称	指标计算公式
应付账款周转率	销售成本 / 平均应付账款 ×100%
顾客满意度	满意顾客数 / 顾客总数 ×100%
售后服务水平	（调查分析）
存货周转率	销售成本 / 平均存货 ×100%
销售收入成本率	销售成本 / 销售收入 ×100%
客户投诉率	投诉客户数 ÷ 总客户数 ×100%
准时交货率	当期按期交货订单数 / 当期出货订单总数 ×100%
产品质量	（调查分析）
供应商售后服务水平	（调查分析）
订货周期	（订货总天数）
税金缴纳率	企业纳税总额 / 销售收入 ×100%
就业贡献率	新增就业岗位 / 全年就业岗位 ×100%
社会捐助率	全年捐助总额 / 利润总额 ×100%
节能减排率	（本期能源消耗价值 – 上期能源消耗价值）/ 上期能源消耗价值

附录 2

商业竞争类国有企业一览

序号	股票代码	股票名称	主营业务	所属行业
1	600470	六国化工	酒、饮料和精制茶制造	制造业
2	600519	贵州茅台	酒、饮料和精制茶制造	制造业
3	600559	老白干酒	酒、饮料和精制茶制造	制造业
4	600600	青岛啤酒	酒、饮料和精制茶制造	制造业
5	600616	金枫酒业	酒、饮料和精制茶制造	制造业
6	600630	龙头股份	酒、饮料和精制茶制造	制造业
7	600637	东方明珠	IPTV、互联网电视等新媒体业务运营	信息传输、软件和信息技术服务业
8	600498	烽火通信	PCB 产品、网络宽带接入服务	制造业
9	600628	新世界	百货零售	批发和零售业
10	600183	生益科技	半导体及元件制造	制造业
11	002080	中材科技	玻璃及玻璃制品	制造业
12	600176	中国巨石	玻璃及玻璃制品	制造业
13	600529	山东药玻	玻璃及玻璃制品	制造业
14	600819	耀皮玻璃	玻璃及玻璃制品	制造业
15	000909	数源科技	彩色电视机、数字视音频产品、数字电子计算机及外部设备生产	制造业
16	000721	西安饮食	餐饮	住宿和餐饮业
17	002186	全聚德	餐饮	住宿和餐饮业
18	603099	长白山	餐饮旅游	住宿和餐饮业
19	600593	大连圣亚	餐饮旅游	住宿和餐饮业
20	000338	潍柴动力	柴油机及配套产品产销	制造业

续表

序号	股票代码	股票名称	主营业务	所属行业
21	600661	新南洋	产品的生产和销售、教育产业	教育
22	601801	皖新传媒	出版物的批发、零售，文体用品零售，音像出版，广告传媒	信息传输、软件和信息技术服务业
23	600138	中青旅	出入境旅游服务	租赁和商务服务业
24	600980	北矿科技	磁器件的研发、生产和销售	制造业
25	600229	城市传媒	新兴媒体产品开发运营	信息传输、软件和信息技术服务业
26	601369	陕鼓动力	大型压缩机、鼓风机制造、销售	制造业
27	002682	龙洲股份	道路运输	交运、仓储和邮政业
28	000591	桐君阁	电池组件的生产销售	制造业
29	600549	厦门钨业	电除尘、烟气净化、生产	制造业
30	600483	福能股份	电力、纺织、服装	制造业
31	600668	尖峰集团	电脑针织机械研发、生产与销售	制造业
32	000049	德赛电池	电气机械和器材制造	制造业
33	000400	许继电气	电气机械和器材制造	制造业
34	000521	美菱电器	电气机械和器材制造	制造业
35	000541	佛山照明	电气机械和器材制造	制造业
36	000921	海信科龙	电气机械和器材制造	制造业
37	000922	佳电股份	电气机械和器材制造	制造业
38	002112	三变科技	电气机械和器材制造	制造业
39	002129	中环股份	电气机械和器材制造	制造业
40	300105	龙源技术	电气机械和器材制造	制造业
41	300140	中环装备	电气机械和器材制造	制造业
42	600192	长城电工	电气机械和器材制造	制造业
43	600268	国电南自	电气机械和器材制造	制造业
44	600312	平高电气	电气机械和器材制造	制造业
45	600336	澳柯玛	电气机械和器材制造	制造业

续表

序号	股票代码	股票名称	主营业务	所属行业
46	600379	宝光股份	电气机械和器材制造	制造业
47	600468	百利电气	电气机械和器材制造	制造业
48	600517	置信电气	电气机械和器材制造	制造业
49	600550	保变电气	电气机械和器材制造	制造业
50	600651	飞乐音响	电气机械和器材制造	制造业
51	600973	宝胜股份	电气机械和器材制造	制造业
52	601179	中国西电	电气机械和器材制造	制造业
53	600207	安彩高科	电子器件制造	制造业
54	000032	深桑达 A	电子制造、电子商贸、电子物流服务	制造业
55	600775	熊猫电子	电子装备、消费电子产品研发生产	制造业
56	600730	中国高科	房地产、仓储物流及国内外贸易	房地产业
57	000006	深振业 A	房地产开发	房地产业
58	000011	深物业 A	房地产开发	房地产业
59	000014	沙河股份	房地产开发	房地产业
60	000029	深深房	房地产开发	房地产业
61	000031	中粮地产	房地产开发	房地产业
62	000043	中航地产	房地产开发	房地产业
63	000402	金融街	房地产开发	房地产业
64	000505	珠江控股	房地产开发	房地产业
65	000514	渝开发	房地产开发	房地产业
66	000537	广宇发展	房地产开发	房地产业
67	000628	高新发展	房地产开发	房地产业
68	000736	中交地产	房地产开发	房地产业
69	000797	中国武夷	房地产开发	房地产业
70	000897	津滨发展	房地产开发	房地产业
71	000965	天保基建	房地产开发	房地产业

续表

序号	股票代码	股票名称	主营业务	所属行业
72	002077	大港股份	房地产开发	房地产业
73	002208	合肥城建	房地产开发	房地产业
74	002305	南国置业	房地产开发	房地产业
75	600048	保利地产	房地产开发	房地产业
76	600064	南京高科	房地产开发	房地产业
77	600158	中体产业	房地产开发	房地产业
78	600159	大龙地产	房地产开发	房地产业
79	600185	格力地产	房地产开发	房地产业
80	600215	长春经开	房地产开发	房地产业
81	600223	鲁商置业	房地产开发	房地产业
82	600239	云南城投	房地产开发	房地产业
83	600266	北京城建	房地产开发	房地产业
84	600322	天房发展	房地产开发	房地产业
85	600325	华发股份	房地产开发	房地产业
86	600376	首开股份	房地产开发	房地产业
87	600533	栖霞建设	房地产开发	房地产业
88	600604	市北高新	房地产开发	房地产业
89	600622	光大嘉宝	房地产开发	房地产业
90	600639	浦东金桥	房地产开发	房地产业
91	600657	信达地产	房地产开发	房地产业
92	600658	电子城	房地产开发	房地产业
93	600665	天地源	房地产开发	房地产业
94	600675	中华企业	房地产开发	房地产业
95	600683	京投发展	房地产开发	房地产业
96	600684	珠江实业	房地产开发	房地产业
97	600708	光明地产	房地产开发	房地产业
98	600716	凤凰股份	房地产开发	房地产业
99	600724	宁波富达	房地产开发	房地产业

续表

序号	股票代码	股票名称	主营业务	所属行业
100	600743	华远地产	房地产开发	房地产业
101	600748	上实发展	房地产开发	房地产业
102	600791	京能置业	房地产开发	房地产业
103	601588	北辰实业	房地产开发	房地产业
104	600895	张江高科	房地产开发与经营	房地产业
105	000632	三木集团	房地产综合开发与中介	房地产业
106	000158	常山北明	纺织制造	制造业
107	000779	三毛派神	纺织制造	制造业
108	000850	华茂股份	纺织制造	制造业
109	002087	新野纺织	纺织制造	制造业
110	600156	华升股份	纺织制造	制造业
111	600448	华纺股份	纺织制造	制造业
112	600689	上海三毛	纺织制造	制造业
113	600272	开开实业	服装制造	制造业
114	002678	珠江钢琴	钢琴及数码钢琴乐器产品的研发、制造、销售与服务	制造业
115	600126	杭钢股份	钢铁及其压延产品的生产和销售	制造业
116	000898	鞍钢股份	钢压延加工	制造业
117	600010	包钢股份	钢压延加工	制造业
118	600117	西宁特钢	钢压延加工	制造业
119	600307	酒钢宏兴	钢压延加工	制造业
120	600784	鲁银投资	钢压延加工	制造业
121	600626	申达股份	各类纺织品、服装、复制品及技术出口、生产所需原辅材料	制造业
122	002190	成飞集成	工模具设计、研制和制造	制造业
123	600302	标准股份	工业缝制设备、特种缝纫机产销	制造业
124	002400	省广股份	广告业务	租赁和商务服务业

续表

序号	股票代码	股票名称	主营业务	所属行业
125	600119	长江投资	海上、航空、陆路国际货运代理	交通运输、仓储和邮政业
126	600428	中远海特	海上运输	交通运输、仓储和邮政业
127	000798	中水渔业	海洋捕捞，水产品的加工、仓储	农、林、牧、渔业
128	600115	东方航空	航空运输	交通运输、仓储和邮政业
129	600221	海航控股	航空运输	交通运输、仓储和邮政业
130	600897	厦门空港	航空运输	交通运输、仓储和邮政业
131	601111	中国国航	航空运输	交通运输、仓储和邮政业
132	600822	上海物贸	化轻原料、建材、木材、仓储	交通运输、仓储和邮政业
133	600063	皖维高新	化纤产品生产与销售	制造业
134	000420	吉林化纤	化学纤维制造	制造业
135	000949	新乡化纤	化学纤维制造	制造业
136	600810	神马股份	化学纤维制造	制造业
137	600889	南京化纤	化学纤维制造	制造业
138	600829	人民同泰	化学药品制剂制造	制造业
139	000155	川化股份	化学原料和化学制品制造	制造业
140	000422	湖北宜化	化学原料和化学制品制造	制造业
141	000523	广州浪奇	化学原料和化学制品制造	制造业
142	000553	沙隆达 A	化学原料和化学制品制造	制造业
143	000565	渝三峡 A	化学原料和化学制品制造	制造业
144	000635	英力特	化学原料和化学制品制造	制造业
145	000707	双环科技	化学原料和化学制品制造	制造业
146	000731	四川美丰	化学原料和化学制品制造	制造业

续表

序号	股票代码	股票名称	主营业务	所属行业
147	000792	盐湖股份	化学原料和化学制品制造	制造业
148	000830	鲁西化工	化学原料和化学制品制造	制造业
149	000920	南方汇通	化学原料和化学制品制造	制造业
150	000930	中粮生化	化学原料和化学制品制造	制造业
151	000985	大庆华科	化学原料和化学制品制造	制造业
152	000990	诚志股份	化学原料和化学制品制造	制造业
153	002057	中钢天源	化学原料和化学制品制造	制造业
154	002068	黑猫股份	化学原料和化学制品制造	制造业
155	002092	中泰化学	化学原料和化学制品制造	制造业
156	002109	兴化股份	化学原料和化学制品制造	制造业
157	002125	湘潭电化	化学原料和化学制品制造	制造业
158	002136	安纳达	化学原料和化学制品制造	制造业
159	002246	北化股份	化学原料和化学制品制造	制造业
160	002258	利尔化学	化学原料和化学制品制造	制造业
161	002386	天原集团	化学原料和化学制品制造	制造业
162	002643	万润股份	化学原料和化学制品制造	制造业
163	600141	兴发集团	化学原料和化学制品制造	制造业
164	600230	沧州大化	化学原料和化学制品制造	制造业
165	600249	两面针	化学原料和化学制品制造	制造业
166	600299	安迪苏	化学原料和化学制品制造	制造业
167	600309	万华化学	化学原料和化学制品制造	制造业
168	600328	兰太实业	化学原料和化学制品制造	制造业
169	600367	红星发展	化学原料和化学制品制造	制造业
170	600378	天科股份	化学原料和化学制品制造	制造业
171	600389	江山股份	化学原料和化学制品制造	制造业
172	600409	三友化工	化学原料和化学制品制造	制造业
173	600423	柳化股份	化学原料和化学制品制造	制造业
174	600426	华鲁恒升	化学原料和化学制品制造	制造业

续表

序号	股票代码	股票名称	主营业务	所属行业
175	600486	扬农化工	化学原料和化学制品制造	制造业
176	600623	华谊集团	化学原料和化学制品制造	制造业
177	600691	阳煤化工	化学原料和化学制品制造	制造业
178	600722	金牛化工	化学原料和化学制品制造	制造业
179	600746	江苏索普	化学原料和化学制品制造	制造业
180	600796	钱江生化	化学原料和化学制品制造	制造业
181	600985	雷鸣科化	化学原料和化学制品制造	制造业
182	000737	南风化工	化学制品	制造业
183	000819	岳阳兴长	化学制品	制造业
184	000822	山东海化	化学制品	制造业
185	600075	新疆天业	化学制品	制造业
186	600096	云天化	化学制品	制造业
187	600160	巨化股份	化学制品	制造业
188	600458	时代新材	化学制品	制造业
189	600727	鲁北化工	化学制品	制造业
190	600731	湖南海利	化学制品	制造业
191	600560	金自天正	机械、计算机开发、生产	制造业
192	601798	蓝科高新	机械成套设备的制造、加工	制造业
193	000682	东方电子	机械设备生产	制造业
194	600835	上海机电	机械设备生产	制造业
195	600894	广日股份	机械设备生产	制造业
196	600984	建设机械	机械设备生产	制造业
197	000698	沈阳化工	基本化学原料制造	制造业
198	000016	深康佳A	计算机、通信和电子设备制造	制造业
199	000636	风华高科	计算机、通信和电子设备制造	制造业
200	000725	京东方A	计算机、通信和电子设备制造	制造业
201	000727	华东科技	计算机、通信和电子设备制造	制造业
202	000823	超声电子	计算机、通信和电子设备制造	制造业

续表

序号	股票代码	股票名称	主营业务	所属行业
203	000938	紫光股份	计算机、通信和电子设备制造	制造业
204	000970	中科三环	计算机、通信和电子设备制造	制造业
205	000988	华工科技	计算机、通信和电子设备制造	制造业
206	002017	东信和平	计算机、通信和电子设备制造	制造业
207	002106	莱宝高科	计算机、通信和电子设备制造	制造业
208	002222	福晶科技	计算机、通信和电子设备制造	制造业
209	002281	光迅科技	计算机、通信和电子设备制造	制造业
210	002376	新北洋	计算机、通信和电子设备制造	制造业
211	002396	星网锐捷	计算机、通信和电子设备制造	制造业
212	002415	海康威视	计算机、通信和电子设备制造	制造业
213	002449	国星光电	计算机、通信和电子设备制造	制造业
214	300205	天喻信息	计算机、通信和电子设备制造	制造业
215	600060	海信电器	计算机、通信和电子设备制造	制造业
216	600171	上海贝岭	计算机、通信和电子设备制造	制造业
217	600345	长江通信	计算机、通信和电子设备制造	制造业
218	600552	凯盛科技	计算机、通信和电子设备制造	制造业
219	600667	太极实业	计算机、通信和电子设备制造	制造业
220	600707	彩虹股份	计算机、通信和电子设备制造	制造业
221	600776	东方通信	计算机、通信和电子设备制造	制造业
222	600800	天津磁卡	计算机、通信和电子设备制造	制造业
223	603019	中科曙光	计算机、通信和电子设备制造	制造业
224	600455	博通股份	计算机信息、高等教育等业务	信息传输、软件和信息技术服务业
225	000651	格力电器	家电产销	制造业
226	600876	洛阳玻璃股份	建筑材料产销	制造业
227	600881	亚泰集团	建筑材料产销	制造业
228	601618	中国中冶	建筑材料产销	制造业
229	000906	浙商中拓	建筑材料批发	批发和零售业
230	000652	泰达股份	交通、能源、空气净化材料产销	批发和零售业

续表

序号	股票代码	股票名称	主营业务	所属行业
231	600792	云煤能源	焦炭、蒸汽、煤焦产销	制造业
232	000551	创元科技	洁净环保工程及设备产销	制造业
233	600782	新钢股份	金属制品的生产与销售	制造业
234	000039	中集集团	金属制品加工	制造业
235	000969	安泰科技	金属制品加工	制造业
236	600992	贵绳股份	金属制品加工	制造业
237	600609	金杯汽车	金银制品、钻石及设备生产	制造业
238	600601	方正科技	经营旅馆业、办公楼房出租	租赁和商务服务业
239	600500	中化国际	精细化工、农业化工、橡胶生产	制造业
240	000019	深深宝A	酒、饮料和精制茶制造	制造业
241	000568	泸州老窖	酒、饮料和精制茶制造	制造业
242	000596	古井贡酒	酒、饮料和精制茶制造	制造业
243	000729	燕京啤酒	酒、饮料和精制茶制造	制造业
244	000858	五粮液	酒、饮料和精制茶制造	制造业
245	000860	顺鑫农业	酒、饮料和精制茶制造	制造业
246	002304	洋河股份	酒、饮料和精制茶制造	制造业
247	002461	珠江啤酒	酒、饮料和精制茶制造	制造业
248	600059	古越龙山	酒、饮料和精制茶制造	制造业
249	600084	中葡股份	酒、饮料和精制茶制造	制造业
250	600197	伊力特	酒、饮料和精制茶制造	制造业
251	600199	金种子酒	酒、饮料和精制茶制造	制造业
252	600573	惠泉啤酒	酒、饮料和精制茶制造	制造业
253	600962	国投中鲁	酒、饮料和精制茶制造	制造业
254	000428	华天酒店	酒店、餐饮、汽车出租	住宿和餐饮业
255	600258	首旅酒店	酒店、餐饮、汽车出租	住宿和餐饮业
256	600754	锦江股份	酒店与餐饮	住宿和餐饮业
257	601007	金陵饭店	酒店与餐饮	住宿和餐饮业
258	000524	岭南控股	酒店住宿服务、中餐服务	住宿和餐饮业

续表

序号	股票代码	股票名称	主营业务	所属行业
259	300334	津膜科技	空纤维膜、膜组件产销	制造业
260	600270	外运发展	空运进出口货物国际运输代理	交通运输、仓储和邮政业
261	000409	山东地矿	矿石开采、加工及矿产品销售	采矿业
262	000778	新兴铸管	离心球墨铸铁管及配套管件铸造	制造业
263	000708	大冶特钢	炼钢	制造业
264	000709	河钢股份	炼钢	制造业
265	000717	韶钢松山	炼钢	制造业
266	000761	本钢板材	炼钢	制造业
267	000825	太钢不锈	炼钢	制造业
268	000959	首钢股份	炼钢	制造业
269	600019	宝钢股份	炼钢	制造业
270	600022	山东钢铁	炼钢	制造业
271	600231	凌钢股份	炼钢	制造业
272	600569	安阳钢铁	炼钢	制造业
273	600581	八一钢铁	炼钢	制造业
274	600808	马钢股份	炼钢	制造业
275	601003	柳钢股份	炼钢	制造业
276	603169	兰石重装	炼油、化工、核电所需的装备及工程的设计、制造、安装服务	制造业
277	000069	华侨城 A	旅游、房地产、酒店	租赁和商务服务业
278	000430	张家界	旅游、房地产、酒店	租赁和商务服务业
279	000610	西安旅游	旅游、房地产、酒店	租赁和商务服务业
280	000888	峨眉山 A	旅游、房地产、酒店	租赁和商务服务业
281	000978	桂林旅游	旅游、房地产、酒店	租赁和商务服务业
282	002033	丽江旅游	旅游、房地产、酒店	租赁和商务服务业
283	002059	云南旅游	旅游、房地产、酒店	租赁和商务服务业

续表

序号	股票代码	股票名称	主营业务	所属行业
284	600054	黄山旅游	旅游、房地产、酒店	租赁和商务服务业
285	600706	曲江文旅	旅游、房地产、酒店	租赁和商务服务业
286	000785	武汉中商	贸易零售	批发和零售业
287	600120	浙江东方	贸易零售	批发和零售业
288	600241	时代万恒	贸易零售	批发和零售业
289	600723	首商股份	贸易零售	批发和零售业
290	600739	辽宁成大	贸易零售	批发和零售业
291	600774	汉商集团	贸易零售	批发和零售业
292	600824	益民集团	贸易零售	批发和零售业
293	600859	王府井	贸易零售	批发和零售业
294	600281	太化股份	煤焦化产品、煤衍生产品生产	制造业
295	600123	兰花科创	煤炭开采	采矿业
296	600188	兖州煤业股份	煤炭开采	采矿业
297	600546	山煤国际	煤炭开采	采矿业
298	600714	金瑞矿业	煤炭开采	采矿业
299	600740	山西焦化	煤炭开采	采矿业
300	601001	大同煤业	煤炭开采	采矿业
301	601088	中国神华	煤炭开采	采矿业
302	601225	陕西煤业	煤炭开采	采矿业
303	000552	靖远煤电	煤炭开采和洗选	采矿业
304	000937	冀中能源	煤炭开采和洗选	采矿业
305	000983	西山煤电	煤炭开采和洗选	采矿业
306	002128	露天煤业	煤炭开采和洗选	采矿业
307	600348	阳泉煤业	煤炭开采和洗选	采矿业
308	600395	盘江股份	煤炭开采和洗选	采矿业
309	600397	安源煤业	煤炭开采和洗选	采矿业
310	600508	上海能源	煤炭开采和洗选	采矿业
311	600758	红阳能源	煤炭开采和洗选	采矿业

续表

序号	股票代码	股票名称	主营业务	所属行业
312	600971	恒源煤电	煤炭开采和洗选	采矿业
313	601101	昊华能源	煤炭开采和洗选	采矿业
314	601666	平煤股份	煤炭开采和洗选	采矿业
315	601699	潞安环能	煤炭开采和洗选	采矿业
316	601898	中煤能源	煤炭开采和洗选	采矿业
317	000968	蓝焰控股	煤炭洗选	采矿业
318	600099	林海股份	摩托车及特种车和动力及园林机械产品的生产制造	制造业
319	002066	瑞泰科技	耐火材料制品	制造业
320	600721	百花村	能源及煤化工投资、房地产投资	采矿业
321	600510	黑牡丹	牛仔面料、服装、色织布等制造	制造业
322	601038	一拖股份	农、林、牧、渔、机械制造	制造业
323	600251	冠农股份	农产品加工	农、林、牧、渔业
324	000529	广弘控股	农副食品加工	农、林、牧、渔业
325	000702	正虹科技	农副食品加工	农、林、牧、渔业
326	000713	丰乐种业	农副食品加工	农、林、牧、渔业
327	000911	南宁糖业	农副食品加工	农、林、牧、渔业
328	002100	天康生物	农副食品加工	农、林、牧、渔业
329	600127	金健米业	农副食品加工	农、林、牧、渔业
330	600737	中粮糖业	农副食品加工	农、林、牧、渔业
331	600543	莫高股份	葡萄酒、啤酒大麦芽和甘草系列产品的生产和销售	制造业
332	600597	光明乳业	葡萄酒、啤酒大麦芽和甘草系列产品的生产和销售	制造业
333	300073	当升科技	其他非金属矿物制品	制造业
334	300080	易成新能	其他非金属矿物制品	制造业
335	000762	西藏矿业	其他黑色金属矿采选	采矿业
336	002419	天虹股份	其他零售	批发和零售业

序号	股票代码	股票名称	主营业务	所属行业
337	000025	特力A	汽车、摩托车及零配件批发	批发和零售业
338	000715	中兴商业	汽车、摩托车及零配件批发	批发和零售业
339	600335	国机汽车	汽车、摩托车及零配件批发	批发和零售业
340	600579	天华院	汽车及零部件制造	制造业
341	000030	富奥股份	汽车零部件及相关产品	制造业
342	600653	申华控股	汽车消费服务	制造业
343	000550	江铃汽车	汽车制造	制造业
344	000581	威孚高科	汽车制造	制造业
345	000800	一汽轿车	汽车制造	制造业
346	000868	安凯客车	汽车制造	制造业
347	000927	一汽夏利	汽车制造	制造业
348	000951	中国重汽	汽车制造	制造业
349	000957	中通客车	汽车制造	制造业
350	002101	广东鸿图	汽车制造	制造业
351	002265	西仪股份	汽车制造	制造业
352	600006	东风汽车	汽车制造	制造业
353	600081	东风科技	汽车制造	制造业
354	600104	上汽集团	汽车制造	制造业
355	600166	福田汽车	汽车制造	制造业
356	600213	亚星客车	汽车制造	制造业
357	600418	江淮汽车	汽车制造	制造业
358	600686	金龙汽车	汽车制造	制造业
359	600741	华域汽车	汽车制造	制造业
360	600742	一汽富维	汽车制造	制造业
361	600960	渤海活塞	汽车制造	制造业
362	601238	广汽集团	汽车制造	制造业
363	601965	中国汽研	汽车制造	制造业
364	002659	中泰桥梁	桥梁钢结构及其他金属结构及构件制造、施工等	制造业

续表

序号	股票代码	股票名称	主营业务	所属行业
365	002321	华英农业	禽业养殖、加工及制品销售	农、林、牧、渔业
366	000666	经纬纺机	轻纺工业专用设备制造	制造业
367	000663	永安林业	轻工制造	制造业
368	600135	乐凯胶片	轻工制造	制造业
369	600235	民丰特纸	轻工制造	制造业
370	600963	岳阳林纸	轻工制造	制造业
371	000026	飞亚达 A	日用百货零售	批发和零售业
372	000417	合肥百货	日用百货零售	批发和零售业
373	000419	通程控股	日用百货零售	批发和零售业
374	000501	鄂武商 A	日用百货零售	批发和零售业
375	000753	漳州发展	日用百货零售	批发和零售业
376	000851	高鸿股份	日用百货零售	批发和零售业
377	002187	广百股份	日用百货零售	批发和零售业
378	002556	辉隆股份	日用百货零售	批发和零售业
379	002561	徐家汇	日用百货零售	批发和零售业
380	600697	欧亚集团	日用百货零售	批发和零售业
381	600712	南宁百货	日用百货零售	批发和零售业
382	600729	重庆百货	日用百货零售	批发和零售业
383	600814	杭州解百	日用百货零售	批发和零售业
384	600821	津劝业	日用百货零售	批发和零售业
385	600833	第一医药	日用百货零售	批发和零售业
386	600858	银座股份	日用百货零售	批发和零售业
387	600861	北京城乡	日用百货零售	批发和零售业
388	603123	翠微股份	日用百货零售	批发和零售业
389	002091	江苏国泰	日用百货批发	批发和零售业
390	600203	福日电子	日用电子器具制造	批发和零售业
391	300106	西部牧业	乳制品加工与销售、种畜养殖	农、林、牧、渔业
392	000948	南天信息	软件和信息技术服务	信息传输、软件和服务业
393	002268	卫士通	软件和信息技术服务	信息传输、软件和服务业

序号	股票代码	股票名称	主营业务	所属行业
394	002368	太极股份	软件和信息技术服务	信息传输、软件和服务业
395	300212	易华录	软件和信息技术服务	信息传输、软件和服务业
396	300330	华虹计通	软件和信息技术服务	信息传输、软件和服务业
397	600406	国电南瑞	软件和信息技术服务	信息传输、软件和服务业
398	600536	中国软件	软件和信息技术服务	信息传输、软件和服务业
399	600602	云赛智联	软件和信息技术服务	信息传输、软件和服务业
400	600718	东软集团	软件和信息技术服务	信息传输、软件和服务业
401	600756	浪潮软件	软件和信息技术服务	信息传输、软件和服务业
402	600845	宝信软件	软件开发及工程服务	信息传输、软件和服务业
403	000151	中成股份	商业经纪与代理	租赁和商务服务业
404	000701	厦门信达	商业经纪与代理	租赁和商务服务业
405	600058	五矿发展	商业经纪与代理	租赁和商务服务业
406	600113	浙江东日	商业经纪与代理	租赁和商务服务业
407	600128	弘业股份	商业经纪与代理	租赁和商务服务业
408	600250	南纺股份	商业经纪与代理	租赁和商务服务业
409	600287	江苏舜天	商业经纪与代理	租赁和商务服务业
410	600826	兰生股份	商业经纪与代理	租赁和商务服务业
411	600981	汇鸿集团	商业经纪与代理	租赁和商务服务业
412	600704	物产中大	商业经纪与代理业	批发和零售业
413	000759	中百集团	商业零售及商品的网上销售	批发和零售业
414	601717	郑煤机	设计、加工、制造矿山机械设备、环保设备、通用机械	制造业

续表

序号	股票代码	股票名称	主营业务	所属行业
415	600320	振华重工	设计、建造、安装和承包大型港口装卸系统和设备	制造业
416	000045	深纺织 A	生产、加工纺织品、针织品、服装、装饰布	制造业
417	600612	老凤祥	生产、开发及销售乳制品和畜牧业	制造业
418	600975	新五丰	生猪养殖、肉品销售以及饲料加工	农、林、牧、渔业
419	000856	冀东装备	石化及其他工业专用设备制造	制造业
420	600640	号百控股	实业投资、电子商务，网络信息	租赁和商务服务业
421	600805	悦达投资	实业投资、资产管理、财务顾问、社会经济咨询服务	租赁和商务服务业
422	600705	中航资本	实业投资、股权投资、投资咨询	金融业
423	600830	香溢融通	电子商务、软件开发	租赁和商务服务业
424	600647	同达创业	房地产开发与经营	房地产业
425	000061	农产品	食品、饮料、烟草批发业	批发和零售业
426	002507	涪陵榨菜	食品加工制造	制造业
427	002732	燕塘乳业	食品加工制造	制造业
428	600073	上海梅林	食品加工制造	制造业
429	600298	安琪酵母	食品加工制造	制造业
430	600305	恒顺醋业	食品加工制造	制造业
431	600419	天润乳业	食品加工制造	制造业
432	600429	三元股份	食品加工制造	制造业
433	600809	山西汾酒	食品加工制造	制造业
434	600872	中炬高新	食品加工制造	制造业
435	600415	小商品城	市场开发经营、市场配套服务、金属材料	租赁和商务服务业
436	002205	国统股份	水泥制品和石棉水泥制品	制造业
437	002302	西部建设	水泥制品和石棉水泥制品	制造业
438	000401	冀东水泥	水泥制造	制造业

续表

序号	股票代码	股票名称	主营业务	所属行业
439	000789	万年青	水泥制造	制造业
440	000877	天山股份	水泥制造	制造业
441	000885	同力水泥	水泥制造	制造业
442	600449	宁夏建材	水泥制造	制造业
443	600585	海螺水泥	水泥制造	制造业
444	600720	祁连山	水泥制造	制造业
445	600802	福建水泥	水泥制造	制造业
446	601992	金隅股份	水泥制造	制造业
447	600798	宁波海运	水上运输	交通运输、仓储和邮政业
448	601919	中国远洋	水上运输	交通运输、仓储和邮政业
449	600692	亚通股份	水上运输、房地产开发，宾馆服务业，煤炭、金属材料	交通运输、仓储和邮政业
450	002320	海峡股份	水上运输业	交通运输、仓储和邮政业
451	600026	中远海能	水上运输业	交通运输、仓储和邮政业
452	601866	中远海发	水上运输业	交通运输、仓储和邮政业
453	601872	招商轮船	水上运输业	交通运输、仓储和邮政业
454	603167	渤海轮渡	水上运输业	交通运输、仓储和邮政业
455	600125	铁龙物流	特种集装箱运输、铁路货运	交通运输、仓储和邮政业
456	000655	金岭矿业	铁矿采选	采矿业
457	000557	西部创业	铁路运输、仓储物流、酒店餐饮	交通运输、仓储和邮政业
458	600575	皖江物流	铁路运输业务、港口业务	交通运输、仓储和邮政业
459	600545	卓郎智能	智能化纺织设备生产	制造业

续表

序号	股票代码	股票名称	主营业务	所属行业
460	600526	菲达环保	通信系统设备、光纤及线缆、数据网络等产品的生产与销售	制造业
461	002430	杭氧股份	通用机械、化工设备的设计、制造、安装技术咨询	制造业
462	000404	华意压缩	通用设备制造	制造业
463	000530	大冷股份	通用设备制造	制造业
464	000570	苏常柴 A	通用设备制造	制造业
465	000678	襄阳轴承	通用设备制造	制造业
466	000757	浩物股份	通用设备制造	制造业
467	000811	冰轮环境	通用设备制造	制造业
468	000880	潍柴重机	通用设备制造	制造业
469	000903	云内动力	通用设备制造	制造业
470	002152	广电运通	通用设备制造	制造业
471	002523	天桥起重	通用设备制造	制造业
472	002598	山东章鼓	通用设备制造	制造业
473	300161	华中数控	通用设备制造	制造业
474	600218	全柴动力	通用设备制造	制造业
475	600243	青海华鼎	通用设备制造	制造业
476	600444	国机通用	通用设备制造	制造业
477	600475	华光股份	通用设备制造	制造业
478	600619	海立股份	通用设备制造	制造业
479	600841	上柴股份	通用设备制造	制造业
480	600875	东方电气	通用设备制造	制造业
481	601177	杭齿前进	通用设备制造	制造业
482	601727	上海电气	通用设备制造	制造业
483	600390	五矿资本	投资、信托、金融租赁、商业银行	金融业
484	600598	北大荒	土地发包经营，水稻、玉米等粮食作物的生产和销售	农、林、牧、渔业
485	600082	海泰发展	土地开发、房地产开发	房地产业
486	000532	华金资本	微电子、电力电子、开发、生产	制造业

续表

序号	股票代码	股票名称	主营业务	所属行业
487	002344	海宁皮城	物业管理、房地产开发管理	租赁和商务服务业
488	600592	龙溪股份	系统集成工程及技术服务	制造业
489	000589	黔轮胎 A	橡胶和塑料品产销	制造业
490	000599	青岛双星	橡胶和塑料品产销	制造业
491	000619	海螺型材	橡胶和塑料品产销	制造业
492	000859	国风塑业	橡胶和塑料品产销	制造业
493	000973	佛塑科技	橡胶和塑料品产销	制造业
494	002243	通产丽星	橡胶和塑料品产销	制造业
495	600469	风神股份	橡胶和塑料品产销	制造业
496	600827	百联股份	药品及医疗器械零售	批发和零售业
497	000028	国药一致	药品及医疗器械批发	批发和零售业
498	000411	英特集团	药品及医疗器械批发	批发和零售业
499	000705	浙江震元	药品及医疗器械批发	批发和零售业
500	002462	嘉事堂	药品及医疗器械批发	批发和零售业
501	600511	国药股份	药品及医疗器械批发	批发和零售业
502	600713	南京医药	药品配送、批发	批发和零售业
503	000528	柳工	冶金、矿山、机电专用设备制造	制造业
504	000680	山推股份	冶金、矿山、机电专用设备制造	制造业
505	000852	石化机械	冶金、矿山、机电专用设备制造	制造业
506	000923	河北宣工	冶金、矿山、机电专用设备制造	制造业
507	000925	众合科技	冶金、矿山、机电专用设备制造	制造业
508	600582	天地科技	冶金、矿山、机电专用设备制造	制造业
509	600761	安徽合力	冶金、矿山、机电专用设备制造	制造业
510	600169	太原重工	冶金、轧钢、锻压、非标设备产销	制造业

续表

序号	股票代码	股票名称	主营业务	所属行业
511	000096	广聚能源	液体化工品仓储及投资	批发和零售业
512	600587	新华医疗	医疗器械制造	制造业
513	600789	鲁抗医药	医药产品的研发与产销	制造业
514	601607	上海医药	医药产品销售	批发和零售业
515	000423	东阿阿胶	医药制造	制造业
516	000538	云南白药	医药制造	制造业
517	000590	启迪古汉	医药制造	制造业
518	000597	东北制药	医药制造	制造业
519	000661	长春高新	医药制造	制造业
520	000756	新华制药	医药制造	制造业
521	000919	金陵药业	医药制造	制造业
522	000952	广济药业	医药制造	制造业
523	000999	华润三九	医药制造	制造业
524	002332	仙琚制药	医药制造	制造业
525	002349	精华制药	医药制造	制造业
526	002393	力生制药	医药制造	制造业
527	002644	佛慈制药	医药制造	制造业
528	600056	中国医药	医药制造	制造业
529	600062	华润双鹤	医药制造	制造业
530	600085	同仁堂	医药制造	制造业
531	600161	天坛生物	医药制造	制造业
532	600195	中牧股份	医药制造	制造业
533	600252	中恒集团	医药制造	制造业
534	600267	海正药业	医药制造	制造业
535	600329	中新药业	医药制造	制造业
536	600332	白云山	医药制造	制造业
537	600420	现代制药	医药制造	制造业
538	600436	片仔癀	医药制造	制造业
539	600479	千金药业	医药制造	制造业
540	600488	天药股份	医药制造	制造业

续表

序号	股票代码	股票名称	主营业务	所属行业
541	600513	联环药业	医药制造	制造业
542	600664	哈药股份	医药制造	制造业
543	600750	江中药业	医药制造	制造业
544	600812	华北制药	医药制造	制造业
545	002338	奥普光电	仪器仪表制造	制造业
546	600071	凤凰光学	仪器仪表制造	制造业
547	603100	川仪股份	仪器仪表制造	制造业
548	000752	西藏发展	饮料制造	制造业
549	002481	双塔食品	饮料制造	制造业
550	603369	今世缘	饮料制造	制造业
551	600088	中视传媒	电视剧节目制作、代理各类广告	信息传输、软件和服务业
552	000758	中色股份	有色金属矿采选	采矿业
553	002155	湖南黄金	有色金属矿采选	采矿业
554	600259	广晟有色	有色金属矿采选	采矿业
555	600489	中金黄金	有色金属矿采选	采矿业
556	600497	驰宏锌锗	有色金属矿采选	采矿业
557	600547	山东黄金	有色金属矿采选	采矿业
558	601168	西部矿业	有色金属矿采选	采矿业
559	601899	紫金矿业	有色金属矿采选	采矿业
560	000060	中金岭南	有色金属冶炼和压延加工	制造业
561	000630	铜陵有色	有色金属冶炼和压延加工	制造业
562	000657	中钨高新	有色金属冶炼和压延加工	制造业
563	000878	云南铜业	有色金属冶炼和压延加工	制造业
564	000933	神火股份	有色金属冶炼和压延加工	制造业
565	000960	锡业股份	有色金属冶炼和压延加工	制造业
566	000962	东方钽业	有色金属冶炼和压延加工	制造业
567	002114	罗平锌电	有色金属冶炼和压延加工	制造业
568	002149	西部材料	有色金属冶炼和压延加工	制造业
569	002167	东方锆业	有色金属冶炼和压延加工	制造业

续表

序号	股票代码	股票名称	主营业务	所属行业
570	600206	有研新材	有色金属冶炼和压延加工	制造业
571	600362	江西铜业	有色金属冶炼和压延加工	制造业
572	600392	盛和资源	有色金属冶炼和压延加工	制造业
573	601600	中国铝业	有色金属冶炼和压延加工	制造业
574	600961	株冶集团	有色金属冶炼加工	制造业
575	000156	华数传媒	有线电视、数字电视网络及产业投资	信息传输、软件和服务业
576	600463	空港股份	园区建设开发	建筑业
577	600848	上海临港	园区投资、开发和经营，自有房屋租赁，投资管理及咨询	房地产业
578	600531	豫光金铅	源新材料的生产、销售与研发	制造业
579	600097	开创国际	远洋捕捞、海淡水养殖	农、林、牧、渔业
580	000488	晨鸣纸业	造纸和纸制品	制造业
581	000833	贵糖股份	造纸和纸制品	制造业
582	600069	银鸽投资	造纸和纸制品	制造业
583	600103	青山纸业	造纸和纸制品	制造业
584	600356	恒丰纸业	造纸和纸制品	制造业
585	600433	冠豪高新	造纸和纸制品	制造业
586	600129	太极集团	中、西成药产销	制造业
587	600222	太龙药业	中、西成药产销	制造业
588	000786	北新建材	砖瓦、石灰和轻质建筑材料制造	制造业
589	603128	华贸物流	装卸搬运和运输代理	交通运输、仓储和邮政业
590	000617	中油资本	资本市场服务	金融业
591	000987	越秀金控	资本市场服务	金融业
592	600061	国投资本	资本市场服务	金融业
593	600621	华鑫股份	资本市场服务	金融业
594	600679	上海凤凰	自行车制造、房地产开发与经营	制造业

续表

序号	股票代码	股票名称	主营业务	所属行业
595	000021	深科技	提供制造、供应链、物流、系统解决方案等全产业链服务	租赁和商务服务业
596	000166	申万宏源	投资管理、投资咨询、房屋租赁	租赁和商务服务业
597	000410	*ST 沈机	机械设备制造、机床制造	制造业
598	000554	泰山石油	汽油、柴油、煤油的批发和零售	批发业
599	000563	陕国投 A	资金信托、有价证券信托	金融业
600	000629	*ST 钒钛	钢、铁、钒、钛、焦冶炼、钢压延加工及其产品销售	黑色金属矿采选业
601	000686	东北证券	证券经纪、证券自营、证券承销与保荐、证券投资咨询	金融业
602	000728	国元证券	证券经纪、证券自营、证券承销与保荐、证券投资咨询	金融业
603	000750	国海证券	证券经纪、投资银行、证券自营、资产管理	金融业
604	000751	锌业股份	锌、铜冶炼及深加工产品、硫酸、硫酸铜、镉、铟等加工	制造业
605	000755	*ST 三维	化工、化纤、建材产品及焦炭的生产与销售	制造业
606	000780	*ST 平能	煤炭生产、洗选加工	采矿业
607	000815	美利云	机械纸、板纸、加工纸等中高档文化用纸及生活用纸的生产销售	制造业
608	000882	华联股份	销售百货、针纺织品、工艺美术品、珠宝首饰等	租赁和商务服务业
609	000912	*ST 天化	生产氨、氢、二氧化碳、甲醇、硝酸、氮、硝酸铵	制造业
610	000932	*ST 华菱	主营钢坯、无缝钢管、线材、棒材、螺纹钢、热轧超薄带钢卷等	制造业
611	000950	*ST 建峰	生产、销售化肥、氮气、液氨	制造业
612	000972	*ST 中基	农副产品加工销售、畜禽屠宰等	批发和零售业

续表

序号	股票代码	股票名称	主营业务	所属行业
613	002134	*ST 普林	印刷电路板及相关产品的生产、销售、委托加工	制造业
614	002142	宁波银行	吸收公众存款，发放短期、中期和长期贷款等	金融业
615	002500	山西证券	证券经纪业务、融资融券业务、证券自营业务等	金融业
616	002673	西部证券	证券经纪、证券投资咨询	金融业
617	002736	国信证券	证券经纪、证券投资咨询	金融业
618	002786	银宝山新	模具、塑胶、五金制品、电子产品的开发、生产等	制造业
619	002799	环球印务	包装装潢设计、生产和加工	制造业
620	002819	东方中科	生产、制造电子计算机及备件	制造业
621	002820	桂发祥	糕点生产、预包装食品	制造业
622	300291	华录百纳	广播、电视、影视录音制作	信息传输、软件和服务业
623	300413	快乐购	日用化学品、文体用品销售	批发和零售业
624	300446	乐凯新材	磁记录材料研发、制造、加工	制造业
625	300455	康拓红外	自动化控制设备及系统制造	制造业
626	300470	日机密封	通用零部件制造及机械修理	制造业
627	300528	幸福蓝海	电影院线和影城的经营及电影相关的广告经营	文化、体育和娱乐业
628	300534	陇神戎发	医药产品、医疗产品、保健卫生产品的研究开发	制造业
629	300579	数字认证	电子认证服务、数字技术培训	信息传输、软件和服务业
630	600000	浦发银行	金融与信托投资业务	金融业
631	600015	华夏银行	证券经纪、证券自营	金融业
632	600030	中信证券	提供证券经纪、投资银行	金融业
633	600121	*ST 郑煤	煤炭生产及销售	制造业
634	600149	*ST 坊展	技术咨询、技术服务、技术转让	租赁和商务服务业

续表

序号	股票代码	股票名称	主营业务	所属行业
635	600202	哈空调	各种高、中、低压空冷器的设计、制造和销售	制造业
636	600217	中再资环	回收、加工、销售可利用资源	制造业
637	600225	*ST 松江	以自有资金对房地产、高新技术产业、公用事业、环保业	房地产业
638	600228	*ST 昌九	双氧水、甲醇、白炭黑生产	制造业
639	600301	ST 南化	氯碱化学工业及其系列产品	制造业
640	600369	西南证券	证券经纪业务	金融业
641	600403	*ST 大有	原煤开采、煤炭批发经营	制造业
642	600425	*ST 青松	建筑材料、工业用氧气生产	制造业
643	600432	*ST 吉恩	镍、铜、硫冶炼及副产品加工	制造业
644	600732	ST 新梅	房地产开发与经营，物业管理	房地产业
645	600608	*ST 沪科	钢压延加工业	制造业
646	600618	氯碱化工	烧碱、氯、氢、氟和聚氯乙烯系列化工原料及加工产品	制造业
647	600624	复旦复华	电脑系统、通信设备、自动化仪表研制及生产销售	制造业
648	600650	锦江投资	车辆服务、物流服务、普通货物的仓储、装卸	交通运输、仓储和邮政业
649	600680	*ST 上普	设计、生产、销售各类通信设备、元器件设备	制造业
650	600710	ST 常林	自营和代理各类商品和技术的进出口	批发和零售业
651	600715	文投控股	实业投资，影视文化信息咨询服务，游戏软件开发，设计、制作	文化、体育和娱乐业
652	600725	ST 云维	化工及化纤材料、水泥、氧气产品生产和销售	制造业
653	600733	S*ST 前锋	电子、通信、计算机、光机电一体化技术的开发、研制、技术服务及咨询	房地产业
654	600790	轻纺城	市场租赁、市场物业管理、仓储运输服务和停车服务	商务服务业

续表

序号	股票代码	股票名称	主营业务	所属行业
655	600793	ST 宜纸	生产销售新闻纸、文化纸、食品包装原纸	制造业
656	600806	*ST 昆机	开发、设计、生产、销售机床系列产品及配件业务	制造业
657	600815	*ST 厦工	工程机械产品及其配件制造、加工与经营	制造业
658	600838	上海九百	百货、针纺织品、五金交电、文教用品、日用杂货、劳防用品、金银饰品零售	交通运输、仓储和邮政业
659	600844	*ST 丹科	煤化工产品、石油化工产品及其衍生物的技术开发	制造业
660	600860	*ST 京城	普通货运、专业承包	制造业
661	600866	*ST 星湖	饲料添加剂、化学原料药、医药中间体的研发、生产和销售	制造业
662	600909	华安证券	证券经纪、证券投资咨询	金融业
663	600926	杭州银行	经营中国银行业监督管理委员会依据有关法律、行政法规和其他规定批准的业务	金融业
664	600977	中国电影	摄制电影片、复制本单位影片、按规定发行国产影片及其复制品	文化、体育和娱乐业
665	600997	开滦股份	对能源化工的投资，煤炭批发，钢材、木材、建材、化工产品批发、零售、代储、代销	制造业
666	600999	招商证券	证券经纪、证券投资咨询、证券交易	金融业
667	601005	*ST 重钢	生产、加工和销售板材、型材、线材、棒材、钢坯、钢带	制造业
668	601069	西部黄金	黄金、铬矿石、铁矿采选	制造业
669	601106	*ST 一重	高压容器（限单层），第三类低、中压容器的制造	制造业
670	601198	东兴证券	证券经纪、证券投资咨询、证券交易等	金融业

续表

序号	股票代码	股票名称	主营业务	所属行业
671	601211	国泰君安	证券经纪、证券自营、证券承销与保荐等	金融业
672	601328	交通银行	经营吸收公众存款，发放短期、中期和长期贷款等	金融业
673	601336	新华保险	各类人身保险、健康保险、意外伤害保险等	金融业
674	601377	兴业证券	证券经纪、证券投资咨询、证券交易等	金融业
675	601398	中国工商银行	办理人民币存款、贷款，同业拆借业务，国内外结算等	金融业
676	601555	东吴证券	证券经纪、证券投资咨询	金融业
677	601601	中国太保	各类保险业务	金融业
678	601628	中国人寿	各类人身保险业务	金融业
679	601688	华泰证券	证券经纪业务、证券投资咨询业务、融资融券业务等	金融业
680	601788	光大证券	证券经纪业务、证券投资咨询	金融业
681	601818	光大银行	经营吸收公众存款，发放短期、中期和长期贷款等	金融业
682	601888	中国国旅	旅游服务及旅游商品相关项目的投资与管理	租赁和商务服务业
683	601901	方正证券	证券经纪投资银行、证券自营、资产管理、基金管理	金融业
684	601918	新集能源	煤炭开采及洗选加工、火力发电	制造业
685	601939	中国建设银行	办理人民币存款、贷款，同业拆借业务，国内外结算等	金融业
686	601958	金钼股份	钼金属采矿、选矿、冶炼	制造业
687	601968	宝钢包装	各类材质包装制品设计、销售，各种材质包装材料的生产	制造业
688	601988	中国银行	办理人民币存款、贷款，同业拆借业务，国内外结算等	金融业

序号	股票代码	股票名称	主营业务	所属行业
689	601998	中信银行	办理人民币存款、贷款，同业拆借业务，国内外结算等	金融业
690	603025	大豪科技	生产电脑刺绣机、工业化自动化产品，技术开发、技术咨询、技术转让	制造业
691	603029	天鹅股份	农业机械、环保专用设备及配件、棉花加工机械及配件的生产、销售	制造业
692	603199	九华旅游	国内、入境旅游业务，旅游索道、住宿、餐饮	租赁和商务服务业
693	603299	井神股份	岩盐地下开采，食盐、井矿盐、盐类产品的生产、加工	制造业
694	603999	读者传媒	期刊、图书（含教材教辅及一般图书）出版物的出版和发行	文化、体育和娱乐业
695	600029	中国南方航空股份	提供国内、港澳台地区及国际航空客运、货运及邮运服务	交通运输、仓储和邮政业
696	601595	上海电影	电影发行及放映业务	文化、体育和娱乐业
697	601999	出版传媒	图书出版、发行，票据印刷	文化、体育和娱乐业
698	002777	久远银海	开发、生产、销售计算机软硬件	制造业
699	600636	*ST 爱富	有机氟材料及其制品、化工产品生产	制造业

公益类国有企业一览

序号	股票代码	股票名称	主营业务	所属行业
1	002181	粤传媒	报刊及信息网站	文化、体育和娱乐业
2	600037	歌华有线	北京地区有线广播电视网络的建设开发、经营管理	信息传输、软件和信息技术服务业
3	000008	神州高铁	城市轨道交通产品提供	交通运输、仓储和邮政业
4	600170	上海建工	城市基础设施的投资建设	建筑业
5	600662	强生控股	出租车	交通运输、仓储和邮政业
6	601226	华电重工	大、中型火电、水电、风电及核电、煤炭	电力、热力、燃气及水生产和供应业
7	000027	深圳能源	电力、热力生产和供应	电力、热力、燃气及水生产和供应业
8	000037	深南电 A	电力、热力生产和供应	电力、热力、燃气及水生产和供应业
9	000531	穗恒运 A	电力、热力生产和供应	电力、热力、燃气及水生产和供应业
10	000543	皖能电力	电力、热力生产和供应	电力、热力、燃气及水生产和供应业
11	000600	建投能源	电力、热力生产和供应	电力、热力、燃气及水生产和供应业
12	000601	韶能股份	电力、热力生产和供应	电力、热力、燃气及水生产和供应业
13	000692	惠天热电	电力、热力生产和供应	电力、热力、燃气及水生产和供应业
14	000695	滨海能源	电力、热力生产和供应	电力、热力、燃气及水生产和供应业

续表

序号	股票代码	股票名称	主营业务	所属行业
15	000720	新能泰山	电力、热力生产和供应	电力、热力、燃气及水生产和供应业
16	000722	湖南发展	电力、热力生产和供应	电力、热力、燃气及水生产和供应业
17	000767	漳泽电力	电力、热力生产和供应	电力、热力、燃气及水生产和供应业
18	000791	甘肃电投	电力、热力生产和供应	电力、热力、燃气及水生产和供应业
19	000862	银星能源	电力、热力生产和供应	电力、热力、燃气及水生产和供应业
20	000875	吉电股份	电力、热力生产和供应	电力、热力、燃气及水生产和供应业
21	000883	湖北能源	电力、热力生产和供应	电力、热力、燃气及水生产和供应业
22	000899	赣能股份	电力、热力生产和供应	电力、热力、燃气及水生产和供应业
23	000966	长源电力	电力、热力生产和供应	电力、热力、燃气及水生产和供应业
24	000993	闽东电力	电力、热力生产和供应	电力、热力、燃气及水生产和供应业
25	001896	豫能控股	电力、热力生产和供应	电力、热力、燃气及水生产和供应业
26	002039	黔源电力	电力、热力生产和供应	电力、热力、燃气及水生产和供应业
27	002608	江苏国信	电力、热力生产和供应	电力、热力、燃气及水生产和供应业
28	600011	华能国际	电力、热力生产和供应	电力、热力、燃气及水生产和供应业
29	600021	上海电力	电力、热力生产和供应	电力、热力、燃气及水生产和供应业
30	600023	浙能电力	电力、热力生产和供应	电力、热力、燃气及水生产和供应业

续表

序号	股票代码	股票名称	主营业务	所属行业
31	600027	华电国际	电力、热力生产和供应	电力、热力、燃气及水生产和供应业
32	600098	广州发展	电力、热力生产和供应	电力、热力、燃气及水生产和供应业
33	600101	明星电力	电力、热力生产和供应	电力、热力、燃气及水生产和供应业
34	600116	三峡水利	电力、热力生产和供应	电力、热力、燃气及水生产和供应业
35	600131	岷江水电	电力、热力生产和供应	电力、热力、燃气及水生产和供应业
36	600163	中闽能源	电力、热力生产和供应	电力、热力、燃气及水生产和供应业
37	600236	桂冠电力	电力、热力生产和供应	电力、热力、燃气及水生产和供应业
38	600396	金山股份	电力、热力生产和供应	电力、热力、燃气及水生产和供应业
39	600505	西昌电力	电力、热力生产和供应	电力、热力、燃气及水生产和供应业
40	600578	京能电力	电力、热力生产和供应	电力、热力、燃气及水生产和供应业
41	600719	大连热电	电力、热力生产和供应	电力、热力、燃气及水生产和供应业
42	600726	华电能源	电力、热力生产和供应	电力、热力、燃气及水生产和供应业
43	600744	华银电力	电力、热力生产和供应	电力、热力、燃气及水生产和供应业
44	600780	通宝能源	电力、热力生产和供应	电力、热力、燃气及水生产和供应业
45	600795	国电电力	电力、热力生产和供应	电力、热力、燃气及水生产和供应业
46	600863	内蒙华电	电力、热力生产和供应	电力、热力、燃气及水生产和供应业

续表

序号	股票代码	股票名称	主营业务	所属行业
47	600864	哈投股份	电力、热力生产和供应	电力、热力、燃气及水生产和供应业
48	600886	国投电力	电力、热力生产和供应	电力、热力、燃气及水生产和供应业
49	600969	郴电国际	电力、热力生产和供应	电力、热力、燃气及水生产和供应业
50	600979	广安爱众	电力、热力生产和供应	电力、热力、燃气及水生产和供应业
51	600982	宁波热电	电力、热力生产和供应	电力、热力、燃气及水生产和供应业
52	600995	文山电力	电力、热力生产和供应	电力、热力、燃气及水生产和供应业
53	601016	节能风电	电力、热力生产和供应	电力、热力、燃气及水生产和供应业
54	601991	大唐发电	电力、热力生产和供应	电力、热力、燃气及水生产和供应业
55	000539	粤电力 A	电力、热力生产和供应	电力、热力、燃气及水生产和供应业
56	600452	涪陵电力	电力、热力生产和供应	电力、热力、燃气及水生产和供应业
57	600509	天富能源	电力、热力生产和供应	电力、热力、燃气及水生产和供应业
58	600674	川投能源	电力、热力生产和供应	电力、热力、燃气及水生产和供应业
59	600050	中国联通	电信、广播电视、卫星传输服务	信息传输、软件和服务业
60	600769	祥龙电业	发电、供电、供热	电力、热力、燃气及水生产和供应业
61	000301	东方市场	纺织原料、针纺织品、聚酯生产	制造业
62	603000	人民网	公共信息提供	信息传输、软件和服务业
63	600386	北巴传媒	公交广告、汽车服务	文化、体育和娱乐业

续表

序号	股票代码	股票名称	主营业务	所属行业
64	002061	浙江交科	公路工程、市政工程、城市轨道工程、铁路工程	水利、环境和公共设施管理业
65	600326	西藏天路	公路工程基础设施建设	水利、环境和公共设施管理业
66	000548	湖南投资	公路管理及养护	交通运输、仓储和邮政业
67	000886	海南高速	公路管理及养护	交通运输、仓储和邮政业
68	000900	现代投资	公路管理及养护	交通运输、仓储和邮政业
69	000916	华北高速	公路管理及养护	交通运输、仓储和邮政业
70	600020	中原高速	公路管理及养护	交通运输、仓储和邮政业
71	600033	福建高速	公路管理及养护	交通运输、仓储和邮政业
72	600035	楚天高速	公路管理及养护	交通运输、仓储和邮政业
73	600269	赣粤高速	公路管理及养护	交通运输、仓储和邮政业
74	600350	山东高速	公路管理及养护	交通运输、仓储和邮政业
75	600377	宁沪高速	公路管理及养护	交通运输、仓储和邮政业
76	600548	深高速	公路管理及养护	交通运输、仓储和邮政业
77	600561	江西长运	公路管理及养护	交通运输、仓储和邮政业
78	601107	四川成渝	公路管理及养护	交通运输、仓储和邮政业
79	601518	吉林高速	公路管理及养护	交通运输、仓储和邮政业
80	600853	龙建股份	公路桥梁建设	交通运输、仓储和邮政业
81	601006	大秦铁路	公路铁路运输	交通运输、仓储和邮政业
82	000917	电广传媒	广播电视和卫星传输服务	信息传输、软件和服务业
83	600831	广电网络	广播电视节目收转、传送	信息传输、软件和服务业
84	002238	天威视讯	广播电视信号传输服务	信息传输、软件和服务业
85	000665	湖北广电	广播电视信息网络规划、设计、建设、管理	信息传输、软件和服务业
86	600292	远达环保	环保工程、核环保、节能、水处理及运营	水利、环境和公共设施管理业
87	600028	中国石油化工股份	勘探、开发及生产原油及天然气	采矿业

续表

序号	股票代码	股票名称	主营业务	所属行业
88	002110	三钢闽光	炼铁、炼钢、炼焦、钢压延加工	制造业
89	000099	中信海直	陆上石油服务、海洋石油服务	科学研究和技术服务业
90	000807	云铝股份	铝土矿、氧化铝、炭素制品、铝冶炼、铝加工	制造业
91	000421	南京中北	燃气生产和供应	电力、热力、燃气及水生产和供应业
92	002267	陕天然气	燃气生产和供应	电力、热力、燃气及水生产和供应业
93	600333	长春燃气	燃气生产和供应	电力、热力、燃气及水生产和供应业
94	600617	国新能源	燃气生产和供应	电力、热力、燃气及水生产和供应业
95	600642	申能股份	燃气生产和供应	电力、热力、燃气及水生产和供应业
96	601139	深圳燃气	燃气生产和供应	电力、热力、燃气及水生产和供应业
97	601857	中国石油	燃气生产和供应	电力、热力、燃气及水生产和供应业
98	002679	福建金森	森林经营和管护、造林和更新	农、林、牧、渔业
99	000504	南华生物	社会公益性质干细胞储存库	科学研究和技术服务业
100	600583	海油工程	石油和天然气开采服务业	采矿业
101	601808	中海油服	石油和天然气开采业	采矿业
102	600248	延长化建	石油化工工程施工	建筑业
103	600688	上海石化	石油加工、炼焦及核燃料加工	制造业
104	002200	云投生态	市政公用、园林绿化工程设计	水利、环境和公共设施管理业

续表

序号	股票代码	股票名称	主营业务	所属行业
105	000090	天健集团	市政公用工程、公路工程建设	水利、环境和公共设施管理业
106	000544	中原环保	水的生产和供应	电力、热力、燃气及水生产和供应业
107	000598	兴蓉投资	水的生产和供应	电力、热力、燃气及水生产和供应业
108	000605	渤海股份	水的生产和供应	电力、热力、燃气及水生产和供应业
109	000685	中山公用	水的生产和供应	电力、热力、燃气及水生产和供应业
110	600008	首创股份	水的生产和供应	电力、热力、燃气及水生产和供应业
111	600168	武汉控股	水的生产和供应	电力、热力、燃气及水生产和供应业
112	600283	钱江水利	水的生产和供应	电力、热力、燃气及水生产和供应业
113	600323	瀚蓝环境	水的生产和供应	电力、热力、燃气及水生产和供应业
114	600461	洪城水业	水的生产和供应	电力、热力、燃气及水生产和供应业
115	600874	创业环保	水的生产和供应	电力、热力、燃气及水生产和供应业
116	601158	重庆水务	水的生产和供应	电力、热力、燃气及水生产和供应业
117	002060	粤水电	水力、风力等发电业务	电力、热力、燃气及水生产和供应业
118	600068	葛洲坝	水利工程	水利、环境和公共设施管理业
119	600502	安徽水利	水利工程	水利、环境和公共设施管理业
120	600629	华建集团	水文地质勘察、工程测量勘察，建筑智能化建设工程设计施工	建筑业

续表

序号	股票代码	股票名称	主营业务	所属行业
121	601186	中国铁建	铁路、公路、隧道、桥梁建筑	建筑业
122	601390	中国中铁	铁路、公路、隧道、桥梁建筑	建筑业
123	000498	山东路桥	铁路、公路、隧道、桥梁建筑	建筑业
124	002307	北新路桥	铁路、公路、隧道、桥梁建筑	建筑业
125	600039	四川路桥	铁路、公路、隧道、桥梁建筑	建筑业
126	600871	石化油服	油气勘探开发工程施工与技术服务	采矿业
127	000839	中信国安	有线电视业务、广播电视节目传输服务业务	信息传输、软件和服务业
128	601929	吉视传媒	有线电视业务、广播电视节目传输服务业务	信息传输、软件和服务业
129	600339	中油工程	石油天然气、石油化工等建筑工程	建筑业
130	601333	广深铁路股份	长途旅客列车运输业	交通运输、仓储和邮政业
131	002116	中国海诚	专业技术服务、公用事业	科学研究和技术服务业
132	000429	粤高速A	高速公路、等级公路，桥梁、隧道基础设施	交通运输、仓储和邮政业
133	000958	东方能源	热力、电力的生产和销售	电力、热力生产和供应业
134	600012	皖通高速	公路投资、建设、设计、监理，收费、养护、路产路权管理	交通运输、仓储和邮政业
135	600368	五洲交通	经营收费公路、桥梁，对公路、桥梁、站场、港口、码头等交通基础设施投资	交通运输、仓储和邮政业

序号	股票代码	股票名称	主营业务	所属行业
136	600834	申通地铁	上海地铁一号线经营业务、融资租赁业务	交通运输、仓储和邮政业
137	600900	长江电力	电力生产、经营和投资	水、电、气供应业
138	600917	重庆燃气	燃气供应、输、储、配、销售及管网的设计、制造、安装、维修	水、电、气供应业
139	600936	广西广电	广播电视信息网络的设计、建设、改造、经营、维护	信息传输、软件和服务业
140	600996	贵广网络	有线电视相关工程及安装、节目传输等	租赁和商务服务业
141	601199	江南水务	自来水制售，自来水排水及相关水处理业务	水、电、气供应业
142	601368	绿城水务	自来水的生产和销售、给排水设施的建设	水、电、气供应业
143	601985	中国核电	核电项目及配套设施的开发、投资、建设、运营与管理	水、电、气供应业
144	603060	国检集团	标准物质的研发和销售、职业健康和环境保护技术服务	专业技术服务业
145	603069	海汽集团	道路客运、客运站场开发经营、旅游、物流和汽车服务等	交通运输、仓储和邮政业
146	603888	新华网	第二类增值电信业务中的信息服务业务	租赁和商务服务业
147	000809	*ST 新城	区域土地征用、市政基础建设、土地开发、项目开发、管理咨询	水利、环境和公共设施管理业
148	001979	招商蛇口	城区、园区、社区的投资、开发建设和运营	房地产业
149	601188	龙江交通	高速公路收费	交通运输、仓储和邮政业

续表

序号	股票代码	股票名称	主营业务	所属行业
150	600310	桂东电力	电力、热力生产和供应	电力、热力、燃气及水生产和供应业
151	603126	中材节能	电力、热力生产和供应	电力、热力、燃气及水生产和供应业
152	002627	宜昌交运	公交运输	交通运输、仓储和邮政业

特定功能类国有企业一览

序号	股票代码	股票名称	主营业务	所属行业
1	000733	振华科技	半导体及元件制造	制造业
2	002401	中远海科	仓储、码头、船员管理等多个航运信息化	信息传输、软件和信息技术服务业
3	002051	中工国际	承包各类境外工程及境内国际招标工程	建筑业
4	601668	中国建筑	承担国内外公用、民用房屋建筑工程的施工、安装、咨询	建筑业
5	000905	厦门港务	大宗商品采购供应及综合物流服务、物流平台	交通运输、仓储和邮政业
6	600284	浦东建设	道路、公路、桥梁、各类基础工程施工，设备安装	建筑业
7	002544	杰赛科技	地理信息加工处理、智能化安装工程服务	信息传输、软件和信息技术服务业
8	000070	特发信息	电气机械及器材制造业	制造业
9	300114	中航电测	电阻应变计、应变式传感器及汽车综合性能检测设备生产	制造业
10	601117	中国化学	化工、石油、医药、电力、煤炭工业工程的承包	建筑业
11	600773	西藏城投	房地产开发	房地产业
12	600846	同济科技	房地产投资与开发经营及咨询服务	建筑业
13	601718	际华集团	军需轻工产品生产	制造业
14	600970	中材国际	非金属新材料、建筑材料及非金属矿的研究、工程设计	建筑业

续表

序号	股票代码	股票名称	主营业务	所属行业
15	601800	中国交建	港口、航道、公路、桥梁建设项目总承包	建筑业
16	000507	珠海港	港口航运、物流供应链、能源环保、港城建设及航运	交通运输、仓储和邮政业
17	601008	连云港	港口装卸运输、货物加工处理	交通运输、仓储和邮政业
18	000022	深赤湾 A	港口装卸运输、货物加工处理、散货灌包、件货包装	交通运输、仓储和邮政业
19	600108	亚盛集团	高科技农业新技术、新品种开发、滴灌系统设计	农、林、牧、渔业
20	600736	苏州高新	工程设计、施工、科技服务	房地产业
21	000065	北方国际	各类型工业、能源、交通、民用工程建设项目的施工总承包	建筑业
22	600354	敦煌种业	各类种子生产、收购、销售和棉花的收购	农、林、牧、渔业
23	002179	中航光电	光电元器件及电子信息产品的生产、销售	制造业
24	000719	大地传媒	广播、电影、电视节目等进行互联网信息服务	信息传输、软件和信息技术服务业
25	600880	博瑞传播	广告的发布与制作、出版物印刷和纸张销售	信息传输、软件和信息技术服务业
26	600558	大西洋	焊条、焊丝、焊剂等焊接材料产品的研发、生产和销售	制造业
27	002140	东华科技	化工、石油化工、市政、环境治理、建筑工程的咨询	建筑业
28	600794	保税科技	化工仓储、贸易及物流运输	交通运输、仓储和邮政业
29	002254	泰和新材	化学纤维制造	制造业
30	002037	久联发展	化学原料及化学制品制造业	制造业
31	000915	山大华特	环保设备的开发、生产、安装、销售	制造业

序号	股票代码	股票名称	主营业务	所属行业
32	600850	华东电脑	计算机、电子设备、仪器仪表的开发、生产和销售	制造业
33	002025	航天电器	计算机、通信和电子设备制造	制造业
34	002465	海格通信	计算机、通信和电子设备制造	制造业
35	000050	深天马A	计算机、通信和电子设备制造	制造业
36	000066	长城电脑	计算机、通信和电子设备制造	制造业
37	000547	航天发展	计算机、通信和电子设备制造	制造业
38	000561	烽火电子	计算机、通信和电子设备制造	制造业
39	000801	四川九洲	计算机、通信和电子设备制造	制造业
40	000977	浪潮信息	计算机、通信和电子设备制造	制造业
41	002049	紫光国芯	计算机、通信和电子设备制造	制造业
42	002189	利达光电	计算机、通信和电子设备制造	制造业
43	600100	同方股份	计算机、通信和电子设备制造	制造业
44	600118	中国卫星	计算机、通信和电子设备制造	制造业
45	600151	航天机电	计算机、通信和电子设备制造	制造业
46	600271	航天信息	计算机、通信和电子设备制造	制造业
47	600435	北方导航	计算机、通信和电子设备制造	制造业
48	600764	中电广通	计算机、通信和电子设备制造	制造业
49	600990	四创电子	计算机、通信和电子设备制造	制造业
50	600839	四川长虹	计算机、通信和电子设备制造	制造业
51	600317	营口港	港口装卸、堆存、运输服务	交通运输、仓储和邮政业
52	600017	日照港	码头和其他港口设施服务，在港区内从事货物装卸、仓储服务	交通运输、仓储和邮政业
53	601000	唐山港	码头和其他港口设施经营	交通运输、仓储和邮政业
54	601018	宁波港	码头开发经营、管理，港口货物的装卸、堆存、仓储	交通运输、仓储和邮政业
55	600783	鲁信创投	磨料磨具、涂附磨具生产	制造业
56	600506	香梨股份	农业、林业、果业的种植	农、林、牧、渔业

序号	股票代码	股票名称	主营业务	所属行业
57	600359	新农开发	农业种植，牧渔养殖，农产品、畜产品生产	农、林、牧、渔业
58	000998	隆平高科	农作物种子、种苗的培育、繁殖、推广和销售	农、林、牧、渔业
59	000625	长安汽车	汽车制造	制造业
60	600178	东安动力	汽车制造	制造业
61	600375	华菱星马	汽车制造	制造业
62	600480	凌云股份	汽车制造	制造业
63	600501	航天晨光	汽车制造	制造业
64	600523	贵航股份	汽车制造	制造业
65	600698	湖南天雁	汽车制造	制造业
66	600189	吉林森工	森林采伐、人造板等	农、林、牧、渔业
67	600717	天津港	商品储存、中转联运等	交通运输、仓储和邮政业
68	600633	浙数文化	设计、制作、广告发布等	文化、体育和娱乐业
69	000059	华锦股份	石油加工、炼焦	制造业
70	601669	中国电建	航道、房屋、市政工程设施	建筑业
71	600057	象屿股份	货物装卸、仓储、物流服务	交通运输、仓储和邮政业
72	002040	南京港	普通货物的装卸、仓储服务	交通运输、仓储和邮政业
73	601118	海南橡胶	天然橡胶的种植、加工	农、林、牧、渔业
74	002013	中航机电	航空航天和其他运输设备制造	制造业
75	000738	航发控制	航空航天和其他运输设备制造	制造业
76	000768	中航飞机	航空航天和其他运输设备制造	制造业
77	000901	航天科技	航空航天和其他运输设备制造	制造业
78	600038	中直股份	航空航天和其他运输设备制造	制造业
79	600150	中国船舶	航空航天和其他运输设备制造	制造业

续表

序号	股票代码	股票名称	主营业务	所属行业
80	600316	洪都航空	航空航天和其他运输设备制造	制造业
81	600372	中航电子	航空航天和其他运输设备制造	制造业
82	600391	航发科技	航空航天和其他运输设备制造	制造业
83	600482	中国动力	航空航天和其他运输设备制造	制造业
84	600862	中航高科	航空航天和其他运输设备制造	制造业
85	600893	航发动力	航空航天和其他运输设备制造	制造业
86	600967	内蒙一机	铁路、船舶、航空航天和其他	制造业
87	601766	中国中车	航空航天和其他运输设备制造	制造业
88	600495	晋西车轴	车轴、精密锻造产品生产	制造业
89	600677	航天通信	通信产业投资，通信产品开发	信息传输、软件和服务业
90	600562	国睿科技	通信传输设备、机电设备生产	制造业
91	000777	中核科技	通用设备制造	制造业
92	000837	秦川机床	通用设备制造	制造业
93	002046	轴研科技	通用设备制造	制造业
94	300024	机器人	通用设备制造	制造业
95	600416	湘电股份	通用设备制造	制造业
96	600765	中航重机	通用设备制造	制造业
97	000582	北部湾港	港口、码头，装卸管理及服务	交通运输、仓储和邮政业
98	600757	长江传媒	图书、报刊、电子出版物	文化、体育和娱乐业
99	601098	中南传媒	图书、期刊、音像制品、电子出版物	文化、体育和娱乐业
100	600825	新华传媒	图书报刊、电子出版物零售	文化、体育和娱乐业
101	600820	隧道股份	土木工程建设项目总承包	建筑业
102	600198	大唐电信	卫星导航	信息传输、软件和服务业
103	000058	深赛格	卫星导航	信息传输、软件和服务业

续表

序号	股票代码	股票名称	主营业务	所属行业
104	002232	启明信息	卫星导航	信息传输、软件和服务业
105	600476	湘邮科技	卫星导航	信息传输、软件和服务业
106	600787	中储股份	物资配送、储存等	交通运输、仓储和邮政业
107	000607	华媒控股	新闻与出版	文化、体育和娱乐业
108	600373	中文传媒	新闻与出版	文化、体育和娱乐业
109	600551	时代出版	新闻与出版	文化、体育和娱乐业
110	601928	凤凰传媒	新闻与出版	文化、体育和娱乐业
111	000928	中钢国际	冶金工程总承包	建筑业
112	600313	农发种业	粮食种植、水产品养殖	农、林、牧、渔业
113	600456	宝钛股份	有色金属冶炼和压延加工	制造业
114	600459	贵研铂业	有色金属冶炼及压延加工	制造业
115	600279	重庆港九	长江干线及支流省际货船运输	交通运输、仓储和邮政业
116	600649	城投控股	政府投融平台	房地产业
117	600663	陆家嘴	政府投融平台	房地产业
118	000788	北大医药	制造、销售片剂、硬胶囊剂	制造业
119	300034	钢研高纳	铸造高温合金制品、变形高温合金制品	制造业
120	000425	徐工机械	专用设备制造	制造业
121	000519	中兵红箭	专用设备制造	制造业
122	002204	大连重工	专用设备制造	制造业
123	002371	北方华创	专用设备制造	制造业
124	002423	中原特钢	专用设备制造	制造业
125	300402	宝色股份	专用设备制造	制造业
126	600262	北方股份	专用设备制造	制造业
127	600343	航天动力	专用设备制造	制造业
128	600855	航天长峰	专用设备制造	制造业

续表

序号	股票代码	股票名称	主营业务	所属行业
129	601608	中信重工	专用设备制造	制造业
130	000831	五矿稀土	稀土氧化物、稀土金属制造	制造业
131	000881	中广核技	核技术开发、技术咨询	租赁和商务服务业
132	002030	达安基因	分子诊断技术及临床检验试剂和仪器的研发、生产、销售	制造业
133	300523	辰安科技	公共安全应急平台软件制造、销售及相关服务	信息传输、软件和服务业
134	600877	*ST 嘉陵	铁路、船舶、航空航天和其他运输设备制造业	制造业
135	603227	雪峰科技	民用爆炸器材生产、销售，地爆器材回收利用	制造业
136	603977	国泰集团	民用爆炸物品生产	制造业
137	300516	久之洋	红外热像仪、激光传感器研究开发、生产	制造业
138	300527	华舟应急	应急交通工程装备的研发、生产和销售	制造业
139	300557	理工光科	光纤传感、仪器仪表、光机电器件开发	制造业
140	600540	*ST 新赛	农作物种植、农业高新技术产品的研究及开发	农、林、牧、渔业
141	601611	中国核建	投资管理、工程总承包	建筑业
142	601811	新华文轩	图书、报纸、期刊、电子出版物销售，音像制品批发	文化、体育和娱乐业
143	601900	南方传媒	图书、期刊、报纸、音像制品、电子出版物	文化、体育和娱乐业
144	601989	中国重工	舰船、舰船配套产品、能源装备生产、修理等	制造业
145	603026	石大胜华	环氧丙烷、二氯丙烷、丙烯、液化石油气开发及技术服务	制造业
146	000088	盐田港	码头的开发与经营、货物装卸与运输	交通运输、仓储和邮政业

续表

序号	股票代码	股票名称	主营业务	所属行业
147	000526	*ST 紫学	教育辅助服务	教育
148	000826	启迪桑德	城市垃圾及工业固体废弃物处置及危险废弃物处置	生态保护和环境治理业
149	000828	东莞控股	高速公路的投资、建设、经营	交通运输、仓储和邮政业
150	002672	东江环保	废物管理和环境技术服务	租赁和商务服务业
151	600004	白云机场	旅客过港服务、提供与航空运输有关的地面服务	交通运输、仓储和邮政业
152	603698	航天工程	加工气化炉及关键设备、施工总承包、工程勘察设计	科学研究和技术服务业
153	002163	中航三鑫	玻璃深加工产品技术开发	制造业
154	600685	中船防务	船舶及其辅机生产与销售	制造业
155	600072	钢构工程	大型钢结构产品生产	制造业
156	002053	云南能投	电力、天然气、煤炭等能源的投资及管理	租赁和商务服务业
157	600184	光电股份	防务和光电材料与器件生产	制造业
158	600701	工大高新	高新技术及产品的开发、生产、销售和技术服务，技术咨询	信息传输、软件和服务业
159	600755	厦门国贸	各类商品和技术的进出口批发	批发和零售业
160	600153	建发股份	各类商品进出口批发	批发和零售业
161	600399	抚顺特钢	国防、航天特殊钢材研发	制造业
162	601880	大连港	国际、国内货物装卸、运输、中转、仓储等港口业务和物流服务国际	交通运输、仓储和邮政业
163	002297	博云新材	航空航天及民用炭生产和销售	制造业
164	600133	东湖高新	环保工程项目投资、建设、运营和维护	建筑业
165	000089	深圳机场	机场服务	交通运输、仓储和邮政业
166	600009	上海机场	机场服务	交通运输、仓储和邮政业

续表

序号	股票代码	股票名称	主营业务	所属行业
167	600018	上港集团	港口服务业务和港口物流业务	交通运输、仓储和邮政业
168	600797	浙大网新	计算机及网络系统、计算机系统集成与电子工程的研究开发	信息传输、软件和服务业
169	002683	宏大爆破	开采辅助活动	采矿业
170	002096	南岭民爆	民用爆炸物品生产	制造业
171	002827	高争民爆	民用爆炸物品生产	制造业
172	600879	航天电子	民用航天与运载火箭技术及配套设备生产销售	制造业
173	600676	交运股份	汽车货物运输装卸	交通运输、仓储和邮政业
174	600148	长春一东	汽车离合器等汽车零部件的研发、生产与销售	制造业
175	600278	东方创业	商品及技术进出口业务批发	批发和零售业
176	600648	外高桥	园区开发、物流贸易	交通运输、仓储和邮政业
177	600760	中航沈飞	专用车和液压零部件的生产制造及销售	制造业
178	600111	北方稀土	稀土精矿、稀土加工产品、稀土生产与销售	制造业
179	600528	中铁工业	金属制品、水泥制品、建筑工程用机械制造	制造业

附录 5

商业竞争类国有企业财务和谐度排名

2014 年和谐度排名				2015 年和谐度排名				2016 年和谐度排名			
股票代码	股票名称	总分	排名	股票代码	股票名称	总分	排名	股票代码	股票名称	总分	排名
600985	雷鸣科化	1.485462	1	300080	易成新能	2.083802	1	600113	浙江东日	1.69148	1
601088	中国神华	1.423725	2	600206	有研新材	1.018099	2	600126	杭钢股份	1.61355	2
600104	上汽集团	1.24052	3	600104	上汽集团	0.986084	3	600104	上汽集团	1.42955	3
600692	亚通股份	0.890237	4	601088	中国神华	0.912106	4	600418	江淮汽车	1.14957	4
600206	有研新材	0.844675	5	002033	丽江旅游	0.910675	5	601088	中国神华	1.07904	5
000858	五粮液	0.834464	6	600835	上海机电	0.837643	6	000617	中油资本	0.98502	6
600270	外运发展	0.830532	7	600573	惠泉啤酒	0.836762	7	600573	惠泉啤酒	0.92326	7
600488	天药股份	0.816268	8	600270	外运发展	0.822487	8	600792	云煤能源	0.89431	8
600573	惠泉啤酒	0.805891	9	000655	金岭矿业	0.782395	9	600206	有研新材	0.8496	9
600483	福能股份	0.74444	10	000858	五粮液	0.756305	10	600488	天药股份	0.83945	10

2014 年和谐度排名				2015 年和谐度排名				2016 年和谐度排名			
股票代码	股票名称	总分	排名	股票代码	股票名称	总分	排名	股票代码	股票名称	总分	排名
600835	上海机电	0.734409	11	000999	华润三九	0.733398	11	600362	江西铜业	0.82718	11
000651	格力电器	0.722536	12	000651	格力电器	0.724223	12	600270	外运发展	0.82523	12
601111	中国国航	0.707903	13	601238	广汽集团	0.71412	13	600835	上海机电	0.82236	13
000999	华润三九	0.699873	14	600006	东风汽车	0.702209	14	600019	宝钢股份	0.80377	14
600006	东风汽车	0.6994	15	600981	汇鸿集团	0.697999	15	600160	巨化股份	0.75111	15
600585	海螺水泥	0.697313	16	600415	小商品城	0.688894	16	000858	五粮液	0.73566	16
000666	经纬纺机	0.684827	17	600483	福能股份	0.683987	17	600115	东方航空	0.73194	17
600415	小商品城	0.667354	18	600824	益民集团	0.674007	18	000651	格力电器	0.72887	18
000550	江铃汽车	0.661569	19	000666	经纬纺机	0.672269	19	600188	兖州煤业股份	0.72883	19
000655	金岭矿业	0.660737	20	000550	江铃汽车	0.659355	20	000155	川化股份	0.72617	20
601699	潞安环能	0.660003	21	601699	潞安环能	0.654872	21	600582	天地科技	0.71602	21
600019	宝钢股份	0.65744	22	002222	福晶科技	0.652313	22	000635	英力特	0.69647	22
601003	柳钢股份	0.64133	23	000528	柳工	0.648112	23	600704	物产中大	0.69031	23
000635	英力特	0.639843	24	000538	云南白药	0.644352	24	000550	江铃汽车	0.6881	24
601727	上海电气	0.636478	25	000635	英力特	0.638785	25	601238	广汽集团	0.68	25

续表

2014 年和谐度排名				2015 年和谐度排名				2016 年和谐度排名			
股票代码	股票名称	总分	排名	股票代码	股票名称	总分	排名	股票代码	股票名称	总分	排名
000538	云南白药	0.634321	26	600429	三元股份	0.636432	26	600483	福能股份	0.67747	26
600059	古越龙山	0.633529	27	600585	海螺水泥	0.635208	27	000999	华润三九	0.67387	27
000039	中集集团	0.632488	28	002415	海康威视	0.631876	28	600824	益民集团	0.67381	28
600062	华润双鹤	0.630515	29	000729	燕京啤酒	0.629002	29	601618	中国中冶	0.65102	29
600436	片仔癀	0.628737	30	600962	国投中鲁	0.627898	30	600006	东风汽车	0.65079	30
002222	福晶科技	0.628518	31	600488	天药股份	0.625081	31	600533	栖霞建设	0.6451	31
601177	杭齿前进	0.626597	32	600897	厦门空港	0.619385	32	600059	古越龙山	0.6431	32
600160	巨化股份	0.624062	33	600160	巨化股份	0.614224	33	002222	福晶科技	0.64278	33
600188	兖州煤业股份	0.62393	34	002304	洋河股份	0.612547	34	000729	燕京啤酒	0.64217	34
002415	海康威视	0.621756	35	600582	天地科技	0.611597	35	600750	江中药业	0.64145	35
600829	人民同泰	0.616809	36	600059	古越龙山	0.607105	36	600415	小商品城	0.64123	36
000898	鞍钢股份	0.603337	37	600628	新世界	0.605771	37	000937	冀中能源	0.6353	37
600962	国投中鲁	0.601804	38	002281	光迅科技	0.603174	38	000655	金岭矿业	0.62897	38
601238	广汽集团	0.600213	39	600019	宝钢股份	0.602687	39	000538	云南白药	0.62774	39
600761	安徽合力	0.599951	40	600592	龙溪股份	0.600401	40	600062	华润双鹤	0.62635	40

续表

| | 2014 年和谐度排名 | | | | 2015 年和谐度排名 | | | | 2016 年和谐度排名 | | |
股票代码	股票名称	总分	排名	股票代码	股票名称	总分	排名	股票代码	股票名称	总分	排名
600498	烽火通信	0.599237	41	600809	山西汾酒	0.598889	41	000568	泸州老窖	0.62502	41
600497	驰宏锌锗	0.598053	42	601111	中国国航	0.595721	42	600962	国投中鲁	0.62405	42
600307	酒钢宏兴	0.596934	43	600841	上柴股份	0.595085	43	601225	陕西煤业	0.61768	43
000819	岳阳兴长	0.595377	44	601003	柳钢股份	0.593854	44	601111	中国国航	0.61727	44
600824	益民集团	0.590629	45	600436	片仔癀	0.591949	45	000819	岳阳兴长	0.61671	45
002304	洋河股份	0.585587	46	600498	烽火通信	0.591799	46	600125	铁龙物流	0.61598	46
600792	云煤能源	0.584579	47	600894	广日股份	0.588465	47	600332	白云山	0.61163	47
600362	江西铜业	0.582811	48	600335	国机汽车	0.586902	48	600171	上海贝岭	0.6081	48
601618	中国中冶	0.581702	49	000819	岳阳兴长	0.586873	49	600845	宝信软件	0.6059	49
600741	华域汽车	0.580994	50	600845	宝信软件	0.577051	50	002304	洋河股份	0.60489	50

附录 6

公益类国有企业财务和谐度排名

2014 年财务和谐度排名				2015 年财务和谐度排名				2016 年企财务和谐度排名			
代码	股票名称	综合得分	排名	代码	股票名称	综合得分	排名	代码	股票名称	综合得分	排名
600874	创业环保	1.440723	1	600098	广州发展	1.162913	1	601186	中国铁建	1.566284	1
600098	广州发展	1.14574	2	600874	创业环保	0.940379	2	600995	文山电力	1.090102	2
002039	黔源电力	0.779113	3	601006	大秦铁路	0.696702	3	600874	创业环保	1.012794	3
600310	桂东电力	0.701885	4	600386	北巴传媒	0.646712	4	600163	中闽能源	0.741004	4
603000	人民网	0.691412	5	600350	山东高速	0.549395	5	600452	涪陵电力	0.671774	5
600995	文山电力	0.67784	6	600028	中国石油化工股份	0.529622	6	600027	华电国际	0.624395	6
600982	宁波热电	0.632898	7	000839	中信国安	0.521402	7	600037	歌华有线	0.561727	7
601006	大秦铁路	0.629885	8	601186	中国铁建	0.518472	8	600674	川投能源	0.557648	8
601857	中国石油	0.62151	9	600583	海油工程	0.510776	9	600386	北巴传媒	0.53772	9
600871	石化油服	0.521873	10	002110	三钢闽光	0.509311	10	601390	中国中铁	0.512773	10

续表

2014 年财务和谐度排名				2015 年财务和谐度排名				2016 年企业财务和谐度排名			
代码	股票名称	综合得分	排名	代码	股票名称	综合得分	排名	代码	股票名称	综合得分	排名
600386	北巴传媒	0.500138	11	600452	涪陵电力	0.501497	11	600339	中油工程	0.505657	11
002110	三钢闽光	0.492448	12	600037	歌华有线	0.501494	12	002110	三钢闽光	0.498593	12
601333	广深铁路股份	0.485016	13	600033	福建高速	0.492335	13	600377	宁沪高速	0.478581	13
000301	东方市场	0.479257	14	000301	东方市场	0.486896	14	600028	中国石油化工股份	0.473281	14
601186	中国铁建	0.457509	15	601518	吉林高速	0.483565	15	600583	海油工程	0.471503	15
600350	山东高速	0.453461	16	601139	深圳燃气	0.462504	16	600780	通宝能源	0.463327	16
000993	闽东电力	0.440221	17	601107	四川成渝	0.456495	17	601006	大秦铁路	0.459562	17
601107	四川成渝	0.4395	18	601333	广深铁路股份	0.449254	18	600642	申能股份	0.456921	18
600452	涪陵电力	0.432121	19	600674	川投能源	0.439892	19	600350	山东高速	0.453263	19
601808	中海油服	0.430695	20	000498	山东路桥	0.437407	20	600310	桂东电力	0.44446	20
000498	山东路桥	0.428713	21	600548	深高速	0.424806	21	601518	吉林高速	0.439648	21
000598	兴蓉投资	0.42846	22	600688	上海石化	0.423836	22	600098	广州发展	0.439411	22
601139	深圳燃气	0.418818	23	000993	闽东电力	0.420149	23	600170	上海建工	0.438466	23
600583	海油工程	0.417883	24	601226	华电重工	0.417446	24	601139	深圳燃气	0.428339	24
601518	吉林高速	0.41012	25	600886	国投电力	0.412466	25	603000	人民网	0.41361	25

续表

2014 年财务和谐度排名				2015 年财务和谐度排名				2016 年企业财务和谐度排名			
代码	股票名称	综合得分	排名	代码	股票名称	综合得分	排名	代码	股票名称	综合得分	排名
603126	中材节能	0.405319	26	000883	湖北能源	0.403512	26	000539	粤电力 A	0.409046	26
600377	宁沪高速	0.405282	27	600642	申能股份	0.401677	27	000993	闽东电力	0.407307	27
600037	歌华有线	0.396124	28	600310	桂东电力	0.40107	28	000883	湖北能源	0.393921	28
600674	川投能源	0.392909	29	600795	国电电力	0.398114	29	603126	中材节能	0.391115	29
000839	中信国安	0.392443	30	601390	中国中铁	0.393781	30	601333	广深铁路股份	0.389174	30
000539	粤电力 A	0.389378	31	600780	通宝能源	0.392678	31	600021	上海电力	0.373602	31
600642	申能股份	0.383185	32	600995	文山电力	0.390149	32	600269	赣粤高速	0.371129	32
601390	中国中铁	0.375184	33	601808	中海油服	0.388228	33	600548	深高速	0.367664	33
600170	上海建工	0.367959	34	000539	粤电力 A	0.387431	34	000722	湖南发展	0.358428	34
600269	赣粤高速	0.357615	35	600011	华能国际	0.386003	35	000839	中信国安	0.353414	35
600021	上海电力	0.353474	36	603126	中材节能	0.38329	36	600068	葛洲坝	0.352528	36
000807	云铝股份	0.341771	37	600170	上海建工	0.382999	37	601226	华电重工	0.352189	37
600780	通宝能源	0.33777	38	002039	黔源电力	0.370902	38	600578	京能电力	0.336846	38
000027	深圳能源	0.33715	39	603000	人民网	0.355724	39	600033	福建高速	0.333201	39
600033	福建高速	0.336955	40	600269	赣粤高速	0.34435	40	000807	云铝股份	0.33267	40
600886	国投电力	0.326971	41	600982	宁波热电	0.343778	41	000598	兴蓉投资	0.331527	41
600561	江西长运	0.321651	42	600027	华电国际	0.331327	42	600505	西昌电力	0.324554	42

续表

2014 年财务和谐度排名				2015 年财务和谐度排名				2016 年企业财务和谐度排名			
代码	股票名称	综合得分	排名	代码	股票名称	综合得分	排名	代码	股票名称	综合得分	排名
600050	中国联通	0.321121	43	600377	宁沪高速	0.331317	43	600886	国投电力	0.321871	43
600068	葛洲坝	0.317654	44	600116	三峡水利	0.329545	44	600864	哈投股份	0.304919	44
600688	上海石化	0.302967	45	000598	兴蓉投资	0.329103	45	600396	金山股份	0.302448	45
600726	华电能源	0.299651	46	600021	上海电力	0.328797	46	600116	三峡水利	0.295989	46
600548	深高速	0.298903	47	000090	天健集团	0.318387	47	600050	中国联通	0.283372	47
600578	京能电力	0.296772	48	600561	江西长运	0.307318	48	000917	电广传媒	0.281744	48
600795	国电电力	0.294676	49	600068	葛洲坝	0.306017	49	000498	山东路桥	0.280073	49
000917	电广传媒	0.293851	50	600396	金山股份	0.302951	50	002039	黔源电力	0.279716	50

特定功能类国有企业财务和谐度排名

2014 年财务和谐度排名				2015 年财务和谐度排名				2016 年财务和谐度排名			
股票代码	股票名称	综合得分	排名	股票代码	股票名称	综合得分	排名	股票代码	股票名称	综合得分	排名
601668	中国建筑	0.909001	1	601668	中国建筑	0.865122	1	600506	香梨股份	1.569933	1
600018	上港集团	0.710757	2	600018	上港集团	0.801624	2	601668	中国建筑	0.838609	2
601800	中国交建	0.707903	3	601766	中国中车	0.785305	3	601008	连云港	0.820618	3
601117	中国化学	0.7062	4	601117	中国化学	0.773785	4	600755	厦门国贸	0.756371	4
600663	陆家嘴	0.659492	5	300024	机器人	0.709707	5	600018	上港集团	0.744894	5
600893	航发动力	0.652679	6	601800	中国交建	0.703749	6	601766	中国中车	0.684187	6
600456	宝钛股份	0.628742	7	000547	航天发展	0.658226	7	600317	营口港	0.674275	7
601098	中南传媒	0.614836	8	601608	中信重工	0.628032	8	600153	建发股份	0.660907	8
000050	深天马 A	0.588291	9	601018	宁波港	0.602179	9	600717	天津港	0.659823	9
600717	天津港	0.572216	10	600317	营口港	0.592854	10	002423	中原特钢	0.636771	10

续表

2014年财务和谐度排名				2015年财务和谐度排名				2016年财务和谐度排名			
股票代码	股票名称	综合得分	排名	股票代码	股票名称	综合得分	排名	股票代码	股票名称	综合得分	排名
000977	浪潮信息	0.557509	11	601098	中南传媒	0.588982	11	600482	中国动力	0.623358	11
601608	中信重工	0.540617	12	601669	中国电建	0.573313	12	601117	中国化学	0.61766	12
601669	中国电建	0.533084	13	600648	外高桥	0.566435	13	601098	中南传媒	0.61242	13
600685	中船防务	0.530802	14	000066	长城电脑	0.557339	14	300034	钢研高纳	0.611373	14
300034	钢研高纳	0.526888	15	600685	中船防务	0.555475	15	600271	航天信息	0.608003	15
601018	宁波港	0.522243	16	601928	凤凰传媒	0.55206	16	600648	外高桥	0.600915	16
601008	连云港	0.522038	17	600373	中文传媒	0.547729	17	600685	中船防务	0.599669	17
601766	中国中车	0.517174	18	300034	钢研高纳	0.527422	18	601669	中国电建	0.570997	18
002423	中原特钢	0.516599	19	600717	天津港	0.519228	19	600765	中航重机	0.564899	19
600495	晋西车轴	0.513417	20	600663	陆家嘴	0.510375	20	600783	鲁信创投	0.558385	20
000607	华媒控股	0.508154	21	000607	华媒控股	0.507714	21	600495	晋西车轴	0.540383	21
601118	海南橡胶	0.505585	22	600783	鲁信创投	0.490393	22	600284	浦东建设	0.533895	22
002046	轴研科技	0.502937	23	600284	浦东建设	0.479214	23	300024	机器人	0.533088	23
000625	长安汽车	0.490188	24	600372	中航电子	0.474775	24	002053	云南能投	0.530947	24
600850	华东电脑	0.488555	25	002827	高争民爆	0.458135	25	601800	中国交建	0.528122	25
600970	中材国际	0.468919	26	000425	徐工机械	0.457903	26	600456	宝钛股份	0.526732	26

续表

2014年财务和谐度排名				2015年财务和谐度排名				2016年财务和谐度排名			
股票代码	股票名称	综合得分	排名	股票代码	股票名称	综合得分	排名	股票代码	股票名称	综合得分	排名
600523	贵航股份	0.45872	27	000625	长安汽车	0.457364	27	601000	唐山港	0.525721	27
600271	航天信息	0.453779	28	002179	中航光电	0.454849	28	600663	陆家嘴	0.521215	28
300024	机器人	0.444708	29	600495	晋西车轴	0.45186	29	601018	宁波港	0.512417	29
000425	徐工机械	0.443397	30	601008	连云港	0.451202	30	600262	北方股份	0.48709	30
000768	中航飞机	0.43569	31	000050	深天马A	0.447708	31	600787	中储股份	0.486041	31
600755	厦门国贸	0.43493	32	600523	贵航股份	0.444939	32	000625	长安汽车	0.476651	32
000547	航天发展	0.433704	33	600456	宝钛股份	0.443665	33	600607	华媒控股	0.474848	33
600372	中航电子	0.42549	34	600850	华东电脑	0.43856	34	000050	深天马A	0.463467	34
002096	南岭民爆	0.423647	35	002423	中原特钢	0.436559	35	000738	航发控制	0.462033	35
601928	凤凰传媒	0.42121	36	000768	中航飞机	0.432395	36	002046	轴研科技	0.462025	36
002189	利达光电	0.41654	37	600551	时代出版	0.422245	37	000425	徐工机械	0.45871	37
600153	建发股份	0.415918	38	000065	北方国际	0.421889	38	600523	贵航股份	0.457053	38
002544	杰赛科技	0.415804	39	002189	利达光电	0.421359	39	600880	博瑞传播	0.451083	39
600262	北方股份	0.407676	40	600755	厦门国贸	0.419735	40	600372	中航电子	0.446228	40
600551	时代出版	0.402115	41	601000	唐山港	0.416594	41	600373	中文传媒	0.44586	41
600459	贵研铂业	0.376174	42	600017	日照港	0.414857	42	000768	中航飞机	0.443387	42

| 2014 年财务和谐度排名 | | | | 2015 年财务和谐度排名 | | | | 2016 年财务和谐度排名 | | | |
股票代码	股票名称	综合得分	排名	股票代码	股票名称	综合得分	排名	股票代码	股票名称	综合得分	排名
600435	北方导航	0.365278	43	600649	城投控股	0.406222	43	002179	中航光电	0.430418	43
002051	中工国际	0.36515	44	600435	北方导航	0.404203	44	600562	国睿科技	0.421407	44
600649	城投控股	0.363539	45	600893	航发动力	0.403442	45	002189	利达光电	0.418492	45
600787	中储股份	0.360937	46	601880	大连港	0.401632	46	600893	航发动力	0.413422	46
000065	北方国际	0.356994	47	600880	博瑞传播	0.400205	47	601608	中信重工	0.410669	47
600118	中国卫星	0.355867	48	600633	浙数文化	0.397303	48	600435	北方导航	0.404306	48
600017	日照港	0.341876	49	002544	杰赛科技	0.393539	49	601880	大连港	0.396878	49
600284	浦东建设	0.34117	50	600787	中储股份	0.390128	50	600151	航天机电	0.396038	50